本书由西华师范大学出版基金资助

Research on the
Development of Rural Education under the
Background of Rural Revitalization

乡村振兴背景下
中国农村教育发展

姚永强　著

社会科学文献出版社
SOCIAL SCIENCES ACADEMIC PRESS (CHINA)

目　录

前　言

党的十九大报告指出，农业农村农民问题是关系国计民生的根本性问题，必须始终把解决好"三农"问题作为全党工作的重中之重，实施乡村振兴战略。实施乡村振兴战略是推进新时代"三农"工作的主要路径，是全面建成小康社会和社会主义现代化强国的重要历史任务。2018 年 1 月，中共中央、国务院发布中央一号文件——《中共中央　国务院关于实施乡村振兴战略的意见》，要求以习近平新时代中国特色社会主义思想为指导，牢固树立新发展理念，紧紧围绕统筹推进"五位一体"总体布局和协调推进"四个全面"战略布局，建立健全城乡融合发展体制机制和政策体系，统筹推进农村经济建设、政治建设、文化建设、社会建设、生态文明建设和党的建设，全面实现农业强、农村美、农民富。

乡村振兴，关键在人，人是乡村振兴的第一资源。习近平总书记指出，实施乡村振兴战略，要推动乡村人才振兴，把人力资本开发放在首要位置。[①] 乡村振兴靠人才，人才培养靠教育，实施乡村振兴战略，必须将发展农村教育置于首要地位。《中共中央　国务院关于实施乡村振兴战略的意见》提出，优先发展农村教育事业，高度重视和积极发展农村各级各类教育。事实上，农村教育既为乡村建设提供人才支撑，也承载着传播知识、塑造文明乡风的功能，农村教育在乡村振兴中具有不可替代的基础性作用。发展农村教育是乡村振兴战略的主要构成，农村教育不仅能够推动乡村人才振

[①] 管斌、王金虎：《山东大力培育新型农业经营主体和新型职业农民》，《经济日报》2018 年 4 月 3 日。

兴，也能助推乡村产业振兴、文化振兴、生态振兴和组织振兴。

新中国成立以来，我国农村教育历经改造与探索、停滞与破坏、恢复与全面发展几个阶段，不断强化政府责任，优先发展农村教育事业，持续加强教师队伍建设，农村教育发展取得了巨大成就。农村教育战略地位不断强化，"两基"目标全面实现，基础教育、职业教育和成人教育协同发展，教师队伍建设成效显著，办学条件大大改善。但与此同时，我国农村教育还存在一些较为突出的问题，如城乡教育一体化和区域教育均衡发展还任重道远，农村教育质量有待进一步提升，留守儿童、随迁子女教育问题未能根本解决，农村学校内生发展动力不足，农村职业教育和成人教育发展还需要进一步加强等。

要积极发挥农村教育在乡村振兴战略中的基础性和关键性作用，就必须大力发展农村教育事业，提高农村教育质量和学校办学水平，提升农村教育服务乡村振兴的能力。为此，我们要按照党的十九大报告的部署，认真学习和贯彻好《中共中央 国务院关于实施乡村振兴战略的意见》《乡村振兴战略规划（2018—2022年）》《中国教育现代化2035》《高等学校乡村振兴科技创新行动计划（2018—2022年）》《关于做好高职扩招培养高素质农民有关工作的通知》等政策文件，下大力气解决农村教育中存在的优质教育资源紧缺、教育质量亟待提高等群众普遍关心的问题，着力改变农村教育中存在的"不均衡不充分"的发展现状；要全面梳理和系统学习陶行知、黄炎培、晏阳初、梁漱溟等学者关于乡村教育的思想，积极借鉴美国、日本、印度等国关于发展农村教育的做法和经验，助力我国农村教育的发展；要将农村教育事业放在优先发展的位置，深化人们对农村教育地位和作用的认识，完善农村教育法律法规，大力发展农村职业教育，加强农村学校师资队伍和校园文化建设，强化农村学校内部治理，实施优质资源共享战略，积极推进农村教育精准扶贫，全面提高农村教育质量，增强农村教育服务社会能力，充分发挥农村教育在农村社会经济和精神文化建设中的作用。

第一章　乡村振兴战略的提出

第一节　乡村振兴战略提出的背景

2017 年 10 月，中国共产党第十九次全国代表大会在北京人民大会堂胜利召开，习近平代表第十八届中央委员会向党的十九大作报告。习近平在报告中指出，农业农村农民问题是事关国计民生的根本性问题，必须把解决好"三农"问题作为全党工作重中之重，实施乡村振兴战略。十九大党章修正案把乡村振兴战略与创新驱动发展战略、区域协调发展战略、军民融合发展战略、科教兴国战略、人才强国战略、可持续发展战略并列，作为新时代我国经济社会发展的七大战略，写入党章总纲。2018 年 1 月，中共中央、国务院发布的《关于实施乡村振兴战略的意见》指出，实施乡村振兴战略，是全面建成小康社会和社会主义现代化国家的重大历史任务，是推进新时代"三农"工作的主要路径，并提出了三大阶段性、递进性目标。乡村振兴战略是党和政府基于新时代中国社会主义特征和我国"三农"工作存在的主要问题、面临新的形势而提出的一项重大战略举措，科学反映了时代呼声和时代要求，具有鲜明的时代背景。

一　乡村振兴战略是习近平新时代中国特色社会主义"三农"思想的集中体现

党的十九大把习近平新时代中国特色社会主义思想确立为我们党的

指导思想，从而开启了新时代中国特色社会主义的新征程。习近平新时代中国特色社会主义思想是马克思主义的当代发展，是我们党理论创新的最新成果，它对新时代坚持和发展什么样的中国特色社会主义、怎样坚持和发展中国特色社会主义做出了系统回答，是全党全国人民的思想引领。乡村振兴战略作为党和国家新时代"三农"工作的一项重大战略部署，有着扎实的理论根基，是习近平新时代中国特色社会主义"三农"思想的集中体现。

习近平总书记历来高度重视"三农"工作，对农村情况有深切感知，对农民群众有深厚感情，对农业问题有深刻思考。党的十八大以来，习近平总书记在一系列重要会议上多次谈到"三农"问题。2013 年 12 月，中央农村工作会议在北京举行，习近平总书记在会上强调：中国要强，农业必须强；中国要美，农村必须美；中国要富，农民必须富。只有农业基础稳固，农村和谐稳定，农民安居乐业，我们国家和社会才有保障。因此，我们必须始终坚持把解决好"三农"问题作为全党全社会工作重中之重，坚持工业反哺农业、城市支持农村的方针，不断加大强农惠农富农政策力度，始终把"三农"工作抓牢抓好；要把培养青年农民纳入国家实用人才培养计划，提高农民素质，培养造就一支新型农民队伍，为农村农业现代化提供人才支撑和人力保障。① 在 2018 年的中央农村工作会议上，习近平总书记再次强调，要全面贯彻新时代中国特色社会主义思想和党的十九大精神，加强党对"三农"工作的领导，坚持农业农村优先发展，将解决"三农"问题作为全党全社会工作的重心，牢牢把握稳中求进总基调，落实高质量发展要求，深入实施乡村振兴战略，对标全面建成小康社会必须完成的硬任务，适应国内外环境变化对我国农村改革发展提出的新要求，统一思想、坚定信心、落实工作，巩固发展农业农村好形势。②

在全国各地考察调研时，习近平总书记也对"三农"问题十分关心，

---

① 《中央农村工作会议在北京举行，习近平李克强作重要讲话》，《人民日报》2013 年 12 月 25 日。
② 《中央农村工作会议召开　习近平对"三农"工作作重要指示》，《人民日报》2018 年 12 月 29 日。

就"三农"工作给予了重要指示。2014年12月，习近平总书记在江苏调研时指出，没有农业现代化，没有农村繁荣富强，没有农民安居乐业，国家现代化是不完整、不全面、不牢固的。① 2015年7月，习近平总书记在吉林调研时指出，任何时候都不能忽视农业、忘记农民、淡漠农村，必须提高认识，加强投入，始终坚持强农惠农富农政策，积极推进农村全面小康。② 2016年4月，习近平总书记在安徽调研时指出，农业还是现代化建设的短腿，农村还是全面建成小康社会的短板，中国要强农业必须强，中国要美农村必须美，中国要富农民必须富，要坚定不移深化农村改革，加快农村发展，维护农村和谐稳定，补齐农村短板，发扬农村长处，努力建设社会主义新农村。③ 2017年12月，习近平总书记在江苏徐州考察时强调，要深入学习贯彻党的十九大精神，紧扣新时代的要求，因地制宜加快推进农村特色产业和特色经济的发展，抓紧抓好农村的物质文明和精神文明建设，尤其要加大农民精神风貌的提升力度。④

由此可见，党的十八大以来，习近平总书记在多个场合围绕乡村振兴战略发表了一系列重要讲话，对乡村振兴工作提出了一系列新思想、新理念、新论断，科学回答了事关乡村振兴的重大理论与现实问题，形成了具有鲜明时代特征的习近平"三农"思想，构成了习近平新时代中国特色社会主义思想的重要组成部分。

二　乡村振兴战略是我国"三农"工作提档升级的应然要求

我国历来重视"三农"工作，中央始终把解决好"三农"问题放在所

---

① 《习近平总书记在江苏考察纪实：努力肩负起为全国发展探路的光荣使命》，《新华日报》2014年12月16日。
② 韩长赋：《任何时候都不能忽视农业忘记农民淡漠农村——深入学习习近平同志在吉林调研时的重要讲话》，《人民日报》2015年8月13日。
③ 《习近平主持农村改革座谈会：加大推进新形势下农村改革力度促进农业基础稳固农民安居乐业》，《人民日报》2016年4月29日。
④ 《习近平在江苏徐州市考察时强调：深入学习贯彻党的十九大精神，紧扣新时代要求推动改革发展》，http://news.cyol.com/content/2017-12/14/content_16777352.htm，最后检索时间：2021年9月26日。

有工作的首位。新中国刚刚成立时，我国就颁布了《中华人民共和国土地改革法》，提出"有步骤有分别地消除封建剥削制度，发展农业生产"的土地改革总政策，以迅速恢复和发展农业生产。改革开放之后，中央曾于1982～1986年连续5年下发有关"三农"工作的中央一号文件，充分肯定了包产到户、包干到户的社会主义生产责任制，强调家庭联产承包责任制是在中国共产党领导下中国农民的伟大创造，是马克思主义农业合作化理论在我国实践中的新发展，国家将继续稳定和完善联产承包责任制，一如既往地贯彻执行农村改革的方针政策。

2012年11月8日，中国共产党第十八次全国代表大会在北京胜利召开，以习近平同志为核心的党中央提出：要始终坚持把解决好"三农"问题作为全党工作的重中之重，加快完善城乡发展一体化体制机制，促进城乡要素平等交换和公共资源均衡配置，形成以工促农、以城带乡、工农互惠、城乡一体的新型工农、城乡关系；制定实施一系列强农惠农富农政策，奋力推进农村全面小康社会建设，有力促进农业发展、农村繁荣和农民增收。党的十八大之后，我国农业农村经济发展迅速，成果显著。全国粮食生产能力稳步提升，连续多年达到年产1.2万亿斤以上，肉蛋菜果鱼等产量稳居世界第一，人均占有量均超过世界平均水平，重要农产品供应充足；农业供给侧结构性改革打开新局面，"镰刀弯"等非优势区玉米结构调整有序展开，籽粒玉米累计调减5000万亩，畜禽养殖规模化率提高到56%，水产生态健康养殖面积占比超过51%；农业绿色发展有了新进展，农田灌溉水有效利用系数提高到0.55，草原综合植被覆盖度达到55.3%，农药化肥提前3年实现零增长目标，畜禽粪污、秸秆和农膜资源化利用均达到60%以上；农业现代化进程快速推进，主要农作物耕种收综合机械化水平超过66%，农业科技进步贡献率超过57.5%，土地适度规模经营占比达到40%，主要农作物良种覆盖率稳定在96%以上，农田有效灌溉面积占比超过52%。农村改革取得重大突破，支撑农业农村发展的评价体系、政策体系、工作体系、考核体系的"四梁"和提高生产主体要素、实施绿色生产、推行高品质分级、塑强农业品牌、创新市场服务、强化执法监管、构建智慧平台、加强科技支撑的"八柱"基本建立，土地确权面积占二轮家庭承包耕地面积的 84%，农民合作社、产业化龙头企业、家庭农场等各类新型经营主体超过 300 万家，新型经营主体已成为农村发展的生力军，所有权、承包权、经营权的三权分置改革成为继家庭联产承包责任制之后又一重大制度创新；城镇化进程快速推进，8000 多万名农业转移人口成为城镇居民，城镇化率年均提高 1.2 个百分点。农民收入增长明显，2018 年农村居民人均可支配收入达到 14617 元，增速连续 9 年超过城镇居民收入，扣除物价因素，比 1949 年实际增长 40 倍，年均实际增长 5.5%；城乡居民收入差距从 2012 年的 2.88∶1 降至 2018 年的 2.68∶1；产业精准扶贫深入推进，脱贫攻坚战取得决定性进展，贫困地区农民增收持续高于全国农村平均水平，贫困发生率从 10.2% 下降到 4% 以下，6000 多万名贫困人口实现稳定脱贫。①

正是基于近年来我国"三农"工作取得的巨大成就，党的十九大在过去新农村建设的要求基础上提出了乡村振兴战略，将过去的城乡一体化、城乡统筹等发展思路提升为城乡融合发展，将过去的农业现代化拓展为农业农村现代化，这既是全面建成小康社会战略目标的必然需求，也是新时期我国"三农"工作目标提档升级的内在要求。

三　乡村振兴战略是解决我国"三农"工作内在矛盾的必然选择

党的十八大以来，在以习近平同志为核心的党中央坚强领导下，我国"三农"工作取得了巨大成就，从而有力地推动了党和国家事业的全面发展。同时，我们还应该看到，我国"三农"工作仍然存在一系列需要高度重视并亟待解决的深层次问题，主要表现在以下方面。

一是生产要素的非农化态势仍未扭转。近年来，为了扭转城乡发展极不协调状况，国家提出统筹城乡区域发展。城乡统筹就是要改变和摈弃过去那种重城市、轻农村，"城乡分治"的二元思维方式，通过体制改革和政策调

① 《农业部：扎实落实农业农村优先发展战略要求》，http://finance.people.com.cn/n1/2018/0124/c1004-29784954.html，最后检索时间：2020 年 11 月 18 日。

整削弱并逐步清除城乡之间的樊篱，将城市和农村的发展紧密结合起来，统一协调，全面考虑，树立工农一体化的经济社会发展思路，把解决好农业、农村和农民问题放在优先位置，以发展的眼光、统筹的思路，解决城市和农村存在的问题。经过几年的持续推进，严重失衡的城乡关系有了明显改善。但总体上农村土地、劳动力、资金等基本生产要素大规模由农村到城市单向流动的态势仍未改变，高速工业化、城镇化吞噬了大量的良田沃土，严重损害了农业现实生产能力；农村劳动力特别是素质相对较高的青壮年仍然将离乡进城作为自己就业的首要选择，劳动力大量外流，不对称的农村劳动力流动方式未能根本扭转，严重动摇了现代农业的发展根基；农村资金总体短缺，农民获得金融服务仍然较为困难，农村资金大规模外流明显，金融抑制的矛盾依然尖锐。

二是劳动力老龄化日益严重。受前期计划生育政策和人口非均衡流动的影响，我国农村人口老龄化问题越发明显，比城市更为突出，未富先老的矛盾较为尖锐。目前大多数农村实际务农的劳动力平均年龄接近 60 岁，有的地方务农劳动力甚至出现从老龄化向高龄化发展的趋势，"谁来种地"和"如何种地"成为普遍性的突出问题。"在许多传统的农村腹地，老农民、老品种、老技术、自给自足、粗放经营互为交织，结果是农业的低水平兼业化和粗放化不断发展。"[①] 劳动力老龄化问题不仅直接带来因供给不足而不断推高农业人工成本，而且拉低了农业劳动力的教育水平，限制了农业技能培训的实施及其效果，阻碍了新技术、新品种进入农业生产，使农村家庭由多种经营向单一经营转变，从而导致从现代商品经济向传统自给自足经济倒退。

三是农村空心化问题不断加重。随着城镇化建设步伐的加快和城乡一体化进程的加速，农村劳动力尤其是青壮年劳动力快速流向城市，农村人口急剧减少，农村土地和住房大量闲置，农村消费需求逐步减弱，导致农村公共

---

① 郭晓鸣、任永昌、廖祖君等：《农业大省农业劳动力老龄化的态势、影响及应对——基于四川省 501 个农户的调查》，《财经科学》2014 年第 4 期，第 128～140 页。

服务的供给意愿和供给水平可能降低，农村社会治理水平同步下降，农村社会经济功能整体退化。农村劳动力转移是我国城镇化的应然要求和必然结果，也是一个国家和社会走向现代化的必然趋势，它能够将农村剩余劳动力有效利用，增加农民的实际收入，促进城镇的快速发展。但如果任由农村劳动力的无序、过度向城镇流动，尤其是大量有一定知识和技能的青壮年劳动力流出农村，必然产生不利于农村稳定发展的负面影响，"空心化"带来的诸多问题将逐步显现，如农村内部社会结构失衡的矛盾将进一步加剧，农村生产将进一步粗放化，优秀的乡村文化将进一步衰减，农村的产业结构升级将更为困难。

四是农村环境污染问题十分突出。在快速的经济增长过程中，我国的生态环境遭受了严重破坏，农村在这一过程中也未能幸免。农村生产过度依赖化肥农药，以及加入一些不利于人体健康的各种植物生产激素，导致大量化肥农药及有害物质残留水体和土壤，水体和土壤严重污染，甚至一些有害物质产生气体破坏大气层组织；农膜回收率低，滞留农田的农膜不能有效降解，直接危害农田的土壤结构；秸秆的还田率不高，大量的秸秆焚烧不仅浪费秸秆这一可利用资源，而且造成空气的严重污染；农村生活水平的提高和消费能力的提升，使得各式各样的塑料包装袋和其他一次性生活用品使用过量，洗衣粉、消毒液广泛使用，规模化养殖业的快速扩张，不加任何处理的生活用水和养殖废水流入沟渠、耕地，白色污染不断加剧，农村的空气、耕地和水体污染也日趋严重。农村生态环境的恶化，不仅影响到农民的生活质量，在一定程度上危及农民自身的基本生存，而且也影响到输出农产品的产品质量，危及农产品的质量安全，对农村乃至整个社会都造成不利影响。

由此可见，尽管近年来我国"三农"工作取得了巨大成就，但还存在一系列亟待解决的发展矛盾。这些矛盾不仅削减了新中国成立以来在"三农"工作方面取得的巨大成就，削弱了农村的自身发展能力，阻碍了农村农业的现代化进程，而且危及我国经济社会的整体稳定，对我国的中长期发展目标的实现产生不利影响。因此，实施乡村振兴战略必然成为当前我国解决"三农"工作矛盾的路径选择，也是全党工作的重中之重。

第二节　乡村振兴战略的主要内容[①]

一　指导思想

党的十八大以来，我国紧紧围绕农业农村发展这一主题，积极探索改革发展的路径和方法，进而不断总结和提炼，形成了习近平新时代中国特色社会主义的乡村振兴理论，这成为我国乡村振兴的指导思想。

乡村振兴必须坚持以习近平新时代中国特色社会主义思想为指导。中国共产党第十九次全国代表大会把习近平新时代中国特色社会主义思想确立为党的指导思想，这不仅是党的指导思想与时俱进，而且宣示我国进入了新时代中国特色社会主义的新征程。习近平新时代中国特色社会主义思想是马克思主义的当代发展，是我们党理论创新的最新成果，它对新时代坚持和发展什么样的中国特色社会主义、怎样坚持和发展中国特色社会主义做出了系统回答，是全党全国人民的思想引领。坚持以习近平新时代中国特色社会主义思想为指导，建设具有中国特色的农业强国，是我们在新时代进行农村农业改革和发展的行动指南。

乡村振兴必须坚持农业农村优先发展。坚持农业农村优先发展，是由农业农村的基础地位及工作重要性决定的，也是农业农村的发展现状和发展目标所要求的。我们必须始终坚持农业农村优先发展的导向和农业农村优先发展的方针，将解决好"三农"问题置于全党全社会工作的首位，优先考虑"三农"工作的干部配备，优先满足农业农村的发展要素配置，优先保障"三农"资金的投入，优先安排农村公共服务，切实保障农业农村改革发展目标的顺利实现。

乡村振兴必须坚持城乡融合发展。为改善相对现代、发达的工业和城市与相对传统、落后的农业和农村并存的二元结构状态，改变"重城轻乡、

---

① 参见《中共中央　国务院关于实施乡村振兴战略的意见》，2018 年 1 月 2 日。

城强乡弱"的二元经济体制,党的十六大提出要统筹城乡经济社会发展,党的十八届三中全会提出要实现城乡一体化发展,党的十九大进一步提出要促进城乡融合发展。城乡融合发展就是要彻底破除城乡二元结构,重塑城乡关系,将城市和农村置于平等的地位,充分发挥城乡各自应有的功能,使城乡经济、社会、文化的制度和体制并轨,公共资源在城乡间均衡配置,生产要素在城乡间双向流动,形成城乡互补、工农互促、共同发展的新型工农城乡关系。

乡村振兴必须加快推进农业农村现代化。乡村兴则国家兴,乡村衰则国家衰。在推进现代化的进程中,短板在农业,难点在农村。我国要如期实现现代化发展目标,最首要的任务就是要推进农业农村现代化。农业农村现代化既不是在过去农业现代化、新农村建设基础上的单一延伸,也不是农业现代化和农村现代化的简单相加,而是包括政治建设、经济建设、文化建设和生态文明建设等在内的多方面现代化的有机整体。农业农村现代化就是要加强科技进步和制度创新,坚持生态环境保护,建立主要依靠本地产业支撑的农业农村导向型农民持续增收长效机制,积极倡导科学、文明、健康的生活方式,努力探索各具特色的治理模式,大力传承和弘扬农村优秀传统文化,实现农业生产方式的转变,促进人与自然、农耕文明与现代文明相融共生,使乡村产业兴旺、生态宜居、乡风文明、治理有效、生活富裕。

二　目标任务

2018 年,中共中央、国务院发布《中共中央　国务院关于实施乡村振兴战略的意见》,给出了乡村振兴战略的目标和任务。概括起来,乡村振兴的目标、任务就是要实现乡村的产业、人才、文化、生态、组织的全面振兴。产业振兴是乡村振兴的前提,只有乡村产业发展好了,才能真正科学、持续推进乡村振兴。人才振兴是乡村振兴的核心,只有有效运用公共政策、经济待遇、发展机会、社会评价等多种手段,鼓励社会各类人才积极投身乡村建设,才能使乡村吸引到人才,留得住人才,才能使农民具有创新意识、集约化管理能力,较好地掌握农机与农艺相结合的技能,实现农业生产方式的转变。文化振兴是乡村振兴的灵魂，通过以社会主义核心价值观为引领，大力弘扬伟大的中华民族精神，激发改革创新的时代精神，加强爱国主义、集体主义和社会主义教育，深入实施公民道德建设工程，增强农民的社会责任感，强化他们的集体意识和主人翁意识，使农民过上美好的文化生活。生态振兴是乡村振兴的基础，通过增强广大群众的环保意识，持续推进农村人居环境整治行动计划，改变落后的生活习惯，推进农村"厕所革命"，完善农村生活设施，形成绿色的生活方式和人居空间，强化农村环境综合治理和农业资源保护，减少农业生产中化肥、农药等物品的投入，提高农业废弃物的充分利用，形成绿色的生产方式和产业结构，建设生态宜居的美丽乡村。组织振兴是乡村振兴的保障，通过加强农村党组织建设，健全农村党组织结构，巩固农村党组织活动阵地，提升农村党组织能力，发挥好农村党组织战斗堡垒作用，着力培养一批优秀的农村基层党组织书记，增强党员意识，发挥党员的凝心聚力、示范带头作用，保障乡村振兴健康有序推进。

三 实施路径

按照《中共中央 国务院关于实施乡村振兴战略的意见》，推进乡村振兴战略的路径主要包括以下几个方面。

（一）提升农业发展质量

作为国家的第一产业，农业是国民经济的重要产业部门，是一切社会生产的首要条件，它为其他产业部门提供粮食、副食品、工业原料和出口物资等。可以说，没有农业的发展，就没有工业的发展，也就没有第三产业的发展。农业是国民经济建设和发展的基础，其发展状况直接影响、左右着国民经济全局的发展；农业是社会安定的基础，农业能否提供粮食和必需的食品，关系社会的安定；农业是国家自立的基础，粮食及农副产品能否自给关系到我国的自立能力。因此，要贯彻落实乡村振兴战略，就必须加强农业发展，注重农业发展质量，推进绿色兴农；必须加强农业供给侧结构性改革，积极构建现代农业生产体系和经营体系，形成完善的现代农业产业体系；必须加快农业创新，提高农业在社会产业体系中的竞争力，提升农业全要素的生产率，实现由农业大国向农业强国转变。

1. 夯实农业生产能力基础

农业生产能力是一个国家一定时期农业发展水平的综合能力，它是实现农业发展目标，满足国家和社会对农产品的数量和质量不断增长需求的根本途径，农业发展需要相对稳定而又不断提升的农业生产能力。提高农业综合生产能力，要严守耕地红线，实施永久基本农田特殊保护制度，划定和建设主要粮食生产和重要农产品生产保护区，确保国家粮食生产安全，保障国民粮食需求的有效供给；要大力推进农村土地整治，提升农田建设标准，提高耕地质量；要加大农业投入，发展高端农机装备制造，推进我国农机装备产业转型升级，不断提升农业物质技术装备程度水平，提高土地生产率；要加强农田水利建设，积极推进粮食主产区的现代化改造和高效节水灌溉工程，实施智慧农业林业水利工程，提高小型农田水利设施质量，提高抗旱防洪除涝能力；要健全国家农业科技创新体系，建设面向全行业的科技创新基地，提升农业农村自主创新能力；要培育一支知识型、技能型、创新型农业经营队伍，发展现代农作物、畜禽、水产、林木种业，推动农业科技成果的转化与推广应用，提高农业劳动生产率。

2. 实施质量兴农战略

实施乡村振兴战略，必须坚持质量兴农。只有坚持质量兴农，推进农业由增产导向转向提质导向，才能推动农业全面升级、农村全面进步、农民全面发展，提高农业综合效益和竞争力。实施质量兴农战略，要制定出质量兴农战略规划，建立质量兴农评价体系，健全质量兴农考核体系；要调整完善农业生产力布局，高效节约利用水土资源，科学使用农业投入品，全面加强产地环境保护与治理；要健全完善农业全产业链标准体系，引进转化国际先进农业标准，推进农业全程标准化；要深入推进产销一体化，强化产地市场体系建设，加快建设冷链仓储物流设施，创新农产品流通方式，促进农业全产业链融合；要构建农业品牌体系，完善品牌发展机制，强化品牌宣传推介，培育提升农业品牌；要加强农产品质量安全监测，提高农产品质量安全执法监管能力，强化农产品质量安全风险评估及预警，提升农产品质量安全水平；要加强质量导向型科技攻关，加快提升农机装备质量水平，大力推广绿色高效设施装备和技术，加快建设数字农业，推动农业科技创新；要壮大新型职业农民队伍，培育专业化农业服务组织，打造质量兴农的农垦国家队，建设高素质农业人才队伍。

3. 构建农村一二三产业融合发展体系

产业结构是产业内部各生产要素之间、产业之间的空间关系，农村产业结构是指农村经济结构第一产业、第二产业、第三产业之间及产业内部产品的比例和构成，合理的农村产业结构关系到农村经济的稳定增长和持续发展。构建农村一二三产业融合发展体系，就是要着力推进新型城镇化建设，加快农业结构调整，延伸农业产业链，引导产业集聚发展，大力发展农业新型业态，推进农业与旅游、教育、文化、健康养老等产业深度融合；要强化农民合作社和家庭农场基础作用，支持龙头企业发挥引领示范作用，发挥供销合作社综合服务优势，积极发展行业协会和产业联盟，培育多元化农村产业融合主体；要创新发展订单农业，鼓励发展股份合作，强化工商企业社会责任，建立多形式利益联结机制；要搭建公共服务平台，创新农村金融服务，强化人才和科技支撑，改善农业农村基础设施条件，完善多渠道农村产业融合服务；要加大财税支持力度，开展农村产业融合发展试点示范，落实地方各级人民政府责任，强化部门协作，大力推进农村产业融合。

4. 构建农业对外开放新格局

对外开放是中国的一项基本国策，也是推动我国经济转型发展的重要举措。农业要发展，必须坚持对外开放。推进乡村振兴战略，必须构建起农业对外开放新格局。一是要创新农业企业经营发展模式，优化农业资源配置，做大做强做优农业企业集团，推进农业企业向集团化、规模化、产业化方向发展，提高我国农产品国际市场竞争力。二是要立足当前"一带一路"沿线国家和地区农业合作的基础，深化与"一带一路"沿线国家和地区贸易关系，挖掘双方合作潜力，拓展双方合作渠道，加大双方的合作力度，形成国内外市场一体化联动的模式。三是要积极参与全球粮食安全治理和农业贸易规则制定，建立健全农业贸易政策体系，形成更加公平合理的农业国际贸易秩序。四是要加大"大农业"的海外投资力度，借助亚洲基础设施投资银行、国家开发银行、中国农业发展银行等金融机构为"走出去"的中国涉农企业提供跨境金融综合服务，为建立农业产业化企业的全球产业链和贸易网络布局提供强有力的金融支持。

5. 促进小农户和现代农业发展有机衔接

当前和今后很长一个时期，小农户家庭经营将是我国农业的主要经营方式。实施乡村振兴战略，需要处理好发展适度规模经营和扶持小农户的关系，促进小农户和现代农业发展有机衔接。一是要启动家庭农场培育计划，实施小农户能力提升工程，加强小农户科技装备应用，改善小农户生产基础设施，提升小农户发展能力。二是要引导小农户开展合作与联合，创新合作社组织小农户机制，发挥龙头企业对小农户的带动作用，提高小农户组织化程度。三是要支持小农户发展特色优质农产品，带动小农户发展新产业新业态，鼓励小农户创业就业，拓展小农户增收空间。四是要发展农业生产性服务业，加快推进农业生产托管服务，推进面向小农户产销服务，实施"互联网＋小农户"计划，提升小城镇服务小农户功能，健全面向小农户的社会化服务体系。五是要稳定小农户土地政策，健全针对小农户补贴机制，提升金融服务小农户水平，拓宽小农户农业保险覆盖面，完善小农户扶持政策。

（二）推进乡村绿色发展

当今世界，绿色发展已经成为世界各国的一个共同发展理念，不少国家把绿色发展作为推动经济结构调整的重要举措。绿色发展是在传统发展基础上的一种模式创新，是在传统发展基础上的一种模式创新，它在充分尊重自然资源禀赋和生态环境承载力的基础上，将效率、和谐、持续作为经济增长和社会发展的目标。绿色发展坚持人与自然和谐共处，主张绿色低碳循环，将生态文明建设作为国家建设的重要内容。良好的生态环境是农业农村可持续发展的前提条件，实施乡村振兴战略，必须尊重自然规律，保护自然环境，推动乡村自然资本的保值增值，实现农民富、乡村美的统一。

1. 统筹山水林田湖草系统治理

山水林田湖草是一个生命共同体，是人类生产生活的基础，它既具有一定的经济价值，也具有较大的生态价值。统筹山水林田湖草系统治理是我国生态建设的重要内容，是贯彻绿色发展理念的首要举措。统筹山水林田湖草系统治理，就是：要按照因地制宜原则，划定山体保护红线并制定山体保护规划，推进各类已被破坏山体的生态修复，对破损山体实施生态复绿、复垦，恢复生态功能；要加强对水源地水源涵养林建设和保护，保护生态源地和生态廊道中水体的自然形态，注重河道清淤疏浚、蓄水补水，建设堤外湿地和水循环利用设施，植树造林，治沟治坡，减少地表水和地下水的流失；要实行河长制、湖长制，健全水生态保护修复制度，强化辖区区域责任制度；要加强河道清淤和人类用水资源地保护，加强城区污水处理，关停水资源保护区餐馆和畜禽养殖场，整治农业生产和企业生产对用水资源的污染，保护好居民饮用水水源；要继续实施退耕还林、退耕还湿和退耕还草，构建多层次植被空间，形成多物种、多层次的林草结构，防范外来生物入侵；要开展全域土地综合整治，综合治理水土流失，加强土壤改良，完善节水灌溉设施，提高农用地产量和农地生态系统功能。

2. 加强农村突出环境问题综合治理

农村环境是农村居民在农村这一特定地域范围内生产生活所依附的自然环境、物质环境和人文环境。农村环境问题综合治理不仅是实施乡村振兴战略的一项重要任务，也是建设美丽乡村的重要路径。加强农村突出环境问题综合治理，就是：要系统、全面梳理农村环境的突出问题，统筹兼顾自然生态、居住生活、人文环境等，对农村环境问题进行生态的、有机的规划，形成一村一规划；要编制污水排放标准、农村垃圾处理排放标准和规范，制定农村生活污水治理方案，大力推进农村"厕所革命"和道路、电网、通信、供水、能源等农村基础设施建设提档升级，配套完善公共服务设施；要落实县、乡两级农村环境治理主体责任，调动村民的主体力量，健全考核考评制度，完善相关环保信访制度、环保举报制度，严格各区县监督考核，将考核结果与政绩资金奖补挂钩；要加大农村环保资金投入力度，引导金融机构为农村环境治理提供合规的信贷支持，鼓励各类企业积极参与农村人居环境整治项目，充分发挥资金的集聚效应，确保农村环境治理资金专款专用。

3. 建立市场化多元化生态补偿机制

随着生态环境破坏的加剧和对生态系统服务功能的研究，人们越来越认识到建立生态补偿机制的重要性。建立市场化多元化生态补偿机制，就是：要建立生态资源有偿使用制度，完善占用自然生态空间和压覆矿产的占用补偿制度；要建立生态保护地区排污权交易制度和省内分行业排污强度区域排名制度，优化排污权配置；要合理确定区域取用水总量和权益，明确取用水户水资源使用权，健全水权交易平台，完善水权配置；要建立健全以国家温室气体自愿减排交易机制为基础的碳排放权抵消机制，引导碳交易履约企业和对口帮扶单位优先购买贫困地区林业碳汇项目产生的减排量；要加大投入力度，积极稳妥发展生态产业，建立持续性惠益分享机制，将生态系统保护与修复工程与生态产业发展有机融合；要完善绿色产品标准、认证和监管等体系，建立健全绿色标识产品清单制度，健全无公害农产品、绿色食品、有机产品认证制度和获得相关认证产品的绿色通道制度；要建立流域下游地区对上游地区提供优于水环境质量目标的水资源予以补偿的机制，推进资金补偿、对口协作、产业转移、人才培训、共建园区等补偿方式。

（三）繁荣兴盛农村文化

文化是人们风俗习惯、行为规范以及各种意识形态的总称，是一个国家生命力、创造力和凝聚力的重要源泉。党的十九大报告中指出："文化兴国运兴，文化强民族强。"乡村文化是中华文化的主要组成部分，是传承中华民族精神的重要载体之一。只有全面繁荣兴盛乡村文化，乡村振兴才有深厚的文化自信；只有全面繁荣兴盛乡村文化，中华文化才能得到进一步的传承、丰富和创新。因此，在推进乡村振兴战略进程中，我们必须认识到乡村文化的重要作用，既要传承千年乡村文脉，坚持地域特色和民族风格，又要合着新时代的节拍，吸收外来文化，创造符合新农村、新农民特点的文化，着力满足乡村群众品质更高、样式更丰富的文化生活需求，以文化的繁荣兴盛来推进乡村振兴。

1. 加强农村思想道德建设

农村思想道德建设是在农村思想领域进行的一场观念更新，它是加强全社会思想道德建设的重要组成部分，也是实施乡村振兴战略的题中应有之义。加强农村思想道德建设，就是要把社会主义核心价值观融入农村生产生活之中，让农民群众在生产生活中随时随处能感受到社会主义核心价值观，使其内化为农民群众的精神追求，外化为农民群众的自觉行动；要充分发挥农村基层党组织、基层单位、农村社区的作用，不断完善村规民约，倡导移风易俗和勤俭节约，搭建加强农村思想道德建设的新平台，巩固拓展农村思想文化阵地；要大力推进社会公德、职业道德、家庭美德、个人品德建设，弘扬崇尚劳动、尊老爱幼的社会风尚，强化农民的社会责任意识、规则意识、集体意识、主人翁意识，不断提升农民群众的道德素质。

2. 传承发展农村优秀传统文化

优秀的传统文化是一个国家、一个民族传承和发展的根本。作为我国优秀传统文化不可或缺的重要组成部分，只有传承和发展农村优秀传统文化，才能促进农村文化的繁荣与发展。要传承和发展农村优秀传统文化，就要结合地方实际，积极探寻文物古迹、传统村落、民族村寨、传统建筑、农业遗迹、灌溉工程等遗产，大力挖掘地方农耕文化遗产所蕴含的优秀思想观念、人文精神、道德规范；要大力宣讲诚实友善、乐于助人、和睦团结、相互协作、善事父母、孝亲敬老等优秀民俗文化，培育文明乡风、淳朴民风、良好家风，支持乡村大篷车艺术团、戏曲曲艺、少数民族文化、民间文化等传承发展；要积极探寻革命前辈足迹，讲好红色故事，开展丰富多彩的红色文化教育活动，使农民接受红色文化熏陶，培养农民的民族精神和爱国情怀，推动红色薪火代代相传；要借助微博、微信、QQ 群、抖音、快手等现代媒体，发挥网络的作用，拓展农村传承优秀传统文化的载体，推送有关农村优秀传统文化方面的内容。

3. 加强农村公共文化建设

加强农村公共文化建设不仅是乡村振兴的必然要求，也是能够有效丰富群众精神生活的必要路径。加强农村公共文化建设，就是：要加强乡镇图书室、农村文化广场、农村娱乐体育设施等重点文化惠民工程的建设，推进广播电视村村通，以及广电网、电信网、互联网"三网融合"，完善农村基本文化设施，构建起县有文化中心、乡有文化站、村组有文化活动室的三级文化活动网络；要积极培养并留住本土文化人，大力引进能够做好面向农村、面向农民做好服务工作的人才，加强对农村文化干部、文化骨干和广大文化户的免费培训辅导，不断加强农村文化干部和农村本土文化人才队伍建设；要发展先进文化，改造落后文化，抵制有害文化，提供更多体现乡村特点和乡村味道、紧贴群众生活的文化产品，坚持把社会主义核心价值观融入农村社会生活的方方面面；要强化各级政府在农村公共文化建设中的责任意识，明确政府目标任务，加大对农村公共文化建设的资金投入，建立长期有效的农村公共文化建设的督查监管机制，把农村公共文化建设的政策制度化，有力保障农村公共文化建设。

4. 开展移风易俗行动

实施乡村振兴战略，就需要推进农村移风易俗，破除陈规陋习，遏制人情歪风，通过基层群众性自治组织制定约束性强的措施以促进乡风文明。要移风易俗，就是：要制定和出台关于陈规陋习和人情歪风治理的法律法规，科学设定治理的内容、要求、措施等，使治理工作有相应的法律基础；要按照乡风文明的标准在农村大力开展多种形式的教育活动，加强文明新风宣传，使村民掌握好习俗，养成好习惯，形成好风尚，使农村民主、和谐、文明；要婚事新办，余事不办，倡导绿色婚礼，推进惠民、绿色、文明殡葬改革，强化党组织领导下乡村自治、法治、德治——"三治一体"，丰富农村文化生活，提升农村人口文明素养，引导广大村民从根本上改变观念、革除陋习。

（四）加强农村基层基础工作

乡村振兴，治理有效是基础。近年来，随着工业化与城市化的快速推进，农村主体结构"空壳化"，农村治理"灰色化"，农村矛盾复杂化。如何加强农村治理现代化，提高治理效果，成为当前乃至今后很长一段时期亟待解决的难题。科学看待和认真面对农村治理现代化面临的困境，夯实农村基层基础工作，建立健全党委领导、政府负责、社会协同、公众参与的多主体乡村治理体系，坚持自治、法治、德治相结合，不仅是推进农村社会良性发展的客观需要，也是实现农村治理能力现代化的内在要求。

1. 加强农村基层党组织建设

农村基层党组织是党在农村的基层组织，是党在农村领导全部工作的组织机构。实施乡村振兴战略，就必须坚持和加强党对农村工作的全面领导，提高党的农村基层组织建设质量。加强农村基层党组织建设，就是：要从机关中选派优秀党员干部，从异地优秀村干部中选调优秀党员干部，从大学生村官中选拔优秀党员，以选好配强基层党组织书记队伍；要加大从青年农民、农村外出务工人员中发展党员力度，把作风扎实、吃苦耐劳的党员充实到乡村振兴工作的前沿，切实提高农村党员的思想认识、理论水平和业务能力；要积极发挥基层党组织的作用，加强指导和规范基层机关、群团组织和其他各类组织依照国家法律法规以及各自章程履行职责，做好基层治理工作，所有涉及农村的重要事项、重大问题都要经由党组织研究讨论做出决定；要强化责任担当，牢记责任意识，掌握带头致富的技术本领和化解群众纠纷的法律知识，发挥基层党支部书记的"领头雁"作用和党员干部的先锋模范带头作用；要严抓组织内党风廉政建设工作，制定组织内党员干部的考核制度及违规追责制度，加大基层小微权力腐败和侵害农民利益不正之风的惩处力度。

2. 深化村民自治实践

村民自治是指广大农民群众按照法律法规，实行自我管理、自我教育、自我服务的一项社会制度。村民自治能够有效助推农村民主化进程，实现农村管理民主，推动乡村振兴。深化村民自治，就是：要发挥党的核心领导作用，加强党对农村的政治领导、组织领导和思想领导，保证农村坚定不移地执行党的路线方针政策；要加强村民的主体意识教育和民主法制教育，让村民意识到自己是基层治理的主体，让村民知法懂法，提高村民群众参与基层治理的能力；要全面建设村级民主选举、民主决策、民主管理、民主监督的村级自治体系，构建多元主体共治和民事民议、民事民办、民事民管的多层次协商格局，落实多元治理主体的监督机制；要按照自治、法治、德治相结合的原则，激发村民的积极性，培育村民的使命感，强化村民的责任感，有力助推乡村振兴。

3. 建设法治乡村

法治是依法治国、依法办事的治国方式、制度及其运行机制，法治乡村建设是实施乡村振兴战略的内在要求和重要组成部分，它为乡村振兴提供强有力的立法、执法、司法、守法保障。建设法治乡村，就是：要健全完善涉农法律法规，增加农村新兴领域的法律供给，维护农民权益，化解农村社会矛盾，充分发挥法律的引领、规范、保障和推动作用；要加强乡村执法队伍建设，强化对执法工作的监督，督促农村基层行政执法工作严格按照法定职责和权限进行执法；要加大涉农公益诉讼案件办理力度，提高司法机关办事效率，完善司法为民便民利民措施，妥善审理诸如农地征收征用等关涉农民重大利益的案件，充分保障农民合法权益；要引导村民在村党组织的领导下依法制定和完善村民自治章程、村规民约等自治制度，严格依照法律法规和村规民约规范乡村干部群众的行为，提高农民法治观念和法治意识，基本建成法治乡村。

4. 提升乡村德治水平

德治是指以道德去感化教育人，乡村德治是指充分发挥德治在乡村治理中的作用。乡村振兴，不仅需要法治，同时也需要德治，法治的运行需要道德的支撑。提升乡村德治水平，就是：要坚持教育引导，抓好农村思想道德教育阵地建设，组织开展各种丰富乡村群众精神文化生活的活动；要推进农村文化建设，建设一批诸如乡镇文化站、村文化活动室等乡村文化设施和活动场所，深入挖掘优秀传统农耕文化蕴含的思想观念、人文精神、道德规范，弘扬社会主义核心价值观；要善于发现身边的好人好事，广泛开展好媳妇、好儿女、好公婆等评选表彰活动，大力宣传道德模范，将社会主义核心价值观与培育优良家风、文明乡风有机结合，以德治助推乡村振兴。

（五）提高农村民生保障水平，打造美丽乡村新风貌

乡村振兴，农民生活富裕是根本。习近平总书记强调，要构建长效政策

机制，通过发展集体经济、组织农民外出务工经商、增加农民财产性收入等多种途径，不断缩小城乡居民收入差距，让广大农民尽快富裕起来。① 中国要强农业必须强，中国要美农村必须美，中国要富农民必须富。只有农民收入来源持续稳定，经济宽裕，衣食无忧，生活便利，乡村振兴战略才会最终实现。生活富裕与消除贫困、改善民生、不断满足人民日益增长的美好生活需要一起，充分体现了我国处于社会主义初级阶段的基本国情和主要矛盾。推进美丽乡村建设，是补齐农业农村发展短板、全面建成小康社会的重要举措，是更好解决民生问题、造福农村群众的惠民工程。

1. 优先发展农村教育事业

教育是一种影响人的身心发展的社会实践活动，农村教育泛指在广大农村地区从事的教育活动。农村教育既传播知识文化、塑造文明乡风，又为乡村建设培育高素质人才，在乡村振兴中具有不可替代的基础性作用。发展农村教育事业，就是：要统筹规划农村学校布局，改善农村学校基本办学条件，提升农村学校办学质量，保障每个孩子都能享有公平而有质量的教育；要加大对农村教师队伍建设的倾斜和支持力度，激励优秀人才到农村学校任教，培养一支素质过硬的农村教师队伍，创造更加优良的工作、生活环境，使优秀农村教师能够下得去、留得住、教得好；要实施新型职业农民培育工程，加强县级职业教育中心和职业学校建设，结合农村产业发展需求积极开展农民的培训指导，提升在村农民的素质；要健全学生资助制度，做好教育精准扶贫工作，构建多方参与、协同推进的教育脱贫大格局，使农村新增劳动力接受更多教育，阻断贫困代际传递，打赢脱贫攻坚战。

2. 促进农村劳动力转移就业和农民增收

促进农村劳动力转移就业是促进农民增收的重要路径，也是实现乡村振兴、全面建成小康社会的主要举措。要促进农村劳动力转移就业和农民增收，就是：要统筹规划，建立和完善农村劳动力就业培训教育制度和培训体

---

① 《习近平主持农村改革座谈会：加大推进新形势下农村改革力度促进农业基础稳固农民安居乐业》，《人民日报》2016 年 4 月 29 日。

系，对农村新增劳动力、从事生产和服务劳动力、致富带头人开展针对性的职业技能和就业能力培训，提高农村劳动力素质，增强他们的就业竞争能力；要动态掌握区域农村劳动力资源的年龄结构、素质结构、地域特征等情况，建立农村劳动力资源及转移就业数据库，健全农民工权益保障机制、社会保障机制和务工管理机制，实现农村剩余劳动力规范、有序地转移就业；要动态发布就业招聘信息，搭建农村富余劳动力转移供需平台，开辟劳务输出新途径，使市场需求和劳动者的就业愿望有效对接，推动对外就业；要依托农村主导产业、优势产业和特色产业，大力开展农民创业培训，引导和鼓励农民发展农村二、三产业，实现以创业带动就业，形成以就业促创业的良性循环机制。

3. 推动农村基础设施提档升级

基础设施是为社会生产和居民生活提供公共服务的物质工程设施，是社会赖以生存发展的一般物质条件。完善通达的基础设施是新时代全面推进乡村振兴的必要条件，也是实现农业农村现代化的重要基础。推动农村基础设施提档升级，就是：要积极发挥基层党组织的政治动员优势和服务功能，切实贯彻落实好党的"三农"工作方针政策，全面诊断和精准把握农村基础设施存在的短板，为农村基础设施提档升级提供政治保障；要遵循农村自身发展规律，围绕农村产业特色和现实需求，统筹规划农村基础设施建设；要优先保障农村基础设施建设的财政资金，鼓励和引导更多社会资本参与农村基础设施建设，形成财政优先保障、社会积极参与的农村基础设施建设多元投入机制；要从整体出发，提高城市要素参与农村基础设施建设的积极性，构建一体化的城乡利益联结机制，建设好诸如水利灌溉、田间道路等生产性基础设施和农村电网、垃圾处理站、人畜饮水设施等生活性基础设施建设，推动城乡基础设施互联互通；要推进村村通硬化路和农村公路窄路基路面加宽改造，推进农村供水工程规模化建设，支持农村地区发展光伏发电和热能、风电开发利用。

4. 加强农村社会保障体系建设

社会保障是国家为保障公民基本生活，根据法律对其给予物质帮助的一种制度，农村社会保障是国家依法给予的各种具有经济福利性的农民生活保障性制度。完善的农村社会保障体系是实现农业农村现代化的基本条件，是实现乡村振兴的必然要求。加强农村社会保障体系建设，就是：要加强城乡户籍制度改革，消除城乡户籍福利差异，强化农村户籍的社会保障权；要加大政府财政资金对于农村社会保障的投入，加大对中西部地区、革命老区、少数民族地区等地区农村社会保障的支持力度；要做好新型农村养老保险与城镇职工基本养老保险、城镇居民养老保险的衔接，建立统一的城乡居民基本养老保险制度，建立新型农村社会养老保险体系；要加强新型农村合作医疗机构的管理和服务能力，提高新农合中农村基层医疗服务人员的医疗水平，完善农村医疗救助制度，全面推进新型农村合作医疗建设；要对所有由于各种原因无法维持基本生活的农村贫困居民采用补差的方式进行补贴，做到应保尽保，逐步提高当地农村最低生活保障标准，最大限度保障农村贫困人口的基本生活权益。

5. 推进健康乡村建设

健康乡村是指，无论是乡村规划、建设还是乡村管理，都是以人的健康为中心，乡村群众人人享有基本卫生设施和服务，生态、生产、生活各方面和谐发展的乡村有机整体。健康乡村建设既是实现乡村振兴的主要抓手，也是全面建成小康社会的重要内容。要推进健康乡村建设，就是：要加大政府财政投入，加强县级、乡镇、村级三级乡村健康服务阵地建设，推进乡村医疗卫生机构的标准化和规范化，提升农村医疗卫生服务体系基础设施水平；要通过公开招聘、考察录用等方式，拓宽人才引进渠道，强化乡村医务人员责任意识和主动服务意识，大力建设乡村医疗人才队伍，提高乡村医务人员待遇，不断提升队伍服务能力；要积极推进县域医共体建设，推行互联网＋医疗，定期帮扶对县乡镇级医院医务人员的培训，让优质医疗卫生资源下沉到乡村，大力提升县乡镇医院医疗服务能力；要强化健康扶贫和乡村医疗保障工作，统筹发挥医保金、卫生扶贫救助金、医疗扶助金等在健康扶贫中的保障作用，使健康扶贫精准到户、精准到人；要深入开展乡村爱国卫生运动，积极开展健康知识巡讲、健康促进宣传等活动，不断提升群众健康素养水平。

6. 持续改善农村人居环境

人居环境是人类生产生活所处的外在环境，改善农村人居环境不仅是乡村振兴的基础，也是建设美丽乡村的必要条件。持续改善农村人居环境，就是：要根据农村实际情况和农村民众需求，总体规划基础设施和公共服务设施的项目，科学确定项目建设标准和建设的重点及时序；要建立稳定长效的财政投入机制，健全多元化资金投入和监督管理体系，确保支农资金的充足性，充分发挥资金的积极作用；要加强农房建设质量安全监管，推进农村饮水安全工程、农村电网升级改造工程和危房改造工程，全力保障农村群众基本生活条件；要加强治理农村垃圾和污水，推进农村河道综合治理及规模化畜禽养殖区和居民生活区的科学分离，推动农村家庭改厕和农村清洁工程，推进农村土地整治，大力开展村庄环境整治；要保护和修复自然景观与田园景观，大力发展休闲农业和乡村旅游，推进宽带网络农村全覆盖，整体提升农村人居环境质量。

（六）推进体制机制创新，强化乡村振兴制度性供给

实施乡村振兴战略，必须加强相关制度建设。长期以来，各种要素单向由农村流入城市，造成农村严重"失血""贫血"，成为发展短板。实施乡村振兴战略，必须以完善农村产权制度和要素市场化配置为重点，牢固树立新发展理念，坚决破除体制机制弊端，围绕建立城乡融合的体制机制和政策体系，推动城乡要素自由流动、平等交换，不断激活主体、激活要素、激活市场，形成城乡一体、工农互促、共同发展的新型工农城乡关系，为乡村振兴提供制度保障。

1. 巩固和完善农村基本经营制度

农村基本经营制度是指以家庭承包经营为基础、统分结合的双层经营体制，包括土地归农民集体所有、集体土地由农户承包经营和集体为农户提供统一经营服务三个方面。农村基本经营制度是乡村振兴的制度基础，只有巩固和完善农村基本经营制度，才能实现乡村振兴。巩固和完善农村基本经营制度，就是：要将农村集体土地所有权、土地承包权、土地经营权"三权"

分置，延长土地承包期限三十年，维护进城落户农民的土地承包经营权，保持农村土地承包关系稳定、长久；要赋予农民对承包地占有、使用、收益、流转及承包经营权抵押、担保权能，允许农民以承包经营权入股发展农业产业化经营，鼓励并规范工商企业进入农业，提升农业集约化经营水平；要强化社区集体经济组织的合作性质，健全完善村级集体经济发展长效机制，切实壮大农村集体经济。

2. 深化农村土地制度改革

土地是农业之本，是农民之根，农村土地制度是一国制度中最为基础的制度。农村土地制度改革事关农民权益保护和新型工农城乡关系的重构，也关系到乡村振兴和社会和谐发展。深化农村土地制度改革，就是：要对农村土地制度进行三权分置，确立农民集体这一土地产权主体，保障农民对土地的相关权利；要改善土地流转经营市场，制定和完善土地流转制度，探索发展不同的流转方式，提高土地利用率；要健全土地用途登记管理办法，完善耕地用途制度，控制建设用地，保护耕地，充分发挥土地资源的最大使用效率；要完善土地征用补偿制度，合理补偿农民被征用土地，监管补偿资金流向，做好失地农民的就业安置工作；要盘活农村闲置校舍、厂房、废弃地等，加快推进宅基地使用权确权登记颁证工作，大力实施农村宅基地制度改革。

3. 深入推进农村集体产权制度改革

农村集体产权制度涉及农村集体资产产权归属，完善的农村集体产权制度是农村社会稳定的必要条件。当前，农村集体资产存在产权归属不清晰、权责不明确、保护不严格等问题，与乡村振兴的内在要求不相适应，需要积极进行改革。深入推进农村集体产权制度改革，就是：要把握正确改革方向，坚守法律政策底线，实现好、维护好、发展好广大农民的根本利益；要开展集体资产清产核资，明确集体资产所有权，全面加强农村集体资金资产资源监督管理；要将农村集体经营性资产以股份或者份额形式量化到集体成员，依据有关法律法规，确认农村集体经济组织成员身份，赋予农民对集体资产股份占有、收益、有偿退出及抵押、担保、继承等权利，把农民集体资产股份收益分配权落到实处；要充分发挥农村集体经济组织的作用，严格保护集体资产所有权，从实际出发探索发展集体经济的多种形式，引导农村产权规范流转和交易。

4. 完善农业支持保护制度

支持保护制度是实现国家现代化的政策核心，也是我国发展现代农业的必然要求。只有完善农业支持保护制度，才能促进农民增收，推进农业可持续发展，实现乡村振兴。完善农业支持保护制度，就是：要建立农业农村投入稳定增长机制，把农业农村作为财政支出的优先保障领域，使农业农村投入只增不减；要完善农产品价格形成机制和农业补贴制度，充分发挥市场在资源配置中的决定性作用，保持农业补贴政策连续性和稳定性，提高补贴效能；要强化生态保护的机制创新，逐步扩大"绿箱"支持政策实施规模，推广减量化和清洁化农业生产模式，加强耕地保护，提升耕地质量。

（七）汇聚全社会力量，强化乡村振兴人才支撑

乡村振兴，需要人才的支撑，只有人才振兴，乡村振兴目标才能实现。要推进乡村振兴战略，必须紧紧抓住人才振兴这一关键环节，破解人才瓶颈。因此，在实施乡村振兴战略中，我们必须树立"人才是第一资源"的理念，积极创新乡村人才工作体制机制，充分激发乡村人才活力，既要重视培养本土人才，又要"筑巢引凤"引进人才，还要搭建舞台留住人才，打造一支强大的乡村振兴人才队伍，为加快推进农业农村现代化提供坚实人才支撑，以人才振兴全面促进乡村振兴。

1. 大力培育新型职业农民

实施乡村振兴战略，需要培育大量新型职业农民。新型职业农民是以农业为职业，有文化、懂技术、善经营的现代农业从业者。培育新型职业农民，就是：要选准培育对象，充分了解他们的特点与定位，建立培育对象数据库；要围绕综合素质、生产技能和经营管理能力，科学确定相应培训内容，培育全面发展的新型职业农民；要规范新型职业农民培育的认定管理、培育管理和信息管理，完善新型职业农民信息管理系统，搭建新型职业农民培育工作基础平台，提高培育工作的专业化、规范化水平；要改善培育基础条件，加强教学培训资源建设，加强师资队伍建设，提升新型职业农民培育的保障能力。

2. 加强农村专业人才队伍建设

要推进乡村振兴，就需要建设一支专业人才队伍，专业人才是乡村振兴的核心动能。加强农村专业人才队伍建设，就是：要实施好边远贫困地区、边疆民族地区和革命老区人才支持计划，加强与高等院校、研究所、党校等干部培训机构密切合作，为乡村振兴培养专业化人才；要选送地方农技业务骨干外出参加各级各类业务培训，培养农业科研创新人才、农技推广人才、农民专业合作组织人才等，全面推动农村专业人才队伍建设；要建立激励机制，改善工作条件，提高生活待遇，拓展发展空间，增强农村实用人才的认同度和接纳度，提高农村专业人才的责任感、使命感和荣誉感，使他们积极投身乡村振兴。

3. 发挥科技人才支撑作用

科技是引领发展的第一动力，乡村振兴离不开科技人才的支撑，科技人才能够为乡村振兴提供"科技引擎"。发挥科技人才支撑作用，就是：要引导乡村与高校科研院所建立长期合作关系，加大对涉农人才的引进，为农村培养出各类急缺专技人才，补充乡村科技人才不足；要按照"双向选择、供需对接"的原则，实行一户一策和点对点服务，推动科技精准扶贫；要唤醒科技人员浓浓乡土情怀，让他们扎根基层、服务基层，让科技人才积极服务于乡村振兴。

4. 鼓励社会各界投身乡村建设

乡村振兴，需要社会各界的共同努力。鼓励社会各界投身乡村建设，就是：要建立有效激励机制，鼓励和吸引党政干部、专家学者、企业家、技能人才等到乡村投资兴业，服务乡村振兴事业；要建立城市教师、医生、科技文化人员等定期服务乡村机制，畅通人才下乡通道，激励他们留在农村大施所能、大显身手；要鼓励引导工商资本参与乡村振兴，建立健全经营权贷款风险补偿机制，落实和完善融资贷款、配套设施建设补助、税费减免、用地等扶持政策；要积极发挥工会、共青团、妇联、科协、残联等群团组织的优

势和力量，引导各民主党派、工商联、无党派人士等投身乡村振兴，打造共
建共治共享的乡村振兴格局。

5. 创新乡村人才培育引进使用机制

要打造一支专业化、高水平的乡村振兴人才队伍，需要创新乡村人才培
育引进使用机制。创新乡村人才培育引进使用机制，就是：要自主培养与人
才引进相结合，学历教育、技能培训和实践锻炼相结合，确保人才培养与乡
村振兴发展实现无缝对接；要健全人才引进制度，建立城乡、区域、校地之
间人才培养合作与交流机制，探索采用年薪工资、协议工资、项目工资等方
式聘任管理；要创新乡村人才使用机制，将岗位需要和人才实际才能相结
合，科学组合，合理搭配，充分发挥人才效能。

（八）开拓投融资渠道，强化乡村振兴投入保障

实施乡村振兴战略，需要投入极其庞大的资金量，必须解决钱从哪里来
的问题。要解决乡村振兴钱从哪里来的问题，就必须以改革创新的思路，健
全投入保障制度，创新投融资机制，激活市场、激活要素、激活主体，在发
挥农民主体作用、调动农民自身投入积极性的基础上，加快形成财政投入为
重点、社会资金及金融为补充的多元投入格局，不断加大投入力度，持续增
加投入总量，为乡村振兴提供强有力的投入保障。

1. 确保财政投入持续增长

财政投入就是财政用于社会公共服务各方面的支出，它是社会生产正常
开展、社会秩序规范有序的保障。实施乡村振兴战略，需要财政投入的持续
稳定增长。要确保财政投入持续增长，就是：要建立一般公共预算支出稳定
增长机制，健全乡村振兴财政投入保障制度，使中央和地方用于乡村振兴的
财政支出占财政总支出的比重逐年提高，其增速应高于一般性公共预算支出
增速；要设立乡村振兴专项经费，将耕地占用费、城镇土地使用费等作为乡
村振兴的专项资金，扩大乡村振兴专项资金来源；要建立财政资金和信贷资
金相互配合的融资机制，扩大涉农生产经营主体税收优惠范围，提高土地出
让收入用于乡村振兴的比例。

2. 拓宽资金筹集渠道

乡村振兴战略是党和国家的一项重大战略，既需要财政投入的有力保障，也需要拓宽资金筹集渠道，形成多元投入格局。要拓宽资金筹集渠道，就是：要统筹整合土地出让收入用于农业农村的资金，重点向县级倾斜，用于高标准农田建设、农田水利建设、现代种业提升等乡村发展项目；要建立高标准农田等新增耕地指标和城乡建设用地增减挂钩节余指标跨省域调剂机制，将耕地占用费、城镇土地使用费等所得收益全部用于支持脱贫攻坚和乡村振兴；要"激活"农户已有的土地承包经营权、宅基地使用权等物权，将资产变为资金；要在政府监管下，探索运用多种模式引入社会资本，推进扶贫生态移民房建设，农村专业合作社与社会投资者相联合，从事特色农业经营。

3. 提高金融服务水平

金融服务是金融机构通过开展融资投资、储蓄、信贷、金融信息咨询等业务活动为客户提供共同受益、获得满足的活动，以促进经济与社会的发展。乡村振兴需要借助银行等金融机构的资金支持和服务，有效化解农村市场主体融资难问题。提高金融服务水平，就是：要健全适合乡村振兴发展的金融服务组织体系，加大商业银行对乡村振兴支持力度，强化农村中小金融机构支农主力军作用，鼓励开发性、政策性金融机构在业务范围内为乡村振兴提供中长期信贷支持；要加大金融精准扶贫力度，推动农村一二三产业融合发展，做好国家粮食安全金融服务和新型农业经营主体和小农户的金融服务；要强化金融产品和服务方式创新，扩大抵押担保范围，创新金融机构内部信贷管理机制，将大数据、人工智能、物联网等技术运用到"三农"金融服务中，提高涉农信贷风险的识别、监控、预警和处置水平，推动农村金融服务方式多样化、多元化。

（九）坚持和完善党对"三农"工作的领导

党的领导是我国社会经济发展的坚强后盾，实现乡村振兴，关键在于党对"三农"工作的领导。新中国成立以来，我们党始终把解决好"三农"问题作为党和国家发展的根本性问题，始终牢牢掌握党对农村工作的领导权。不断加强和改善党对"三农"工作的领导，既为我们推进乡村振兴战略提供根本依靠，又为"三农"发展提供政治保障。乡村振兴战略是党和国家的重大决策部署，各级党委和政府必须切实提高党把方向、谋大局、定政策、促改革的定力，确保党始终总览全局、协调各方，提高对实施乡村振兴战略重大意义的认识，提高新时代党领导农村工作的能力和水平，把振兴乡村工作摆在一切工作的前面，把党管农村工作的要求落到实处。

1. 完善党的农村工作领导体制机制

一套有效的体制机制是实现乡村振兴、建设社会主义新农村的必要条件，党的农村工作领导体制机制是整个乡村振兴体制机制的重要组成部分。完善党的农村工作领导体制机制，就是：要加强各级党委农村工作部门建设，健全党委统一领导、政府负责、党委农村工作部门统筹协调的农村工作领导体制，充分发挥党的农村工作机构决策参谋和统筹协调的作用；要建立市县党政领导班子和领导干部推进乡村振兴战略的实绩考核制度，各级党委和政府既要抓工业，也要抓农业，既要重视城市发展，也要重视农村建设，将农业农村发展置于优先地位；要完善工作责任制，各级党委和政府主要领导同志要亲自抓农村工作，分管农村工作的必须为省市县党委常委，坚持"米袋子""菜篮子"地方主要领导负责制。

2. 制定和实施《中国共产党农村工作条例》

要完善党的农村基层组织建设，加强党对农村工作的领导，就需要制定和实施《中国共产党农村工作条例》。制定和实施《中国共产党农村工作条例》是贯彻党的基本路线、方针和政策，全面推进乡村振兴，提高新时代党全面领导农村工作能力和水平的必然要求。《中国共产党农村工作条例》提出要坚持党对农村工作的全面领导，实行中央统筹、省负总责、市县乡抓落实的农村工作领导体制，健全党领导农村工作的组织体系、制度体系和工作机制，确保乡村振兴战略有效实施。

3. 加强"三农"工作队伍建设

"三农"工作队伍是党的"三农"方针政策的宣传者和践行者，是实施乡村振兴战略中的中坚力量。要实现乡村振兴，就必须加强"三农"工作队伍建设。加强"三农"工作队伍建设，就是：要让分管农村工作的领导真正成为"三农"工作的行家里手，他们既懂"三农"工作，又会抓"三农"工作；要注重"三农"工作干部的选拔，拓宽区县涉农部门干部的来源渠道，优先考虑基层一线和脱贫攻坚工作中做出重大贡献的优秀"三农"干部，在技术带头人、种养殖能手、退伍军人、返乡大学生等群体中发展村级后备干部，形成一支年龄结构和性别结构合理、懂农业、爱农村、爱农民的工作队伍；要加强"三农"工作干部队伍的培养，通过远程教育在线学习，或举办专题培训班等形式，提高"三农"工作队伍思想素质和专业素质；要适当提高基层"三农"工作人员补助标准，在子女入学、看病住院、生活居住等方面做好相关配套工作，解决他们的后顾之忧，稳定"三农"工作队伍。

4. 强化乡村振兴规划引领

乡村振兴是一项长期而艰巨的任务，需要做好先期规划，突出重点，分步实施。强化乡村振兴规划引领，就是：要结合土地利用、产业发展、民居布局、人居环境整治、生态保护等要素，立足本地文化和风土人情，因地制宜编制乡村振兴地方规划，避免"千村一面"；要将近期目标、中期目标和远期目标相结合，一个时间节点一个时间节点地推进，将乡村振兴一张蓝图绘到底；要坚持城乡融合、区域一体，新型城镇化和乡村振兴同频共振，城乡协调发展。

5. 强化乡村振兴法治保障

法治就是根据法律治理国家，它既是人类政治文明的重要成果，也是确保社会长治久安的根本保障。强化乡村振兴法治保障，就是：要坚持立法先行，及时修改和废止不适应新时代农业农村发展的法律法规，将党中央有关乡村振兴的方针政策和地方实践中的成功经验转化为法律规范，完善相关制度，为实现乡村全面振兴提供法律保障；要建立健全农业综合行政执法体系，坚决打击整治农村各类违法犯罪活动，维护群众合法权益，为乡村振兴提供有力的执法保障；要将涉农各项工作纳入法治化轨道，完善村级事务决策、公开、监督等方面的制度机制，充分利用新媒体新技术新形式，大力开展农业农村法治宣传教育，形成自治、法治、德治相结合的乡村治理体系。

6. 营造乡村振兴良好氛围

乡村振兴既需要立法和财政保障，需要政策和人才支持，也需要营造一个乡村振兴的良好氛围。要营造乡村振兴良好氛围，就是：要运用 QQ、微信、手机短信、电子屏幕等载体，对乡村振兴的目的和意义进行广泛宣传，通过大学习、大教育、大培训等形式，提高基层干部群众投身乡村振兴的热情和积极性；要加大对乡村振兴的研究，成立乡村振兴专家智库，建立乡村振兴专家决策咨询制度，丰富和完善乡村振兴理论；要促进乡村振兴国际交流合作，加强国内外乡村振兴的经验分享与学习，尤其是将我国乡村振兴的经验、做法分享给全世界，为其他国家乡村振兴提供中国经验和中国方案。

第三节　实施乡村振兴战略的意义

当中国特色社会主义建设进入新的历史时期，以习近平同志为核心的党中央在准确把握我国国情、农情，深刻认识我国现代化建设规律和城乡关系变化特征的基础上，高瞻远瞩地提出实施乡村振兴战略。实施乡村振兴战略，是遵循以人民为中心，依据决胜全面建成小康社会、全面建设社会主义现代化强国的重大历史任务，着眼于党和国家事业全局，对我国"三农"工作做出的总的战略部署和提出的新的目标要求。习近平总书记多次强调，地方各级党委和政府必须充分认识到推进乡村振兴的重大意义，优先实施乡村振兴战略，坚持各级党组织负责人亲自负责乡村振兴，让全党全社会都参与到乡村振兴这一行动中来。只有深刻认识和全面领会实施乡村振兴战略的重大现实意义，才能真正提升贯彻落实乡村振兴战略的自觉性，推动我国"三农"工作迈向新阶段、实现新目标、开创新境界。

一　乡村振兴战略勾勒了我国"三农"发展的宏伟蓝图

实施乡村振兴战略，必须始终把解决好农业农村农民问题作为全党工作重中之重。当前，我国正处在"两个一百年"奋斗目标的历史交汇期，既要全面建成小康社会、实现第一个百年奋斗目标，又要顺势而为，全面开启建设社会主义现代化强国、实现第二个百年奋斗目标。实现社会主义现代化，是全国各族人民期盼已久的美好愿望，而农业农村现代化作为现代化的有机组成部分，在整个社会主义现代化中具有至关重要的作用。可以说，农业农村现代化能否如期实现，直接关系社会主义现代化的整体实现。习近平总书记多次指出，没有农业的现代化，没有农村的繁荣富强，没有农民的安居乐业，社会主义现代化强国是实现不了的。"三农"问题是关系国计民生的根本性问题，也是关系我国能否在 21 世纪中叶发展成为社会主义现代化强国的关键性问题，更是关系中华民族伟大复兴能否顺利实现的战略性问题。要发展成为社会主义现代化强国，实现中华民族伟大复兴，首先需要实现农业强大、农村美丽和农民富裕。没有农业的现代化，没有农村的繁荣富强，没有农民的安居乐业，中华民族伟大复兴的中国梦就难以实现。实施乡村振兴战略，推进乡村经济快速发展，完善乡村社会治理，改善乡村生态环境，提升广大农民综合素质，不仅能够为农业农村现代化的顺利实现提供坚实基础，而且为全面建设社会主义现代化国家提供有力保障。

站在新的历史起点，乡村振兴战略对新时期中国特色社会主义的"三农"工作提出了新的更高目标要求，要求坚持农业农村优先发展，按照"产业兴旺、生态宜居、乡风文明、治理有效、生活富裕"的总目标，完善城乡融合发展机制和体系，积极推进农业农村现代化。相较于 2005 年党的十六届五中全会提出的"生产发展、生活宽裕、乡风文明、村容整洁、管理民主"社会主义新农村建设总要求，党的十九大提出的乡村振兴战略拓展到农业农村现代化，强调乡村的整体发展，要求更高，内涵更丰富。其中，产业兴旺，就是要紧紧围绕促进产业发展这一目标，完善城乡融合发展机制和体系，推动城乡要素平等交换，促进公共资源城乡均衡配置，鼓励社会更多资本、人才和技术流入农业农村，将广大农民的积极性和创造性调动起来，构建起现代农业发展体系，促进一、二、三产业融合发展，使农业农村经济发展更具活力。生态宜居，就是要加强农村资源环境保护，大力改善水电、道路、住房、通信等基础设施，统筹建设利用山林、江河、耕地等自然资源，保护好绿水青山和清新清净的田园风光，将农村建设成为田园牧歌、秀山丽水、和谐幸福的美丽宜居地方。治理有效，就是要加强和创新农村社会治理，加强基层民主和法治建设，让社会正气得到弘扬、违法行为得到惩治，使农村更加和谐、安定有序。生活富裕，就是要让广大农民有持续稳定的收入来源，经济宽裕，衣食无忧，生活便利，广大农民共同享受改革发展成果，共同富裕。

二　乡村振兴战略明确了我国深化农村改革的方向

党的十一届三中全会以来，我国农村改革走过了光辉历程，取得了一系列改革成果。1982 年中央一号文件《全国农村工作会议纪要》肯定了农村土地家庭承包的重要意义，肯定了农业生产责任制和多种经营方式。1984 年中央一号文件《关于一九八四年农村工作的通知》强调在稳定和完善生产责任制的基础上，提高生产力水平，发展商品生产，将土地承包期限延长至十五年以上。2003 年 3 月 1 日制定、2018 年修订的《中华人民共和国农村土地承包法》再次指出国家实行农村土地承包经营制度，耕地、草地和林地的承包期分别为三十年、三十年至五十年和三十年至七十年。

改革开放 40 多年来，我国农村经济社会发生了历史性变化，农村土地集体所有权、承包权和经营权三权分离，初步形成自治、法治、德治相结合的乡村治理体系，全面转变工农和城乡关系。在新的历史时期，如何进一步深化农村改革，处理好农民和土地的关系，把握好农村改革的方向，加快构建符合我国实际情况和世界发展趋势的新型农业支持保护制度，健全乡村治理体制，将作为我国农村改革发展政策的一项重要内容。在党的十九大报告中，党中央决定深化农村土地制度改革，巩固和完善农村基本经营制度，完善承包地"三权"分置，保持土地承包关系长久不变，第二轮土地承包到期后再延长三十年。这些政策安排很好地回应了广大农民和新型农业经营主体的期盼，有力地保障了广大农民及相关市场主体的利益。按照所有权、承包权、经营权"三权分置"和"量能分治、市场定价,价补分离、补从史定"的思路,国家将持续完善耕地、林地、草原等农用地制度,明确土地集体所有权及具体权能,以及第三方经营权的权利属性及具体权能,从制度方面保障新型经营主体的权益;探索实施"确股确利不确地"的承包形式,合理赋权承包权,并对承包权实施市场化退出机制;土地收益要纳入集体收益,集体成员的民主管理权和收益分配权要得到充分保障,逐步扩大农户依法取得的宅基地用益物权的权能;加大农田整理、水利设施、研发推广、农民培训等方面的投入,增加加工、贮运和销售等一般性服务支持,减少市场价格支持;加强以绿色生态为导向的农业支持保护、农机购置、秸秆综合利用等各类补贴,让农民保护好耕地,用好耕地,减少农药、化肥使用量,使畜禽粪便和农作物秸秆得到充分利用;由市场供求关系来决定农业产能和产量,把隐含在托市价格中的财政补贴剥离出来,依据土地面积或历史产量进行补贴,使补贴不再由当期生产所决定;按照"自治为基、法治为本、德治为先"的乡村治理思路,不断完善农村群众性自治组织,健全民主决策程序,创新乡村党组织领导的充满活力的村民自治机制,探索以村民小组或自然村为基本单元的农村治理模式,运用法律手段维护和保障农民权益、市场规范运行、农业支持保护、生态环境治理、农村社会矛盾化解等,强化法律权威地位;深入挖掘广大乡村所蕴含的道德规范,并在此基础上结合时代特点进行创新,丰富和完善中国特色社会主义的道德规范,强化道德在乡村治理中的教化作用,使广大乡村社会形成良好的道德风尚。这些不仅是我国当前农村改革发展政策的重要内容,也为我国今后一段时期深化农村改革指明了方向。

三 乡村振兴战略创新了农村产业发展思路

乡村振兴需要发展乡村产业,只有产业的兴旺与发展,农村才能聚集兴旺发展的人才和商机,才有持续稳定的财富创造和财富积累能力,才能提供充足的就业机会和就业岗位,才会让农民实实在在感受到乡村振兴战略的红利。党的十九大提出,实施乡村振兴战略,必须高度重视农村产业发展，在确保农业保供、国家粮食安全的前提下，建立健全现代农业生产体系、经营体系和社会化服务体系，完善农业支持保护制度，培育多种形式的新型农业经营主体，实现传统农户与现代农业的无缝对接。①

乡村振兴战略列出乡村振兴的目标、任务和路线图，为农村产业发展提供了明确思路。农业是乡村产业的主体，发展乡村产业，一是要建设现代农业，加强以农田水利为重点的农业基础设施建设，大规模实施土地整治，增加高产稳产农田比重，推广节水灌溉，大力推进农业科技自主创新，提高农业机械化程度，结合地方实际发展特色农业，把地方优势特色农产品做大做强，确保国家粮食安全和农民增收就业。二是要大力发展农业生产性服务业，为农民提供重要农产品价格、国内外市场供求形势、市场运行风险等市场信息，提供集中育苗、供种与用种技术和深翻深松、测土配方施肥、有机肥替代化肥、喷灌、滴灌、水肥一体化、病虫害绿色防控、专业化动物疫病防治等生产技术，以及畜禽养殖废弃物的收集、转化、利用和地膜回收、秸秆还田等废弃物资源化利用技术，提供农机作业及维修，农产品加工储藏、烘干、保鲜、包装、产销对接、电子商务营销等服务，为农业产前、产中、产后服务提供有力保障。三是要充分利用农村现有服务资源、服务设施，完善餐饮、洗浴、康养、旅游、文化等服务设施，汇集客流、物流、信息流和资金流，积极发展养老托幼产业、物品维修产业、批发零售业、电子商务、金融保险等农村生活性服务业，尤其是休闲农业和乡村旅游，为农业提供信息咨询、农资采购、传真打印、物品寄存、通信、网购等综合服务，提升服务质量，使大量的人在农村养老、康养、休闲、旅游。四是要依托特定的地理环境，凭借独特资源条件和历史文化，坚持因地制宜、因村施策，充分挖掘农村各类非物质文化遗产资源，加强开发和保护小宗类、多样性特色种养，大力发展豆制品、卤制品、酱制品、腊肉腊肠等农村食品加工业和木雕、竹编、银饰、民族服饰等地方特色手工业，培育乡村特色产业，将农村

---

① 苑鹏：《推动小农户与现代农业有机衔接》，《红旗文稿》2021 年第 2 期，第 23～26 页。

打造成为特色产业基地和特色产业集群，创响乡土特色品牌，提升"乡土制造"的魅力和效益，这既保护了传统技艺、传承了民族文化，满足人们日益多样化、特色化的市场需求，又使广大农民增收致富。五是要立足于地方资源禀赋和民俗风情，深入挖掘传统文化，积极创作农村文化产品，大力开展乡村歌舞、乡村竞技、乡村风情、乡村婚俗、乡村观光、乡村耕织、乡村喂养等表演活动和乡村文化历史文化展览活动，开辟以中小学学生为对象的乡村文化教育基地，全力打造特色文化产品和服务，构建包含乡村生产、生活、民俗、农舍、休闲、养生、田野等在内的乡村特色文化产业链条，实现乡村特色文化产业与生态文明建设的有机结合，实现乡村经济社会的永续发展。

四　乡村振兴战略确立了新型城乡互动关系

城乡关系是一定社会条件下政治关系、经济关系、阶级关系等诸多因素在城市和乡村中的集中反映，既包含地理学意义上的城市与乡村地域关系，也包括经济学意义上的工业与农业关系，还包括社会学意义上的市民与农民关系，它是城市与乡村、工业与农业、市民与农民之间相互作用、相互影响、相互制约的普遍联系。新中国成立尤其是改革开放以来，我国城市和农村均取得了较为突出的成就，但由于特定社会因素和政治因素，多年来一直奉行建立在城乡二元结构基础上的工业化和城镇化发展政策，强调城市和工业优先发展，各种资源主要向城市集中，而农村则处于相对封闭的自我发展状态，国家投入不足，农村基本公共服务建设落后，城乡发展不平衡、城乡互动不足一直是突出问题。2018 年，我国城镇居民人均可支配收入为 39251元，农村居民人均可支配收入为 14617 元，城镇是农村的 2.69 倍；我国城镇居民人均消费支出 26112 元，农村居民人均消费支出 12124 元，城镇是农村的 2.15 倍。① 不仅农村基础设施建设滞后，而且农村的教育、卫生、养

① 《2018 年居民收入和消费支出情况》，http：//www.gov.cn/xinwen/2019 – 01/21/content_5359647.htm，最后检索时间：2020 年 11 月 22 日。

老等公共产品供给也质量偏低，公共服务水平不高，严重影响到农民对现代社会发展成果的共享。

习近平总书记多次指出：我们在任何时候都不能轻视农业、淡忘农民、忽视农村；中国要强农业必须强，中国要美农村必须美，中国要富农民必须富。党的十九大报告和《乡村振兴战略规划（2018—2022年）》也一再强调，要建立健全城乡融合发展体制机制和政策体系，构建新型城乡关系，促进城乡融合发展，更好地激发农村内部发展活力，优化农村外部发展环境，推动人才、土地、资本等要素双向流动，为乡村振兴注入新动能。城市和农村的发展不应是矛盾的，而应是互相促进、互相联系的命运共同体。中国特色社会主义现代化不能是建立在城乡分离、城乡分割基础上的现代化，不能把实现全面小康、全面现代化的希望全部寄托于城镇化，更不能在城镇化过程中"化"掉乡村，以乡村的凋敝为代价实现城市的繁荣，而是要在推动城镇化的进程中充分发挥城市和乡村两个平等主体的应有作用，通过城市的发展和新型城镇化带动广大农村发展，让产品、要素、资源在城镇、农村之间双向流动，优化配置，在良性互动中促进城乡融合。中国的全面现代化离不开乡村的现代化，乡村现代化是农业农村农民的有机结合体，中国特色社会主义现代化必须推动城乡融合发展。

新型城乡互动关系是以工促农、以城带乡、工农互惠、城乡一体的城乡关系，从而使城市和农村相得益彰、相辅相成。新型城乡互动关系是我们党在深刻认识城乡关系、城乡发展规律及其变化趋势基础上提出的重大方略，其目的就是要让广大农民平等参与现代化进程，共同分享现代化成果。要构建新型城乡互动关系，首先要建立健全城乡融合发展机制和发展体系，充分尊重城、乡两大发展主体的平等性和差异性，遵循乡村自身发展规律，科学把握城乡差异和特点，注重地域特色，体现城乡风情，不搞一刀切，不搞同一模式，通过城乡功能平等分工来调整未来城市形态，而不是简单地把农村建成现有城镇的模样。其次要推动公共服务向农村延伸、社会事业向农村覆盖，健全全民覆盖、普惠共享、城乡一体的基本公共服务体系，形成农村产权保护交易制度框架，推进城乡基本公共服务的标准统一、制度并轨；破除妨碍城乡要素自由流动和平等交换的体制壁垒，打通城乡要素自由流动的制度性通道，引导各类要素更多向乡村流动，使乡村的土地、资金、人才、产业、信息等形成良性循环，显著缩小城乡发展和居民生活水平差距，全面实现基本公共服务均等化和农业农村现代化。

五 乡村振兴战略夯实了乡村治理的根基

乡村振兴需要完善的乡村治理体系，乡村治理是实施乡村振兴战略的基石。"治理有效"既是实施乡村振兴战略的总要求之一，也是习近平总书记在谈到乡村振兴战略时多次强调的内容之一。他指出，推进乡村振兴，必须夯实乡村治理这个根基，健全自治、法治、德治相结合的乡村治理体系。[①]"九层之台，起于垒土，千里之行，始于足下。"乡村治理效果不仅决定我国广大农村的繁荣与稳定，而且还体现着整个国家的治理水平和治理能力。

改革开放以来，正是国家十分重视社会治理，才使得我国经济社会快速发展，整个社会形势良好。然而，随着国家发展战略重心的转移，乡村在国家发展中的重要地位越来越凸显，推进乡村治理体系和治理能力现代化的紧迫性和必要性也日益显现。在新的历史时期，国家提出乡村振兴战略，强调我们必须与时俱进，开拓创新，调整和完善乡村治理的理念、范围、主体、方式，构建起适应乡土社会结构变化、符合时代发展需要的乡村治理体系。一是加强农村基层党组织的领导作用。"农村要想富，关键在支部。"农村基层党组织是乡村振兴的主心骨、领头雁，是党在农村开展一切工作的基础，是党联系广大农民群众的桥梁和纽带。习近平总书记多次指出：党的工作最坚实的支撑力量在基层，经济社会发展和民生最突出的矛盾和问题也在基层，必须把党的基层建设作为党的长远之计，抓紧抓实；只有基层党组织积极引领、当好表率，才能实现乡村社会的有效治理。因此，要大力整顿软弱涣散、不作为甚至乱作为基层党组织，把加强党的建设和领导作为乡村治

---

① 《夯实乡村治理这个根基——五论学习贯彻习近平总书记参加河南代表团审议时的重要讲话精神》，《河南日报》2019年3月13日。

理的首要任务，充分发挥农村基层党组织的领导作用和组织优势，把农村基层党组织建设成为宣传党的主张、贯彻党的决定、领导基层治理、团结动员群众、推动改革发展的坚强战斗堡垒，凝聚广大基层党员和群众的思想、行动、力量和智慧，齐心协力实现乡村振兴。二是选优配强农村党组织书记。"支部强不强，关键看'头羊'。"要把农村基层党组织建成坚强战斗堡垒，就必须选优配强农村党组织书记。因此，要严把选人用人关，大力选拔党性强、服务意识强、作风优良的党员干部担任农村党组织书记；要加大对农村党组织书记的教育培训力度，提高他们的领导水平和致富能力；要健全激励机制和管理机制，促进他们履职尽责、干事创业，带领广大群众投身乡村振兴实践，帮助群众拓展致富渠道，增强致富技能，助推困难群众脱困脱贫。三是强化村民自治。"事情办不办，村民说了算。"村民自治在乡村治理体系中处于基础性地位，发挥着主体性、根本性作用。只有深化村民自治实践，提高村民参与乡村事务的积极性，加强村级权力有效监督，形成共建共治共享的乡村治理格局，才能打造一个充满活力、和谐有序的善治乡村。因此，要制定和完善乡村自治章程，注重汲取农村社会乡贤人士的智慧，充分发挥村规民约在乡村治理中的独特功能；要借助村民会议、村民代表会议、村民议事会等多种途径和形式，形成民事民议、民事民办、民事民管的多层次基层协商格局；要创新村党组织领导的充满活力的村民自治机制，通畅村民与基层党组织和政府的沟通渠道，组织并引导村民参与到乡村治理中来；要加强村级民主监督组织建设，建立健全村务监督委员会，主动接受村级民主监督，全面落实群众知情权和决策权。

第二章　乡村振兴与农村教育发展

　　社会是一个极其庞杂的系统，它是共同生活的个体通过各种各样的关系而联合起来的集合，政治、经济、文化、教育都是这一集合的构成要素。社会的各构成要素相互联系、相互影响，在相互作用过程中实现整体协调一致。教育作为社会的主要构成要素之一，必然会受到社会政治经济制度、生产力水平、科学技术、文化传统和背景的影响。但同时，教育通过培养人才，生产科学技术，宣传、灌输和传播思想、道德和政策，反作用于社会。

第一节　教育与社会发展

一　教育与生产力的关系

　　教育与生产力的关系十分密切。生产力为教育改革发展提供必要的物质条件，决定着教育结构和人才培养规格，制约着教育的发展规模、速度，以及教育的内容、方法、手段和组织形式；教育是劳动力再生产和科学知识再生产的重要手段，教育的发展促进生产力的发展。

（一）社会生产力的发展制约着教育的发展

　　人类社会的发展首先需要依靠一定的物质资料，而生产力是物质资料生产中最活跃、最具决定性的因素。生产力的发展迟早会引起生产关系和一切社会关系变革，从而推动整个社会的发展。教育作为社会系统的一部分，必然会受到社会生产力发展的制约。

1. 社会生产力的发展制约着教育的发展规模与速度

教育作为一种社会实践活动，其本身并不直接创造物质财富，它需要社会为其提供充足的人力、物力和财力。因此，任何社会教育的发展规模和速度都必然会受到以下两个方面的制约：一是物质资料生产是否能为教育的发展提供充足的物质条件，能够提供多少劳动年龄人口和多少可以从事学习的学龄人口，以及多少以教育经费形式表现出来的可以用于教育活动的社会资金；二是生产力发展所需劳动力的总量和各种劳动力的比例，所需劳动力的总量决定了教育的发展规模，各种劳动力的比例决定了各级各类教育的构成。如在古代社会：由于生产力发展水平较低，需要更多的人从事体力劳动，因此不可能有很多人接受和从事教育；社会的物质基础不富裕，拿不出更多物质资源和经费来办教育；社会生产力水平低，对从事劳动的人们几乎没有科技文化方面的要求。这些都决定了当时教育的发展规模较小，发展速度较慢。这也说明了为什么生产力落后的国家，一般说来，教育也是相应地比较落后，而在一些生产力高度发展的发达国家，教育相应地也是比较发达的根本原因。

2. 社会生产力的发展制约着教育目标的制定

教育目标，是由社会的政治经济直接决定的。生产力发展水平总是要求教育为其培养适合其需要的一定质量的劳动力。生产力发展水平和方式所要求的劳动力规格，就成为教育所培养的人的规格，成为教育的培养目标。从原始社会到奴隶社会再到封建社会，生产力发展十分缓慢，发展水平也比较低，从事社会生产的劳动者常常无须接受学校教育的专门训练或培养，他们只要通过师徒制或家庭传带的方式，就能够很好地从事社会生产。当时学校教育的经济功能并不突出，学校主要是培养统治阶级的官吏和知识分子，更多地发挥了它的政治、文化功能。机器大工业的出现、科学技术广泛应用于生产，对劳动者的素质有了新的要求。如：在机器生产初期，工人具备初等文化水平就可操作机器从事生产，而在现代高度发达的电子技术时期，工人就必须具备高中甚至大学水平才能满足生产的需要。总之，社会生产力发展水平要求教育培养与其需要相适应的人，学校的教育目标必须反映生产力要求。

3. 社会生产力的发展制约着教育结构、教育内容及方式

教育结构是指各种不同层次和类型的学校组合及其比例构成，一般包括基础教育、职业技术教育、普通高等教育、继续教育在内的各种类型和层次学校的构成。教育结构的特征不仅与国家政策和社会文化背景相关，更是与社会生产力的发展有着紧密的关系。自奴隶社会以后，学校教育便成为一种相对独立的活动，并逐步形成了一定的学校教育结构。但由于生产力水平低下和文化科学技术的不发达，当时的教育结构是极为简单的。例如我国西周，学校系统仅分国学与乡学两类，国学为中央官学，乡学为地方官学。到了当代，由于现代生产力和现代科学技术的迅猛发展，学校教育为了适应社会再生产过程的各种技术水平和产业部门的比例结构，必须调整教育结构以培养各种不同程度、具有不同专业知识技能的劳动者，否则将会阻碍社会生产力的发展。

社会生产力发展水平也制约学校课程的设置以及教学内容的丰富和更新。手工业生产时期，生产力发展水平不高，学校教育的内容相对比较贫乏，学校课程一般只有哲学、法律、宗教等人文学科，以及语言、文字等工具课程。学校主要传授代表统治阶级意志的伦理道德规范，与生产有直接联系、反映生产活动的知识和经验的自然学科和技术课程很少。随着生产力的不断发展，人们对物质世界的认识和把握越来越全面和深入，科学知识的积累也越来越多，各门自然科学相继构成独立的科学体系，其内容大量地反映到教学中去。以西欧的学校教育为例，14世纪学校开设的自然学科只有算术、几何、天文学三门，17～18世纪，又增加代数、三角、植物、动物、物理、化学等十几门。特别是20世纪70年代以来，随着新技术革命的到来，涌现出大量与生产劳动有关的新知识、新课程，不仅在高等学校开设了物理、电子计算机、自动控制等专业和课程，而且一些发达国家开始在中小学开设普及微型计算机课程。这些都表明，社会生产力的发展水平直接或间接影响乃至制约学校教育内容的选择和更新。

社会生产力发展水平也制约着学校教育教学的方式。在生产力发展水平较低的手工业生产时期，学校教学相应地反映了生产过程中那种师传徒的关系，采取个别教学的组织形式和手段，口耳相传，死记硬背。资本主义大工业生产时期，为适应生产的发展，出现了以集体教学为主的班级授课制的教学组织形式，并将实验、实习、演示、观察等手段和方法引入教学过程。到了现代，众多的现代化教学手段如幻灯、收录机、电视机、录像机、电子计算机等，相继进入教学领域，人造卫星也被应用于教学。近年来，大量的现代科技被应用于教育领域，不少学校借助便携式微型计算机、家庭电视教育节目系统、人工智能模拟等进行教育教学，使学校教育不再受到时间和空间的限制。

(二)教育对生产力的促进作用

教育在受到社会生产力发展水平制约的同时，也对社会生产力的发展有着巨大的推动和促进作用。

1. 教育是劳动力再生产的重要手段

社会生产力的发展需要一定劳动力的参与，没有充足且具备较高劳动能力的劳动力参与，生产资料是不可能创造出任何物质财富的。劳动力并非一成不变、一劳永逸，它需要随着社会的发展和劳动内容及手段的变化而变化。并且，随着旧的劳动力的消退，新的劳动力需要产生并补充进来。在生产力发展水平不高的手工工具阶段，新劳动力的再生产可以在直接的生产劳动过程中生产出来。随着社会的发展，科学技术不断进步，生产方法和劳动手段日趋科学化和智力化，劳动者需要具备较高的素质才能从事生产劳动。"要改变一般人的本性，使它获得一定劳动部门的技能和技巧，成为发达的和专门的劳动力，就要有一定的教育或训练。"① 据此而言，教育和训练也就成为劳动力再生产的必要条件。通过教育和训练，劳动者能够提高对生产过程的理解程度和劳动者技能技巧的熟练程度，从而提高工作效率；能够提高合理操作、科学使用劳动工具的能力，减少劳动过程中不必要的损耗；能

---

① 《马克思恩格斯全集》（第23卷），人民出版社，1972，第201～202页。

够提高学习知识和掌握技能的能力，缩短掌握新技术、新知识、新理念所需要的时间；能够提高创新意识和能力，加强生产管理的愿望和能力。随着科学技术的持续发展，脑力劳动在整个社会劳动中所占的比重会越来越高，物质资料再生产需要更高的劳动力质量，教育在劳动力再生产中的作用将愈加凸显。社会不仅普及中小学教育把年轻一代培养成为具有"一般劳动能力的人"，而且要通过各种职业技术教育和高等教育进一步改变劳动能力的性质和形态，提高劳动能力的平均熟练程度，把具有一般劳动能力的人培养成为具有专门的特殊劳动能力的人。还可以通过成人教育、终身教育等方式，更新劳动者的知识技能，把已经具有某种专门的特殊劳动能力的人，教育和训练成具有另一种新的、专门的特殊劳动能力的人，把经验型、手艺型的劳动力转变为科学型、知识型的劳动力，以适应生产发展带来的职业和劳动操作岗位的转换，促进生产力持续发展。

2. 教育是科学知识和科学技术再生产的重要手段

马克思和恩格斯指出："劳动生产力是随着科学和技术不断进步而发展的。""科学是一种在历史上起推动作用的、革命的力量。"① 在当代，科学知识和技术已经成为经济增长的前提条件，成为社会发展的决定性力量。科学技术的继承和发展需要借助教育，教育的基本功能之一就是向受教育者传授科学知识，提高他们的科学技能。学校教育用科学的教育教学方法，有系统、有组织地将人类长期积累的生产知识和生产技术传授给学生，使原本少数人掌握的科学技术知识，在较短的时间内以扩大化的方式为更多人所掌握。教育这种扩大化的科学知识传播和科学技术培训不仅实现了科学技术知识的再生产，而且是一种高效率的再生产。

教育在传授人类社会已积累的文化科学知识的同时，也担负着产生新的科学技术、新的生产力的任务。现代教育，尤其是高等教育，学科门类较为齐全，科研设施设备较为完善，科学研究力量十分集中，这都有利于开展科学研究。高等教育不仅是已有的科学知识和技术传承的基地，而且是科学技

---

① 《马克思恩格斯文集》（第1卷），人民出版社，2009，第46页。

术再生产的重要"工厂",加强科学研究,产学研一体化,已成为近现代教育尤其是高等教育发展的一大趋势。美国半导体工业的主要基地——"硅谷"之所以在世界半导体业界具有重要影响力,主要原因在于其凭借附近的斯坦福大学及研究院的高级科技力量的强大支援系统。"七五"期间,高校独立或联合承担的国家科技攻关课题达 70 多项,这些项目涉及农业、能源、交通、机械、电子、石油、化工、轻工、矿冶、生物医疗、环境海洋等各个领域,其中大多数攻关成果达到国际先进水平,居国内先进行列。

(三)教育是科学技术转化为生产力的重要中介

科学知识和技术是人类经验和智慧的结晶,当它还没有应用于现实生产中的时候,它还仅仅是作为意识形态而存在的一种社会精神财富,是一种潜在的生产力。要将潜在的科学知识和技术转化为现实生产力,直接为社会生产和生活所服务,就需要经过"物化"的过程,转化为生产中的新技术、新工具和新工艺。在这一转化过程中,劳动者对科学知识和科学技能的掌握和运用情况具有决定性作用。马克思指出:自然界没有制造出任何机器,没有制造出机车、铁路、电报、走锭精纺机等等,它们是人类劳动的产物……它们是人类的手创造出来的人类头脑的器官;是物化的知识的力量。固定资产的发展表明,一般的社会知识,已经在多么大的程度上变成了直接的生产力。①

二　教育与政治的关系

政治是以国家权力为核心展开的各种社会活动和社会关系的总和,任何组织和成员都会以一定的方式参与到社会政治活动中。教育与政治作为社会系统中的两大子系统,二者之间必然有着紧密的联系,教育在受到政治影响和制约的同时,又会对社会政治生活和政治变革产生积极作用。

(一)政治制约教育

1. 政治决定教育的领导权和受教育权

教育的领导权和受教育权是判断和确定教育性质的最主要标志,教育的

---

① 《马克思恩格斯全集》(第46卷),人民出版社,1975,第219～220页。

领导权由谁来掌握、谁能够接受教育都是由一定政治经济制度决定的，政治决定着教育的领导权和受教育权。

从人类社会的发展史来看，在经济和政治上占统治地位的阶级出于巩固统治秩序、培养合乎本阶级要求的人才的需要，一般都会利用其在政治、经济和思想等方面的统治地位，控制绝大部分教育机构，掌握教育的领导权，使教育能够完全按照自己的要求来进行。统治阶级通过立法机构颁布法律法规，通过国家行政机构颁布办学方针和办学政策，通过各级行政机构任免教育部门负责人和教师，牢牢地掌握着教育的领导权。同时，教育经费是教育事业得以开展的基础，统治阶级掌握着教育经费的主要来源，通过财政拨款和专项补助等形式，有效地控制了教育权。另外，统治阶级通过教科书的编写和各种读物的发行，规定了教育教学内容；通过规章制度的颁布，规定了教育者和受教育者的言行举止，在教育实践中左右着教育的发展方向。

政治也决定着受教育的权利。不同阶级在政治、经济上不平等，反映在教育中，便形成了不平等的受教育权利。在生产资料私有制社会中：剥削阶级处于统治地位，他们的子弟有更多机会接受更多和更高水平的学校教育；被剥削阶级处于被统治地位，他们几乎承担了社会的全部劳动，很难有机会接受学校教育。在现代社会中，一方面，社会经济的发展需要普遍提高民众的文化科学知识水平，另一方面，民众的民主意识也日益增强，教育民主和教育平等成为社会的普遍要求。对此，世界各国都积极做出反应，制定了相应的法律来保证公民的受教育权利。

2. **政治决定教育目的**

在一定社会中，培养具有怎样的政治方向、思想意识的人，取决于当时社会的经济情况，并由政治所决定。统治阶级自身统治的需要，决定了教育目的，并根据不同的教育目的制定不同的教育制度。在原始社会，人们共同占有社会生产资料，共同参加生产劳动，教育目的是培养未来合格的氏族成员。在阶级社会里，占统治地位的阶级总是力图按照他们的利益要求来塑造下一代，培养的是维护既有统治阶级利益的人。在我国，社会性质决定了教育为社会主义现代化建设服务、为人民服务，教育与生产劳动相结合，培养德、智、体、美等方面全面发展的社会主义建设者和接班人。

3. 政治决定教育内容

政治不仅决定教育目的，同时也决定着教育内容。统治阶级为了维护自身统治需要，总会通过一定方式对下一代施加有效的影响，以实现教育目的，其中最为有效的手段就是规定教育教学内容，通过教育内容反映统治阶级的思想意识。其中，思想品德教育的政治决定作用更为直接和明显。思想品德教育规定了受教育者应该具备哪些思想品德，这些思想品德又如何科学有效地落实到教育教学内容之中。在我国，教育法律法规明确指出我们要对受教育者进行社会主义核心价值观教育，进行爱国主义、集体主义和中国特色社会主义教育，进行理想、道德、纪律、法治和民族团结教育，增强受教育者的社会责任感，培养他们的创新精神和实践能力。

（二）教育对政治具有反作用

一定性质的教育由一定的政治所决定，但教育并非消极地受制于政治，它对政治有着积极的影响，一定的教育总是为维护、巩固和发展一定的政治服务的。

1. 教育培养政治所需要的人才

政治作为各种社会活动和社会关系的总和，总是需要一定人员的积极参与的。缺乏符合一定价值标准和统治阶级需要的政治人才，政治活动难以为继，社会全体成员的利益也难以实现。为了使社会成员形成统治阶级所希望的政治观、世界观和人生观，他们都会构建起政治、哲学、道德等思想体系，通过教育向受教育者灌输政治、哲学、道德等方面的观点，从而达到培养政治所需要的人才的目的。在我国封建社会，统治阶级通过教授"三纲""五常"，向受教育者灌输"劳心者治人，劳力者治于人"的思想，以达到培养维护封建制度卫道士的目的；在资本主义社会，统治阶级通过教育向受教育者灌输个人主义、利己主义的观点，培养既能维护资本主义制度，又能源源不断为资本主义统治者创造利润的人；在社会主义社会，国家将为人民服务作为核心宗旨，十分重视人们政治、思想和文化素质的提高，重视人们实现自我完善，使每一个公民能真正当家做主。

教育不仅为社会培养大量的合格公民，同时也培养专门的政治人才。社会和国家的有序运行不仅需要大量合格公民的积极参与，同时也需要专门政治人才的有效治理。在我国古代，由于社会生产力极不发达，国家尚未完全形成，部落首领只需要掌握简单的治术即可；在近代，随着科学技术的发展和社会治理的复杂化，国家需要教育培养具有较高科学知识和领导才能的政治人才；在现代，科学技术进一步发展，国家治理的要求越来越高，甚至在西方出现了"专家政治"的新潮流，这需要通过教育尤其是高等教育培养专门的、高素质的政治人才，由他们来掌握国家的领导权，治理国家。

2. 教育促进政治民主

随着社会的发展，人们越来越重视自身所享有的参与国家事务和社会事务管理或对国事自由发表意见的权利。民主是当代社会教育与政治关系的重要问题之一，也是推动社会和国家不断向前发展的重要因素。教育促进政治民主首先表现于自身，它通过法律法规的完善，保障了更多人更为公平地接受教育，对教育活动中专制的、不民主的教育制度、教育模式或教育方式进行积极改造，使其成为更为民主和公平的教育。其次，通过教育，将民主理念和民主实践传递给受教育者，使其树立民主观念，积极推动民主进程。从历史发展来看，当一个国家及其社会文化、教育落后，社会公民处于普遍缺乏文化和政治素养，缺乏参与政治的意识和能力，人们往往更为偏激和盲从，更容易出现专制主义。列宁曾指出："文盲是处在政治之外的。必须先教他们识字，不识字就不可能有政治，不识字只能有流言蜚语、谎话偏见，而没有政治。"[①] 相反，当教育得到极大普及，人们接受了更多教育，社会将更为民主，国家也将得到更高程度的发展。教育的普及和人们受教育程度的提高是推动社会政治民主进步的核心要素，是促进社会变革和社会发展的重要力量。

---

① 《列宁全集》（第42卷），人民出版社，1987，第200页。

3. 教育传播政治舆论和政治思潮

在一定时期内，社会会产生一定潮流的政治思想及其理论，形成政治舆论和政治思潮，它对社会的政治稳定有着巨大影响。学校作为育人场所，不仅向受教育者传授知识、培养技能，同时也承担着宣传社会思想、传播国家政治理念的重任。从古至今，历代统治者都非常重视学校宣传思想、传播舆论这一重要阵地，想方设法通过学校传播国家的政治舆论和政治思潮。学校尤其是高等学校是知识分子的集聚地，他们大多年轻，思想活跃，批判意识强，乐于对现实中非民主问题进行积极批判，敢于提出一些新观点、新想法。从各个时代来看，学校常常成为新思想、新思潮的策源地，也是宣传思想、影响群众的重要阵地，许多教育工作者提出了丰富的民主思想。如我国古代，一些学者提出"莫不以教化为大务"的观点，提倡"立大学以教于国，设庠序以化于邑，渐民以仁，摩民以谊，节民以礼"。① 新中国成立后，国家十分重视学校教育在传播政治舆论和政治思潮方面的作用，加强对学校政治舆论和政治思潮的引导，使广大青少年政治觉悟和思想道德水平不断提高，使他们对社会民主有一个科学的认识和正确的实践行为，从而对社会舆论、风气、道德风尚和政治思想产生积极作用，形成社会新风。

三　教育与社会文化的关系

教育除了与政治、生产力密切相关外，还与社会文化有着密切的联系。文化是相对于经济、政治而言的人类全部精神活动及其产品，是社会有机体的重要组成部分。教育与社会文化是紧密相连的，它们相互依存、相互制约。文化规定了教育的基本内容和倾向，教育活动不能脱离社会文化而存在，而社会文化的延续和发展又有赖于教育。

（一）社会文化影响教育发展

1. 社会文化影响教育目的制定

社会文化是由人类长期创造形成的思维方式、价值观念、生活方式、行

---

① 班固：《汉书》，中华书局，2007，第563页。

为规范、艺术文化、科学技术的总和，它总是在继承中传播，在实践中创新，在交流中发展。文化要发展，不仅需要人类知识和精神财富的增加，同时也需要思维方式、价值观和行为方式的改变。"这些变化只要是代表着时代方向的，就不可避免地、或迟或早地反映到学校教育目的上来，使每一个时代文化的内在气质在形成一代新人的过程中得到体现和发扬光大"①。历史上，中国古代社会的主流文化是以儒学为核心的伦理型文化，反映在人才培养上则强调教育的目的是"在明明德，在亲民，在止于至善"，通过修己正人，达到"明人伦"的目的。西方文化则是一种知识型文化，故主张"知识就是力量"，注重通过知识学习达到对真理的认识。

2. 文化影响教育内容选择

教育内容主要来源于人类长期积累下来的社会文化，社会文化影响着教育内容。"不用说国语、社会、数学诸学科，即使是音乐、美术等学科的内容，也是一样，都是以作为社会一员的个人在社会生活中所需要的知识和技术为主的。应当说，这样的学科内容不是别的，正是一种文化。文字的读写、运用，数字的运算，关于社会结构的知识……无一不是文化的一部分。还有道德和伦理等等在课堂教学中传授的内容，是该社会所期望的价值。这也是文化。"② 由此可见，学校教育向学生传授的基础知识、思想意识、伦理道德规范都是社会文化的重要组成部分。首先，文化传统影响着教育内容。文化传统是现实文化价值体系中由传统文化特质构成的文化价值成分，是贯穿于民族和国家各个历史阶段的各类文化的核心精神。不同的国家和民族在长期的实践过程中创造了不同的文化传统，而不同的文化传统又塑造了不同形态的教育，教育内容必定是一定文化传统的反映。例如，即使当前各民族和国家都大力倡导外语教学，但每一民族和国家都会将本民族语言作为教育活动的主要语言，融合本民族的礼仪习惯、文学、音乐、美术、舞蹈、书法以及民族工艺技术等文化传统，继承和发展区别于

---

① 叶澜:《教育概论》，人民教育出版社，1991，第170页。
② 〔日〕筑波大学教育学研究会编《现代教育学基础》，钟启泉译，上海教育出版社，1986，第79页。

他民族的民族文化。其次，文化发展影响教育内容质量和结构。在古代，社会文化发展水平很低，社会文化内容偏少，学校教育内容选择的范围较为狭窄，更多传授的是简单的劳作技能和社会的基本道德规范；在现代，随着科学技术的发展和伦理道德的丰富和完善，社会所积累的文化数量越来越丰富，教育需要传授的社会文化也会越来越多，教育内容变得更为系统而丰富。最后，文化影响学校课程内容的选择。文化的发展，尤其是现代社会新的科学技术成果，会及时地反映到课程当中去，吸收先进的科学知识内容，同时剔除课程中的陈旧内容。随着文化发展越来越丰富，选择的课程也会越来越精深。可以说，文化内容的变化直接导致课程内容的变化。在我国古代，教育内容仅限于四书五经，而现代的课程内容则包含着很多反映当今社会文化的内容，如信息技术课、生物课等。

3. 文化影响着教育观念、手段和组织模式

教育观念是关于教育现象和问题的基本观念，是教育主体在教育实践及教育思维活动中形成的对"教育应然"的理性认识和主观要求。个体教育观念的形成除受到自身价值观、教育实践的因素影响外，还要受到社会文化观念的影响。不同的教育主体之所以有不同的人才观、育才观、教学观、教师观、学生观，在很大程度上就是因为他们的社会文化观念存在差异。个体对教育的认识，是与他意识中的文化观念紧密联系在一起的，人们总是在一定文化观念支配下去认识教育、研究教育和实践教育，进而形成相应的教育观念。例如，在我国封建社会，社会主张"文以载道""技进于道"。在这一文化观念的影响下，人们形成了重道德、轻科学技术的教育观念，教育内容更多限定于四书五经，科学技术被异化从而被排除于教育内容之外。

教育手段是教育者在一定的教育文化观念指导下，为达到一定教育目的所采用的各种教育工具、教育方法和教育组织形式的总称。教育手段的选择受到科学技术发展水平的制约，但同时也受到教育内容的影响。由于社会文化是教育内容的重要组成部分，因此，社会文化必然影响教育手段的选择。在原始社会，由于教育内容较为简单，基本是感性的实践经验，这种简单的文化形态完全可以通过口耳相传的教育方式传至下一代，原始的、自然形态的教育方式与文化积累之间并不存在不相适应的矛盾。历史发展到奴隶制社会，知识已趋于理性化，并形成一定的系统性和综合性，传授这种知识，不能仅仅通过生产和生活中运用简单的示范和模仿，必须要有专门的传授工具、专门的传授场所以及专门的途径，更需要专门的施教人员。因此，教育逐渐从其他社会实践活动中分离出来，成为专门的社会实践活动，学校成为专门的教育场所。当前，科学技术的迅速发展使人类认识世界的能力有了新的飞跃，在传递文化的能力方面也有了极大的提高，传播文化的途径越来越多。通信卫星、计算机技术、互联网等现代科学技术的发展，使信息传递的时间大大缩短，距离不再是信息传递的障碍。这一切在学校教育中的应用，为教育内容的扩展和加深，为教育方法、手段、组织形式的更新提供了技术上的前提和保障。

教育模式是教育在一定社会条件下形成的具体样式，其发展虽然由社会生产力发展水平和教育自身规律所决定，但同时也受到社会文化的制约。一般而言，有什么样的文化模式，就有什么样的教育模式。在人类社会的发展进程中，文化内容不断变得丰富，文化模式也在与社会的相互作用中不断调整以适应社会发展，但同时又对教育产生影响，要求教育系统形成与之相应的实践模式。在中国古代，当时的社会文化模式是一种道德伦理型的文化模式，导致整个教育围绕伦理道德来开展，修己正人，以达到"明人伦"的教育目的。与此同时，西方则是一种典型的知识型文化模式，要求整个教育传授知识技能，以达到对真理认识这一教育目的。因此，在办学模式上，我国和西方形成两种不同的办学模式：我国更多主张教育以国家举办为主、社会办学为辅，强调集中统一；西方则更多主张教育以社会举办为主、政府支持为辅，强调自由多样。

（二）教育对文化的反作用

一方面，文化影响和制约着教育；另一方面，文化的传承和发展又依赖于教育。教育正是通过文化这一中介来进行人的培养活动，围绕着对人的培养，教育表现出对文化的传递和保存、选择和批判、更新和创造、交流和融合的功能。

1. 教育传递文化

　　人类丰富多彩的文化并不是一朝一夕创造出来的成果，而是经历了漫长时间的积累，通过许多代人的努力，不断地保存和传递的结果。文化的传递可以通过多种途径和方式来实现，如实物的保存和语言文字的记录等。但仅有这些物质化的形式是不够的，很多文化都不能以物化的形态存在，它们必须通过主体人才能加以传递和延续。随着学校教育的产生和发展，教育在文化传递中的作用愈加凸显。教师将人类长期积累的社会文化，经过选择、加工形成教育内容，通过一定的方式传递给学生，为学生所继承、接受、理解和掌握，成为他们知识经验的新成分，使受教育者能够将前代人的认识终点作为起点，继续加以认识和总结，形成新的认识成果并以文字记载下来，从而使文化得以延续。

2. 教育选择文化

　　文化是学校教育的重要内容，但并非所有的人类文化都被纳入教育内容传递给学生，教育者总是从人类社会积累的诸多文化中选择符合社会要求和个体身心发展的部分。杜威曾说，文化过分庞杂，不能全部吸收，必须通过教育进行"简化"，吸取其基本的内容，文化环境中存在的丑陋现象必须通过教育"净化"，消除其不良的东西，选择其中最优秀的东西。① 只有经过选择的文化知识才能成为教育的内容，这一点在对待我国的传统文化时尤为重要。就我国目前的情况来看，学校教育在这方面的任务十分艰巨，中国有几千年的文化传统，选择精华，尤其是对今日社会主义现代化有益的精华的选择，任务十分艰巨，我们必须做好这一工作。

3. 教育创新文化

　　人类社会文化不仅需要保存和传递，更需要改造与创新。如果文化缺乏改造与创新，那它也就失去了发展的可能性。社会文化是人在社会实践活动

---

　　① 〔美〕约翰·杜威：《民主主义与教育》，人民教育出版社，2001，第 26～27 页。

过程中创造的，但其创新需要通过教育才能更好地实现。一方面，教育传递文化并非简单地复制，而是在传递过程中，必然会根据社会的需要和受教育者的心理发展水平有选择地整合、改造原有文化，增添新的内容，赋予原有文化以新的意义；或者将本土文化与外来文化相互融合、相互贯通，使本土文化在原有的基础上增添新的内容，赋予新的含义，使本土文化在性质、功能等方面发生改变，衍生出新的文化要素，推动本土文化不断向前发展。另一方面，教育通过培养大量的人才来促进社会文化的更新和创造。人不仅是文化的产物，也是文化的创造者。一个民族的文化要获得发展，不仅需要一批传承社会文化的人，更需要一批具有创新精神、创造才能的人，需要他们积极投身民族文化事业，不断创新发展民族文化。在现实中，并非每一个人都能创新发展民族文化，只有那些既掌握了大量文化知识又有创新精神和创造能力的人，才可能对文化的创新发展做出较大贡献。教育既能传递文化知识，又能开发人的智力，还能培养人的创新精神和创造能力，继而促进文化的更新和创造。另外，现代大学不仅是一种育人机构，还是一种研究机构，在培养所需人才的同时，也担负科学研究的任务。通过科学研究，产生出新的思想、观念和科学文化成果，不断充实、更新、发展着社会文化，这是文化创新的一个直接途径。古今中外的许多教育家及教育工作者提出了丰富的教育思想和方法，成为人类文化宝库中光芒耀眼的部分，对人类文化的发展做出了巨大贡献。

4. 教育融合文化

一个国家和民族的文化要得到发展，既需要传承本地区、本民族的优秀传统文化，又需要与其他文化相互接触、相互交流、相互吸收和相互融合。一个国家和民族的文化若是融合了其他不同文化，就会越来越丰富、越来越有生命力。但文化融合不是不同文化的简单相加，也不是一种文化对另一种文化的取代，它是在保留和弘扬本地区、本民族优秀文化传统的前提下，吸收其他先进文化的有益成分，使自身的文化特质得到一定程度的改变，实现自身得以更新和发展。文化融合可以通过多个途径加以实现，而教育是文化融合的重要途径之一。通过校际和国家间互派留学生、学术合作、召开国际会议等，教育可以加强不同文化间的交流与借鉴，使不同地域和民族的文化求同存异；通过对其他国家和民族文化的研究和学习，对相关文化特质进行争论和探讨，对本国和本民族的文化进行反思，对其他国家和民族文化进行批判性分析，引进其他国家和民族文化的最新文化成果，可以融合成新的文化。通过教育融合文化功能的发挥，才能促进本地区和本民族文化的发展，也才能促进世界文化的整体繁荣。

第二节　农村教育与农村社会发展

一　农村教育是发展农村经济的强大动力

从教育与生产力的关系看，教育是促进生产力和科学技术再生产的重要手段。基于此，农村经济要得到发展，首先就需要农村教育得到大力发展。世界各国的农村发展实践证明，没有农村教育的大力发展，没有农村人口文化素质的大力提高，没有农村科学技术的进步，农村经济是不可能得到发展的。发展农村教育是发展农村经济的前提，只有大力发展农村教育，努力提高农村教育质量，让更多的农村人口享受更高质量的教育，才能提高农村劳动人口素质，提高劳动生产率，推动农村产业结构调整，促进农村经济发展。因此，发展农村教育是振兴农村经济的根本途径，对农村经济发展和农民收入提高及生活改善具有重大的现实意义和深远的历史意义。

农村教育通过人才培养，提高农村人口文化素质，为农村经济发展提供高质量的劳动力，这是农村教育促进农村经济发展的首要表现。马克思曾指出，教育会生产劳动能力，是提高劳动生产力的重要手段，这一科学论断有力地揭示了农村教育在农村经济发展中的根本作用。人的劳动能力一般分为低级劳动能力和高级劳动能力，低级劳动能力可以通过遗传和个体自身实践而获得，高级劳动能力则需要通过专门的学习训练才能获得。人要在生产中发挥决定性作用，不仅需要具备低级劳动能力，更需要具备高级劳动能力，教育则是提高劳动能力尤其是高级劳动能力的重要手段。

随着科学技术的发展和产业的提档升级,现代的农业生产不再是传统农业的手工操作,现代科学技术被广泛应用于农业生产过程之中,如"遮阳网""无人机""杂交种子"等新的农业生产技术与手段被广泛使用。同时,农村经济也不再是单一的农业经济,当前农村已不断涌现出休闲、康养、旅游、网络营销等新兴产业,农村的多种经济结构与经济成分正在发展与形成。这些都需要劳动者具备一定的文化知识和技能,熟练地应用现代科学技术,适应新的生产方式。马克思曾说:要改变人的本性,使它能获得劳动部门的技能技巧,成为发达的和专门的劳动者,就要有一定的教育和训练。①因此,在乡村振兴和现代农村经济发展过程中,要使农村劳动者适应农村经济结构调整和生产方式的转变,能够较好地运用现代科学技术进行生产劳动,就需要大力发展农村教育,改变他们的劳动能力的性质和形态,提高劳动能力,培养大批高质量的劳动者,从根本上提高劳动效率,提高经济效益。

二 农村教育是实现农村全面小康的根本前提

改革开放之初,我国领导人结合中国实际情况,在规划我国未来一段时期经济社会发展蓝图时提出了"小康社会"这一战略构想,提出到 20 世纪末,国民生产总值人均达到 1000 美元,进入小康社会。1997年,党的十五大报告提出"建设小康社会"的历史新任务。2002 年,党的十六大报告提出,到 2020 年我国经济更加发展、民主更加健全、科教更加进步、文化更加繁荣、社会更加和谐、人民生活更加殷实,全面建成小康社会。针对低水平、不全面、不平衡的社会发展现状,党的十六大提出了"走新型工业化道路""大力实施可持续发展战略""充分发挥科学技术是第一生产力的重要作用"等发展思路,强调依靠科技进步、发展方式转变来促进经济增长和经济发展。但无论是科技进步,

---

① 《马克思恩格斯全集》(第 23 卷),人民出版社,1972,第 195 页。

还是发展方式转变，都需要一大批高素质劳动者的参与。没有高质量的农村教育作为保障，没有充足的人才和智力作为支持，科技也就难以取得进步，生产方式也就难以得到转变，经济高质量快速发展也就难以实现。

全面建设小康社会，不仅需要高度的物质文明，也需要高度的政治文明、精神文明和生态文明。改革开放以来，国家始终坚持以经济建设为中心，大力发展社会生产力和国民经济，不断提高经济发展水平和人们生活水平，使我国经济总量跃居世界前列，这为我国全面建成小康社会奠定了雄厚的物质基础。但小康社会不仅指向经济发展水平，还涵盖了政治、文化、生态等社会各个方面。只有高度的物质文明、精神文明、政治文明和生态文明，小康社会也才能全面建成。高度的物质文明需要大量的高素质人才作为保障，高质量的精神文明、政治文明和生态文明同样也需要大量的高素质人才给予支撑。人才培养需要教育，只有农村教育发展上去了，农村发展也才有了人才保障，农村的物质文明、精神文明、政治文明和生态文明也才能最终实现，小康社会也才能全面建成。

习近平总书记在十九大报告中指出，改革开放以来我国经济建设取得了巨大成就，民主法治建设取得重大进展，思想文化建设取得了显著成效，生态文明建设取得了卓越成就，人们的经济、文化水平得到了明显提高，这都跟我国大力发展教育是分不开的。当前，尽管教育事业得到全面发展，中西部和农村教育发展水平明显提高，但城乡教育发展不平衡不充分问题尚未完全解决，包括农村教育在内的教育发展质量和效益还不高。因此，在全面建成小康社会和新时代中国特色社会主义的进程中，我们必须把教育事业放在优先位置，全面贯彻党的教育方针，落实立德树人根本任务，实现教育现代化；必须深化教育改革，积极推进素质教育和教育公平，实现城乡义务教育一体化发展，让每个孩子享有公平而有质量的教育；必须大力发展农村义务教育，办好农村学前教育、特殊教育和网络教育，普及农村高中阶段教育，使广大受教育者更为满意农村教育。

三 农村教育是增加农民收入的重要手段

20 世纪 60 年代，美国经济学家西奥多·W. 舒尔茨（Thodove W. Schults）和加里·贝克尔（Gary S. Becher）创立了人力资本理论，认为在经济增长中，人力资本的作用大于物质资本的作用。[①] 人力资本与"物质资本"相对，也称为"非物质资本"，主要指由劳动者身上的知识技能、文化技术水平与健康状况等而形成的资本。人力资本的核心是提高人口质量，教育投资是人力投资的主要部分。

研究表明，农民受教育程度与其收入存在高度正相关关系。一般而言，农民的受教育程度越高，其收入也就越高。根据 1989 年住户调查资料，文盲户、小学户、初中户、高中户、中专户、大专户的人均纯收入分别为 442.84 元、542.96 元、616.3 元、639.85 元、740.9 元、698.97 元，小学户、初中户、高中户、中专户和大专户分别是文盲户的 1.23、1.39、1.44、1.67 和 1.58 倍（见图 2-1）。同时，文化程度高的地区，人均收入水平也较高。1989 年，农村劳动力受教育年限在 7 年以上的省份，人均纯收入为 696.79 元；受教育年限为 6~7 年的省市人均纯收入为 636.71 元；受教育年限为 5~6 年的省份人均纯收入为 519.65 元；受教育年限为 4~5 年的省份人均纯收入为 487.49 元；受教育年限为 4 年以下的省份人均纯收入为 427.39 元，如果以文化程度在 4 年以下的劳动力的人均纯收入为 1，则受教育年限为 4~5 年、5~6 年、6~7 年、7 年以上的劳动力人均纯收入分别为受教育年限 4 年以下者的 1.14、1.22、1.49 和 1.63 倍（见图 2-2）。从发展的角度看，文化程度对收入的影响越来越大，不同文化水平农户之间的收入差别越来越大。1985~1989 年农村劳动力文化影响系数由 1.17 提高到 1.25。不同文化程度的农户中，1989 年与 1985 年比较，文盲户人均纯收入增加 139 元，增长 45.6%；中专户人均纯收入增加 300 元，增长 68.0%；其

[①] 王亮、赵定涛：《从人力资本理论谈教育与经济的发展》，《未来与发展》2005 年第 2 期，第 51~55 页。

余户的人均纯收入增加额在 190 元到 240 元，增长率在 51% ~56%。由于增长率不同，文化程度不同的农户，收入差异扩大。如果以文盲户的人均纯收入为 1，则不同文化程度农户的人均纯收入之比由 1985 年的 1∶1.15∶1.30∶1.37∶1.45∶1.52 扩大为 1989 年的 1∶1.23∶1.39∶1.44∶1.67∶1.58。[①] 如图 2-1和图 2-2 所示。

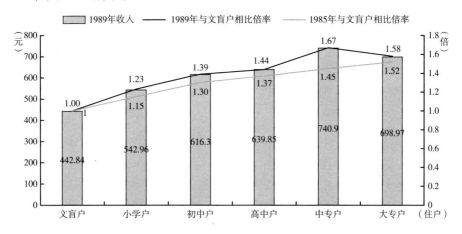

图 2-1 不同文化程度住户人均收入状况及其比值

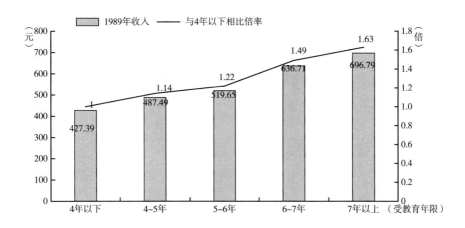

图 2-2 不同文化程度地区人均收入状况及其比值

---

① 文兼武：《文化程度与农民收入关系的数量分析》，《统计研究》1991 年第 4 期，第 27 ~30 页。

一般而言，农村劳动力的受教育程度对家庭收入的影响主要体现在就业方面。按照受教育程度高低，我们可以将农村劳动力分为小学及以下（称之为初级文化程度）、初中（称之为中级文化程度）、高中及以上（称之为高级文化程度）三类。研究发现，以中高级文化程度劳动力为主的农村地区，其家庭收入明显高于其他地区，而低收入地区的家庭劳动力文化结构明显劣于其他类别的地区，并且是以初级文化程度为主。这就表明，在排除劳动力身体状况及数量、土地、区域及国家政策等因素的前提下，农村劳动力的受教育程度是影响其家庭收入的最主要因素，农村劳动力的受教育程度与家庭收入存在高度的正相关关系。

在现代农业生产条件下，农民要更好地从事生产劳动，以更高的生产效率获得更高的报酬，就必须掌握现代生产工具的运用，就必须对作物的生长规律进行科学掌握，就必须对土质、作物、劳动力等各种要素进行有效组合，就必须对种养殖类别进行合理选取，就必须对劳动成果的现代营销方式进行掌握，这些都需要农民必须接受更高程度的教育。有学者研究发现：在发展中国家中，接受过 4 年教育的农民与未接受过教育的农民相比较，在提供诸如化肥、良种以及生产技术改进的条件下，其年产量要高 13%；即使不提供这些条件，其年产量也要高 8%。[1] 根据联合国教科文组织的统计，农民受教育程度与提高劳动生产率有着十分紧密的关系。在 20 世纪 80 年代，具有小学文化程度的农民可以使劳动生产率提高 43%，具有中学文化程度的农民可以使劳动生产率提高 108%，具有大学文化程度的劳动者可以使劳动生产率提高 300%。[2] 因此，接受更高程度教育的农民，其劳动生产率水平也较高，在单位时间内所获得的报酬也较高，他们也能以较少的资金投入和物力资本获得更高的劳动报酬。

---

[1] 郑晔、王艺：《我国农村人力资源的开发现状及其对策》，《资源开发与市场》2003 年第 1 期，第 43~45 页。

[2] 王迅：《从人力资本理论视角看我国农村人力资本投资》，《农业经济问题》2008 年第 4 期，第 33~37 页。

四 农村教育是促进农村文化建设的首要途径

要全面贯彻落实习近平新时代中国特色社会主义思想，全面建成小康社会，实现乡村振兴，就必须加强农村文化建设。农村文化建设是建设社会主义新农村、提升广大农民群众精神文明水平的必要途径。农村文化建设离不开教育，农村教育不仅培养各种人才，促进农村经济和社会发展，而且在教育活动过程中传播文化、培养人才、研究和创新文化，从而推动农村文化的繁荣与发展。

首先，农村教育传承农村文化。农村在长期的发展过程中，积淀了丰富的文化底蕴，蕴藏着丰富的文化内容，这对农村的发展起到了积极的促进作用。但文化需要传承，农村文化也是如此。农村文化一方面借助生产生活的实践活动，或者长辈对晚辈的口耳相传，使其一代一代地传承下去。另一方面，农村文化也广泛地融入了农村学校活动之中，通过教学内容、校园文化、课外活动等为受教育者所理解和掌握。随着现代学校功能的进一步扩展，农村学校对农村文化积极挖掘，编写出地方课程和校本课程，形成具有农村文化特色的各种文化活动，在教育活动过程中传递着农村文化。可以说，农村教育是农村文化传承的主要途径。

其次，农村教育在传承农村文化的同时，也在积极地创新文化。农村文化是人们在长期的生产生活中形成的，既有精华，也有糟粕，既有积极的一部分，也有消极的一部分。因此，对于农村文化，我们不仅需要传承其中优秀的部分，也需要改变其中消极、保守、落后的部分。要对农村文化进行改进和创新，需要借助农村教育。通过农村教育，培养出具有创新精神和新时代特征的一代新人，使他们树立起适应新现代社会需要的新意识、新观念以及新的行为方式，积极投身农村文化的改造。同时，农村教育本身也是一个有效的农村文化创新途径。在农村教育活动过程中，师生们共同选择文化、研究文化，融入一些具有新时代特色的文化元素以形成新的农村文化。

最后，农村教育普及农村文化。农民文化水平的提高说到底是一个普及教育的问题。在一个还具有相当数量文盲的中国农村社会，扫除文盲，实现基础教育的普及是农村文化建设的重要任务。实际上,处于不同文化水平的农民还有学习一些新知识、培养新能力的任务。农村教育普及文化的功能不只是表现在知识或艺术形态的文化上,也表现在其他形态方面,如饮食要讲究营养、言行举止要文明礼貌、要有社会公德意识、要有民主平等和法制观念等。目前,我国农村的经济发展和文化发展不协调。生产发展了,农民有钱了,由于文化教育事业不发达、农民原有的教育水平低,出现了迷信、赌博等落后的、不健康的社会现象。要从根本上改变这种状况,只有加强农村文化的教育建设,充分发挥农村教育对农民的文化普及作用。

当然,农村教育在传承和创新农村文化的过程中,必须立足农村实际情况,在摒弃其中过时、落后部分的同时,也应充分肯定农村文化的自身长处,并积极借鉴城市文化、域外文化的优点,发展出符合时代要求、具有农村特色而又丰富多彩的农村文化,使生活在农村的农民更具获得感和幸福感。如:农村生活家族本位的思想,可以养成学生的孝悌精神,有利于改善年轻人的家庭观念;农村生活的伦理资源,可以用来教育学生如何站在对方的立场上与人相处,有益于矫正当下单子化个体以自我为中心的生活态度;农民对土地的价值观念,可以培养学生对大自然的感恩和敬畏的态度,有助于控制甚至消除当今社会对自然资源和环境为所欲为地掠夺的行为;依托农村文化的农村课程资源与城市课程资源有机融合,实现课程体系的城乡一体化,可以改善农村学生在未来竞争中的不利境地,同时改变课程中城市文化一统天下而农村学生不能适应的局面。

第三节 农村教育在乡村振兴中的作用

乡村振兴是一项复杂的系统工程,需要政治、经济、文化、教育等众多因素的合力推进,但最为根本的因素在于教育及教育所培养的人。人力资本理论认为,依附于人体的体力和智力是构成人力资本的总和,包括了人力资源的数量和质量。人力资本是经济增长的关键,提高人口质量是形成人力资本的核心,而教育是形成人力资本的重要力量。要实现乡村振兴,必然需要大力发展农村教育，农村教育的振兴发展是乡村振兴的应有之义和必然要求，是实现乡村振兴的重要战略支撑，其内在逻辑就在于教育作用于人而厚植乡村人力资本，通过良好的公共教育资源与服务，通过促成农村文化的繁荣与农民价值观念进步，通过实现广大农民知识更新与技能的提高，来调动人的积极性、主动性和创造性，进而促进农村经济社会发展，实现乡村全面振兴。

一　发展农村教育是乡村振兴的重要组成部分

党的十八大以来，在以习近平同志为核心的党中央的坚强领导下，我国农村经济社会取得全面发展，基础设施不断完善，人居环境不断改善，公共服务和社会事业取得了新的进展。但当前城乡基本公共服务和收入水平差距仍然较大，乡村发展整体水平亟待提升。党中央、国务院明确指出，今后国家将坚持农业农村优先发展、优先安排农村公共服务原则，增加农村公共服务供给，促进公共资源向农村倾斜，逐步建立起全民覆盖、普惠共享、城乡一体的基本公共服务体系。《中共中央　国务院关于实施乡村振兴战略的意见》提出，到 2020 年，"城乡基本公共服务均等化水平进一步提高，城乡融合发展体制机制初步建立"；到 2035 年，"城乡基本公共服务均等化基本实现，城乡融合发展体制机制更加完善"。①

一般而言，公共服务是由政府部门等相关机构，根据公民个人或者社会组织需求，在法定职责范围内为其提供帮助或者办理有关事务的行为。公共服务涉及的内容多、范围广，包括建设城乡公共设施，发展教育、科技、文化、卫生、体育等公共事业。教育作为公共服务的重要组成部分，在促进政治、经济、文化发展方面发挥着重要作用，影响乃至决定一个国家和社会的发展进程和发展水平。它能增加人力资本存量，提高人力资本质量，促进社会阶层合理流动，推动社会公平，促进经济社会全面发展。教育，主要是由国家提供的公共教育，包括普惠性学前教育、九年义务教育和普通高中教

---

① 参见《中共中央　国务院关于实施乡村振兴战略的意见》，2018 年 1 月 2 日。

育，具有很强的基础性、公共性和普惠性，是公共服务的重要组成部分。公共教育与每一社会成员密切相关，关系到农村民众的切身利益，关系到他们享受公共服务的水平。因此中共中央、国务院印发的《中共中央　国务院关于实施乡村振兴战略的意见》《乡村振兴战略规划（2018—2022年）》和党的十九大报告一再指出，要加快发展农村公共事业，完善公共服务体系，需要优先发展农村教育事业，深化教育改革，加快教育现代化，办好人民满意的教育。

随着我国社会经济水平的整体提高，建设服务型政府步伐的加快，教育公共服务作为公共教育领域的一个新命题日益受到关注。教育公共服务是伴随着现代学校和公共教育制度的发展，以及现代政府主要职能逐步转向公共服务而产生并逐渐得以重视。教育作为社会公共服务的重要组成部分，镶嵌于乡村社会，以学校和幼儿园为表现形式。教育公共服务以公共价值、公共利益为导向，通过公开讨论、公共决策对所面对的问题加以解决，培养出具有公共精神和公共德性的社会成员。教育公共服务强调每个人拥有无差别接受教育的机会，每个人拥有可以选择接受什么样教育的自由权。在我国广大农村地区，教育层次基本上是初等和初级中等教育，以幼儿教育、小学教育、初中教育为主，以职业中等学校和成人教育机构为补充的教育形式，这构成了整个农村教育体系，直接影响着整个教育系统的发展。其中，作为基本公共教育服务的主要组成部分，农村义务教育在提高农村公共服务水平方面尤为重要。为此，国家提出城乡义务教育一体化发展战略，加快发展农村教育，办好人民满意的教育。

改革开放以来，在推进基本公共服务均等化进程中，党和国家高度重视教育公平，将城乡义务教育均衡发展作为发展教育的一项重要决策。党的十八大以来，随着义务教育均衡发展和城乡教育一体化发展政策深入实施，随着农村学校办学条件的大力改善和农村学校教师队伍水平的整体提升，区域间、城乡间的义务教育发展差距逐渐缩小，大中城市择校热有所缓解，中西部和农村教育明显加强，进城务工人员随迁子女和留守儿童受教育权利得到了更好保障。但是，城乡之间义务教育质量仍然存在较大差距，农村学校的办学条件和师资水平还低于城镇学校，农村学校的学生不能接受与城镇学生同等质量的教育，进而影响到其升学和就业，影响其对现代农业、现代制造业、现代服务业的适应性，影响其收入状况和生活水平。为此，党的十九大报告提出，我们要大力推进教育公平，推动城乡义务教育一体化发展，高度重视农村义务教育，保障学有所教。这是以习近平同志为核心的党中央对我国教育事业的战略部署，是对促进社会公平正义、不断满足人民日益增长的美好生活需要的积极回应。要办好人民满意的教育，对于农村而言，就是努力让农村孩子与城镇孩子一样，都能享有公平而有质量的教育。由此可见，为了确保乡村振兴战略任务的如期完成，教育作为乡村振兴的重要战略支撑和重要内容，自然首先体现于基本公共教育服务有机融入整个乡村的基本公共服务体系中，提升总体战略支撑力量。

二　农村教育助力产业振兴

产业振兴就是要夯实农业生产能力基础、加快农业转型升级、提高农产品质量安全、建立现代农业经营体系、强化农业科技支撑、完善农业支持保护制度、推动农村产业深度融合、完善紧密型利益联结机制、激发农村创新创业活力，形成绿色安全、优质高效的乡村产业体系。乡村产业振兴强调以农业供给侧结构性改革、培育农村发展新动能为主线，推动农业农村发展提质增效，更好地实现农业增产、农村增值、农民增收，实现城乡融合均衡发展。

产业振兴是乡村振兴的首要条件，只有发展好乡村产业，才能夯实乡村振兴的基础，真正推进乡村经济社会全面发展。要实现乡村产业振兴，必须从根本上解决农村经济内生性发展和可持续发展问题，有效激活农村经济发展的内在活力。产业是经济发展的命脉，只有农村产业得到高质量发展，乡村经济社会发展才能跃上新的台阶，乡村振兴也才能取得突破。推进乡村振兴战略，首先需要农村产业结构提档升级，大力发展包括传统农业、特色文化、乡村旅游在内的多类型、多样式农村产业，延长农村产业链，提升农村经济价值链，完善产业相关体的利益链，通过产业发展促进农村经济社会全面发展。《中共中央　国务院关于实施乡村振兴战略的意见》提出，要"加快推进农业农村现代化，走中国特色社会主义乡村振兴道路，让农业成为有奔头的产业，让农民成为有吸引力的职业"。农业现代化是对传统农业的颠覆式变革，是对传统农业进行的机械化、信息化、产业化、科技化改造。在我国传统农业向现代化农业升级的过程中，农村教育承担着支撑农业现代化建设的时代使命。农村教育，尤其是农村职业教育联结着产业需求和劳动力供给，三者相互制约、相辅相成。而劳动力能否满足产业结构的调整升级、适应新业态新技术的要求，取决于农村教育尤其是农村职业教育的供给水平和培养机制。同时，教育水平和教育结构决定了劳动力供给的质量和数量，决定了劳动者的素质。在教育体系中，农村教育尤其是农村职业教育的社会服务、专业设置与人才培养紧密对接农村经济社会发展和农业产业结构调整升级的需求，既可为农业产业振兴培养高素质新型职业农民，又可以动态调整农村人力资源结构，优化一、二、三产业人力资源配置，是促进农业产业结构调整升级、激活农村经济内生发展动力的重要条件。

发展农村教育不仅能够促进农业科学技术的进步，而且能够促进现代农业技术推广。农村教育不仅包括传授基础知识和培养基本技能为主的基础教育，而且涵盖了以传授专业技术技能为主要内容的职业教育、成人教育、社区教育，它们通常具有较强的专业优势、技术实力和研发能力。通过大力发展农村职业教育、成人教育和社区教育，加强县域职业（成人）教育中心和农村职业（成人）学校的建设，发挥其在农业技术研究开发中的功能，可以为区域农业发展提供有价值的科学技术成果，从而推动我国的农业现代化建设；通过大力发展农村职业教育、成人教育和社区教育，可以借助农业科技示范基地、农业科技研发中心等设施，对广大农民进行技术指导、现场培训示范、操作演示，使大量的农业技术成果和实用技术得到普及和运用，从而利用自身的科研优势带动农业科技成果的试验、示范和推广。

三　农村教育推动乡村人才振兴

经济社会发展需要人才，人才是一个国家经济社会发展的第一资源。乡村振兴同样离不开人才，没有充足的人才支撑，乡村振兴也只能停留于政策层面。党的十八大以来，以习近平同志为核心的党中央、国务院高度重视人才在国家经济社会发展中的作用，一再强调人才是经济社会发展的第一资源，只有充足的人才支撑，乡村才能产业兴旺、生态宜居、乡风文明、治理有效、生活富裕。中共中央、国务院出台的《中共中央　国务院关于实施乡村振兴战略的意见》指出，实施乡村振兴战略，首先需要破解人才瓶颈，积极开发农村人力资本，将智力、技术、管理的下乡通道打通，培养更多的本土人才，吸纳更多的社会人才。

乡村人才振兴的第一要务就是要建设"三农"工作队伍和专业人才队伍，挖掘乡村地方人才，培养农业科技人才，培育新型职业农民，完善人才培养机制和激励机制，使他们能在农村大显身手、大展才华、造福农村，形成一支懂农业、知农村、爱农民的强大的乡村振兴人才队伍。只有有效运用公共政策、经济待遇、发展机会、社会评价等多种手段，鼓励社会各类人才积极投身乡村建设，才能使乡村吸引到人才，留得住人才，才能使农民具有创新意识、集约化管理能力，较好地掌握农机与农艺结合的技能，实现农业生产方式的转变。据原农业部统计，我国农村实用人才占乡村就业人员总数的比例不足5%，农技推广人才"青黄不接"，农业新产业新业态人才紧缺，农业人才培养难、引进难、留住更难的现象相当普遍，特别是在贫困地区、民族地区尤为突出，根本满足不了现代农业发展的需要。现代农业作为一个门类众多、价值链长的产业，在强调培养一支懂农业、知农村、爱农民"三农"工作队伍的同时，也需要培养一批有文化、懂技术、会经营的新型职业农民。中共中央、国务院印发的《中共中央　国务院关于实施乡村振兴战略的意见》明确提出："大力培育新型职业农民，全面建立职业农民制度，实施新型职业农民培育工程。"培育新型农民需要对其进行系统的专业培训，让广大农民掌握现代农业生产技术和加工技术，具备市场经济意识、较强的市场参与能力和一定的经营管理素养，具有环境保护意识和绿色农业生产资料及技术的使用能力，这些都需要农村教育，尤其是农村职业教育、成人教育的大力发展和改革创新，承担起培育新型职业农民的时代使命。农村职业教育和成人教育入学门槛低，实用性高、针对性强，可以将农村普通劳动力培养成适应现代化农业生产、能够向非农产业和新兴产业转移的高素质劳动力，加快建设一支知识型、技能型、创新型职业农民队伍；可以不断加强乡村青少年的课内课外教育，不断跟进农村老年人的社区教育，不断培育懂农业、知农村、爱农民的农村工作者，加速构建起乡村振兴的人才支撑体系。通过农村教育，尤其是农村职业教育和成人教育，可以改变农民传统观念，克服小农意识，用先进的思想武装农民头脑，树立与市场经济相联系的现代化农业的新思想；可以使农民具有正确选择科技成果的知识、掌握和应用新式生产工具及先进生产方法，具备经营管理水平和市场竞争意识，改善农业生产条件，改变农业经营方式。

同时，将来要实现我国城镇化70%的目标，还需要有2.5亿~3亿名的农村人口转移到城市。而当前绝大多数农村进入城市的人口由于受教育水平低，没有经过专门的职业技能训练，主要从事建筑业等劳动密集型行业，或者工厂的简单劳动以及城市居民不愿从事的脏、累、险等职业，对于城市科技含量高、技术密集的产业则难以胜任。要提高农村转移人口在城镇化进程中的适应能力，扩大就业范围，增加就业机会，就必须提高农村劳动力的受教育水平，让他们学习和掌握新知识、新技能。通过农村教育，尤其是农村职业教育和成人教育，农村人口的传统观念得到改变，思想进一步开阔，他们的目光不再局限于自家的"一亩三分地"，不再满足于面朝黄土背朝天的小农生活，希望拓展自己的视野和生活劳作空间。农村劳动力在接受大量教育后，掌握了更多的专业知识和生产技能，就业能力必然进一步提升，他们自身拥有的知识和技能不再仅仅局限于农业生产，而是能够快速地适应非农的现代工业生产和城市生活环境，从而为他们在城市中寻找就业机会，从事第二、三产业尤其是现代工业生产奠定了良好的基础。

四　农村教育助推乡村文化振兴

文化是人类社会的精神活动及其产物，它在人们认识世界、改造世界的过程中具有一定的积极作用。社会发展离不开文化的力量，乡村振兴同样需要加强文化建设，通过文化振兴促进乡村振兴。乡村文化振兴就是要加强思想道德建设和公共文化建设，深入挖掘优秀传统农耕文化，培育新时代文化，培养乡村文化人才，以文化人，滋养乡情，改善农民精神风貌，焕发乡村文明新气象，使乡村形成文明乡风、良好家风和淳朴民风。中共中央、国务院印发的《中共中央　国务院关于实施乡村振兴战略的意见》指出，"乡村振兴，乡风文明是保障。必须坚持物质文明和精神文明一起抓，提升农民精神风貌，培育文明乡风、良好家风、淳朴民风，不断提高乡村社会文明程度"。文化振兴是乡村振兴的灵魂，只有在农村加强社会主义核心价值观教育和爱国主义、集体主义、社会主义教育，弘扬民族精神和时代精神，强化家庭美德和社会公德建设，提升农民的社会责任意识、法治意识和主人翁意识，促进乡村文化繁荣，才能使农民过上美好的文化生活。

在城市化和现代工业化的推进过程中，人们很多时候忽略了乡村的客观现实，忽略了广大农民的根本诉求，忽略了民族自身的历史文化，造成了农村传统文化和伦理道德的衰落，农民在精神观念上进退失据。农民往往不再珍惜祖辈传下来的文化，失去了往日的自信和自尊，不再固守物质和文化家园，亦步亦趋地跟在城市化和现代工业化列车后面跟跄前行。传统文化资源的流失、对乡村文化价值认识的偏差以及农民精神文化需求极度短缺，造成乡村文化空心化和虚无感，缺少与现代文化的对接能力。广大村民匆匆忙忙、冷冷落落，很少在一起谈天论地，说说笑笑，变得疏于交流；他们之间文化活动日渐式微，棋牌文化大肆传播，农村文化流于粗俗；非法宗教活动和封建迷信活动大量存在，黄、赌、毒等社会丑恶现象屡禁不绝，不少农民存在拜金主义和极端个人主义，经济活动中偷税漏税、不讲信用现象时有发生。因此，要振兴乡村，就必须保护和传承传统的民间故事传说、民间艺术、乡规民约、风俗习惯和民俗节日，发展具有地方特色和民族特色的乡村文化，保护好地方文物古迹、传统村落和建筑、民族村寨等传统文化物质载体，树立鲜活具体的人物典范、开展丰富多彩的文体活动、制作图文并茂的"文化墙"和文明牌匾，以这些人、物、活动等现实载体及其文化的表达来承载和传播其蕴含的优秀的思想观念、道德规范，承载和传递社会主义核心价值观和新时代精神，培育良好家风、文明乡风、淳朴民风，实现乡村文化的振兴。

尽管乡村文化振兴可以通过保护大量的物质文化遗产和非物质文化遗产，开展丰富多彩的乡村文化活动，但更需要大力发展农村教育，培育更多从事乡村文化活动的人，创新发展乡村文化。自原始社会以来，教育就肩负着文化启蒙、传承、交流与创新的重任。农村教育既能筛选、整理、传递和保存乡村文化，也能传播和交流乡村文化，还能更新和创造乡村文化。乡村文化需要靠一批有一定文化基础的人士，依托一定的教育文化阵地，去收集、挖掘、整理、发扬，需要通过研究去扬弃和提升。学校除了是学生学习的场所外，还是精神文明建设的阵地，是一个乡村的文化堡垒。在乡村文化振兴过程中，农村教育必不可少，学校可以成为乡村社区的公共学习空间，与农家书屋、社区活动中心等一起共同成为农民文化活动场所和传播优秀传统文化及新时代文化的前沿阵地。农村学校在开展常规教学活动的同时，也在积极研究本土文化、开发地方课程资源、推进移风易俗等。通过这些活动的开展，乡村文化得到了传承和发展，乡村文化实现了现代转型和繁荣丰富。乡村教育还积极宣传爱国主义、集体主义、社会主义思想，加强社会主义道德建设，开展"讲文明、树新风"为主题的创建活动，倡导科学、文明、健康的生活方式，破除迷信，移风易俗，满足村民的精神需求，改变乡村人口的精神面貌和行为方式，推动形成与特色社会主义新时代合拍的乡村社会行为习惯、价值观念与理想信念，为乡村振兴提供有力保障。

五 农村教育助力乡村生态振兴

生态是生物在一定的自然环境下生存和发展的状态，它是人类生存发展的基础。没有一个良好的生态环境，人类社会发展将是缓慢的、不全面的。乡村振兴离不开生态振兴，只有乡村生态得到振兴，乡村得到绿色发展，乡村振兴也才有了一个有力的支撑点。乡村生态振兴就是在树立和践行绿水青山就是金山银山这一理念的前提下，转变生产生活方式，统筹山水林田湖草系统治理，加强农村突出环境问题综合整治，建立市场化多元化生态补偿机制，使乡村生活环境整洁优美、生态系统稳定健康、人与自然和谐共生。习近平总书记一再强调，只有强化乡村绿色发展，加强农村环境问题综合治理，推动乡村生态振兴，将乡村建设成为农民安居乐业的美丽家园，才能最终实现乡村振兴。《中共中央　国务院关于实施乡村振兴战略的意见》《乡村振兴战略规划（2018—2022年）》指出，我们应牢固树立和践行绿水青山就是金山银山的理念，尊重自然、顺应自然和保护自然，加快生产生活方式转变，统筹山水林田湖草系统治理，实现乡村生态振兴，使乡村生活环境整洁优美、生态系统稳定健康、人与自然和谐共生。生态振兴是乡村振兴的基础，只有增强广大村民的环保意识，推进农村人居环境整治三年行动计划，实施农村"厕所革命"，完善农村生活设施，改变过时的生活习惯，形成绿色的生活方式和人居空间，强化农村环境综合治理和农业资源保护，减少农业生产中化肥、农药等物品的投入，提高农业废弃物的充分利用，形成绿色的生产方式和产业结构，才能建设好生态宜居的美丽乡村。

目前，随着农村现代化农业的发展，地膜、化肥、农药等被广泛使用于农业生产之中。不科学利用农药，不仅降低了农药使用效果，同样也污染土壤、空气、水质，甚至更为严重的是影响人们赖以生存的食品安全。不合理地使用化肥，使许多耕地土壤已经板结、团粒结构被破坏，并通过分解、挥发、渗漏、淋溶和土壤流失等途径转移到整个生态系统中，造成了水源地、空气的污染。畜禽粪被随意堆放、丢弃，秸秆燃烧时常发生，严重污染了空气、水体环境，畜禽粪中的病菌对人体健康构成了潜在的威胁。生活垃圾总量增多，在田间地头及沟渠，垃圾堆随处可见，有塑料泡沫、塑料袋、碎玻璃、烂酒瓶等，加剧环境污染。所有这些现象和行为都破坏了人与自然的和谐共处，违背了可持续发展的自然规律，不符合乡村生态振兴目标。

建设生态宜居美丽乡村除了要加强制度建设、运用法律手段保护环境外，还必须补齐教育短板。农村教育作为传授知识、培养人才的主阵地，在推进乡村生态振兴进程中有着独特优势。农村教育可以通过对广大中小学生及村民进行生态现状教育，让他们清醒地认识到我国所面临的严峻的生态环境问题，增强他们的危机意识，唤起他们崇尚自然、热爱生态环境的道德情操，让他们认识到生态文明建设关乎全民族的发展与福祉，使他们清醒地认识到破坏环境给人类造成的严重后果以及保护环境的重要性；通过开设系统化、综合性的生态文明课程和生态文明通识课程，并把生态文明教育具体融入语文、数学、英语、品德、体育、画画等课程中，扎实做到生态文明教育进教材、进课堂、进头脑，将生态文明教育贯穿中学教育的始终，对广大中小学生及村民进行生态科学教育，强化他们对生态基本理论知识和基本技能的学习，以丰富其生态基础知识，增加生态文明相关知识储备，提升生态文明理论素养，使他们可以通过技术来对生态环境进行保护，并将把所学到的生态知识和理念外化为具体的生态文明行为，保障其更好地实践环境保护行为，提升保护环境的个人责任；通过引导广大中小学生及村民学习《中华人民共和国森林法》《中华人民共和国水土保持法》《中华人民共和国海洋环境保护法》等相关法律法规，对他们进行生态文明法制教育，以强化他们的生态法律意识，促使他们在日常生产生活中养成依法环保的行为习惯，并在现实生活中遇到危害环境的行为时自觉运用法律武器维护自己和公共的利益；通过对广大中小学生及村民进行生态文明观教育，将绿色理念融入整个教育教学活动之中，将"美丽中国""构建人类命运共同体"等重要论述作为重点授课内容列入教学环节中，确保他们对"人与自然和谐共生""人类命运共同体"有深入性的认识，逐步引导他们树立人与自然和谐共生的发展理念。

六　农村教育助力乡村组织振兴

乡村组织是乡村发展的基本单元和基石，是促进农民增收和乡村振兴的坚强堡垒。实施乡村振兴战略，必须推进乡村组织振兴。乡村组织振兴就是要打造服务型政府，建设村民自治组织，壮大乡村集体经济组织，构建新时代乡村治理体系，建设一批优秀的农村基层党组织，培养一批优秀的农村基层党组织书记和党员，推动乡村振兴。习近平总书记指出："要推动乡村组织振兴，打造千千万万个坚强的农村基层党组织，培养千千万万名优秀的农村基层党组织书记，深化村民自治实践，发展农民合作经济组织，建立健全党委领导、政府负责、社会协同、公众参与、法治保障的现代乡村社会治理体制，确保乡村社会充满活力、安定有序。"①

组织振兴是乡村振兴的保证，没有组织的振兴，乡村发展缺乏引领和保障，乡村振兴也就难以实现。要推进乡村组织振兴，就必须加强农村基层党组织建设，建立健全组织制度，完善和优化组织结构，提升组织能力，积极发挥组织引领保障作用；必须大力培养一批优秀的农村基层党组织书记，建设好党员队伍，增强党员意识，发挥党员的凝心聚力、示范带头作用。只有这样，才能保障乡村振兴健康有序推进。当前，由于农村工作繁忙复杂，工作环境差、待遇低，德才兼备的能人不愿进村级领导班子；不少年轻人一心发展经济，向党组织靠拢的意愿不强，导致农村党员队伍老化，村级组织后继乏人；一些基层干部安于现状，学习科技知识、管理知识和法律知识的积极性不高，对农民增收难、公益事业发展难、集体经济壮大难等问题束手无策，工作上遇到困难绕着走；在管理过程中仍然沿用"干部说了算，群众埋头干"的领导方式，干群关系不和谐现象时有发生，甚至组织班子不团结，工作互相推诿扯皮。

乡村组织振兴是一项复杂的系统工程，影响因素较多，涉及面较广，既要深化农村过硬党支部建设，推动乡村各类组织健康发展，优化提升村党组织带头人队伍整体水平，培育乡村组织振兴骨干力量，又要加强制度建设，健全党组织领导的村级工作运行机制，建立乡村组织和基层干部激励关爱机制，完善村级财务管理制度，强化乡村组织规范有序运行，还要大力发展基础教育，加强成人教育、社区教育工作。借助农村教育，整合中小学校、县乡党校、农民学校、职业中学等教育资源，积极对后备干部进行教育培养，加强基层党组织带头人队伍建设，大力培养一批能带富、善治理的村级组织带头人；对聘用的党务工作者进行专业学习教育和培训，积极培育"三农"管理工作队伍，不断提高队伍整体素质，打造一支经得起事业考验、能得到

---

① 《以强有力的政治引领推进乡村振兴》，《光明日报》2018 年 10 月 17 日。

老百姓信赖、让组织放心的农村干部队伍；大力进行普法活动，增强包括中小学生在内的农村人口的法律观念，激发公民法制意识，提高全体村民的法律素养，推进基层依法治理，形成"党建引领、法治为基、自治为本、德治为先"的现代乡村治理格局。

第三章 对农村教育的理解

第一节 农村教育概述

作为"农村"和"教育"组合而成的偏正结构短语,"农村教育"已成为时下社会话语中常常涉及的高频词语。要充分发挥农村教育在乡村振兴中的作用,首先需要厘清农村教育的内涵和外延,准确把握其不同语境下的具体意义,掌握新时代农村教育的本质属性及特征。

一 什么是"农村"

同一文字表述在不同的历史时期会有不同的指代,每一概念所指向的内容都会有一个嬗变历程,"农村"也不例外。对于"农村"的理解,可以说是众说纷纭,有学者从"农"和"城"两个方面对农村进行了较为科学的界定。[①]

(一)以"农"来定义农村

《说文解字》中说:"农,耕也。"由此可见,"农"原本为动词,指的是耕种。在此基础上,人们衍生出了与农村紧密相关的概念,如农业、农民、农村等。所谓农业,原指利用土地资源,通过人工培育来获得产品的产

---

① 曲铁华、樊涛:《历史视角下"农村教育"含义辨析》,《四川师范大学学报》(社会科学版)2014年第3期,第94~99页。

业，包括种植业、畜牧业、林业、副业和渔业（水产业）等。后来，随着农业生产方式的转变和产业链的延长，农业的外延进一步拓展，对它的理解也相应发生改变，是指利用土地资源发展种养殖业、食品生产和工业原料加工的产业，以及在此基础上的休闲、观光等新兴农业。因此，农业分广义农业和狭义农业，广义的农业一般指种植业、林业、畜牧业、渔业等，狭义农业一般仅指种植业。作为国民经济的第一产业，农业为整个国民经济建设与发展提供基础支撑。所谓农民，是指长时期从事农业生产、以农业劳动为主要生活来源的人。《谷梁传·成公元年》曰："古者有四民：有士民，有商民，有农民，有工民。"范宁注解为："农民，播殖耕稼者。"北齐颜之推《颜氏家训·勉学》称："人生在世，会当有业。农民则计量耕稼，商贾则讨论货贿。"因此，农民是从产业类型的视角划分出来的一种职业。如果一个个体从事的是农业生产或以农业劳动为主要生活来源，那么他就是农民。在中国近现代，农民既是一种职业，也是一种相对固定的个人身份。新中国成立以后，国家将居民划分为农业户口和非农业户口两种。一般而言，拥有农业户口的人常常居住在农村，无论其是否参加农业生产或以农业劳动为生，他们都被称为农民。因此，对于农民的理解，不同的时期、不同的社会有着较大的差别。农民是我国当前人口的主要构成部分，是中国共产党执政的基础，广大农民在社会各个领域都做出了重大贡献。习近平总书记强调，任何时候都不能忘记农民，并倡议设立"中国农民丰收节"。① 这必然会调动起亿万农民参与农业生产的积极性和主动性，激发他们的创造性，使他们的荣誉感、幸福感、获得感得到极大提升，汇聚成脱贫攻坚、加快推进农业农村现代化、全面建成小康社会的磅礴力量。所谓农村，一般与城市、城镇相对应，是指以特定的自然景观和社会经济条件为基础，以从事农业生产为主的农民长期聚居的地方。农村人口稀少，居民点分散，多以家族聚居，地方习俗较浓厚，交通不发达，工业、商业、金融、文化、教育、卫生事业的

---

① 韩长赋：《任何时候都不能忽视农业忘记农民淡漠农村——深入学习习近平同志在吉林调研时的重要讲话》，《人民日报》2015 年 8 月 13 日。

发展水平较低。20世纪50年代，我国提出了"社会主义新农村"这一概念。20世纪80年代初，我国将建设社会主义新农村作为"小康社会"的重要内容之一。2005年，党的十六届五中全会再次提出建设"社会主义新农村"，进一步推动农村综合改革，促进我国农村发展。

（二）以"城"来定义农村

在现实生活中，人们常常将"城"与"市"形成组合词加以使用。《管子·度地》说："内为之城，外为之郭。"《吴越春秋》记载："筑城以卫君，造郭以守民。"也就是说，"城"是指用城墙等围起来的地域，主要是为了防卫。《易经·系辞下》曰："日中为市，致天下之民，聚天下之货，交易而退，各得其所。"这说明，"市"原指进行交易的场所。这两者都是城市最原始的形态，严格地说，都不是真正意义上的城市。后来，人们常常将城市解释为人口密集、工商业发达的地方。城市到底产生于什么时候，人们并没有一个确切的说法，但大家一致认为，城市产生于人类社会的三次大分工。人类社会的三次大分工促成社会形成了种植业、畜牧业和手工业等生产部门，更多的劳动生产力从直接生产劳动中脱离出来，社会生产力得到了较大发展，剩余产品增多，人们在一个相对固定的地点以物易物，于是就逐渐形成了原始的"市"。与此同时，社会贫富差距逐渐拉大，不少有产者的私有产品逐渐增多，他们不得不修建城墙来保护自己的私有财产，这就形成了原始的"城"。城市的起源从根本上来说，有因"城"而"市"和因"市"而"城"两种类型。因"城"而"市"就是城市的形成先有城后有市，市是在城的基础上发展起来的；因"市"而"城"则是由于市的发展而形成的城市，即是先有市场后有城市的形成。随着生产力的发展和私有制的产生，古代城市逐渐壮大并独立于原始部落，成为一种新型的聚落形态，形成了具有某些特征的、在地理上有界的社会组织形式。城市是人类社会生产力发展的结果，也是人类文明进步的标志。

当然，城市只是一个点状的聚落形态，也只是一种社会组织形式和集合体，在城市之外还有着广阔的地理和社会空间。《尔雅·释地》中说："邑外谓之郊，郊外谓之牧，牧外谓之野，野外谓之林，林外谓之坰。"这说明在城市之外，人类社会还存在其他社会空间，人们将之称为乡村或农村。乡村或农村与城市相对，它既包括有人居住的村落，也包括无人居住的田野、山林等。农村以农业人口为主，人口密度小，以种植业、林业、牧业、渔业等第一产业为主；城市以非农业人口为主，人口密度大，以工业、服务业等第二、三产业为主。近年来，随着城镇化的推进，城市与农村的边际逐渐模糊，城镇居民和农村居民的生产和生活方式逐渐趋同，二者不再是处于明显的对立面。为了区分出城市和农村，世界各国以居民点人口数量作为标准，规定区域内居民点人口数达到一定数值的为城市或城镇，未能达到这一数值的为农村或乡村。新中国成立后，国家出台了城镇行政制度，对城市与农村进行了明确区分。在 1955 年国务院颁布的《关于城乡划分标准的规定》中，认为设置市人民委员会的地区和县（旗）以上人民委员会所在地（游牧区流动的行政领导机关除外），或常住人口有 2000 人以上，50% 以上是非农业人口的居民区，或虽常住人口不足 2000 人但在 1000 人以上，且非农业人口超过 75% 的工商中心、工矿企业、中等以上学校、科学研究机关等所在地和职工住宅区，或具有疗养条件，且每年外来疗养人数超过当地常住人口 50% 的疗养区，都称为城镇，城镇以外的地区称为乡村。此后，随着经济发展和人口增加，划分城镇的人口数量和非农业人口比例标准有所提升，但以人口因素作为区分城乡依据的状况，一直没有改变。1999 年，国家统计局出台了《关于统计上划分城乡的规定（试行）》，强调以国务院关于我国市镇建制的规定和我国现行的行政区划为依据，不改变现有的行政区划、隶属关系、管理权限、机构编制、城市规划、集镇和村庄规划等有关规定。因此，从我国来看，一般将人口相对聚集且达到一定数量、总人口中非农业人口占大多数的居民点或区域称为城市。截至 2020 年初，我国共计 686 座城市，其中直辖市 4 座，特别行政区 2 座，地级市（含副省级市）293 座，县级市 387 座。①

---

① 《最全面最准确的中国建制市等级划分》，http://www.360doc.com/content/20/0406/12/38893833_904186587.shtml，最后检索时间：2021 年 7 月 1 日。

二　何谓农村教育

农村教育是由"农村"和"教育"组合而成的偏正结构短语，对其理解有着多样性。由于人们对农村理解的差异以及农村教育这一偏正结构短语含义的模糊性，因此人们往往对农村教育内涵的理解存在分歧，可以说是众说纷纭，没有一个较为权威、大家一致认可的定义。明庆华等人认为，农村教育就是在农村对农村人口进行的教育，包括对农民进行的识字扫盲教育、对农民进行的文化常识或文化知识普及教育和对农民进行的生产技术知识教育三个方面[1]；杜育红等人认为，农村教育就是相对于城市教育而言，指在农村地区进行的教育，包括农村小城镇的教育[2][3]；朱小蔓等人认为，农村教育是个综合的研究领域，是由扫盲教育、基础教育、职业和技能教育、成人继续教育组成的为农村发展服务的教育综合体，应当将四者结合起来界定农村教育[4][5]；秦宏等人认为，仅仅单一从对象、区域或功能的角度去界定农村教育都是不妥的，农村教育就是在农村地区举办、以农村人口为教育对象并服务于农村经济社会发展的各级各类教育[6]。

由此可见，学者们在界定农村教育时，有的偏重于教育对象或受教育者，有的偏重于地域特征，还有的偏重于功能或目的。但从现有研究文献的梳理概括来看，学者们更倾向于第二种观点。究其缘由不难发现，将农村教育界定为农村里的教育，不仅指向的范围较为清晰，研究对象较为明确，材

---

① 明庆华、程斯辉：《发展我国农村教育要处理好几个关系》，《中国教育学刊》2004 年第 10 期，第 1~4 页。

② 杜育红：《农村转型与农村教育发展的战略选择》，《人民教育》2004 年第 20 期，第 7~9 页。

③ 周晔：《城镇化背景下的农村教育新探》，《河北师范大学学报》（教育科学版）2013 年第 7 期，第 17~21 页。

④ 孙志河：《教育为农村转型服务——2003 年国际农村教育研讨会综述》，《职教论坛》2003 年第 5 期，第 32~33 页。

⑤ 杨桂青：《农村教育　中国与世界对话——访联合国教科文组织国际农村教育研究与培训中心主任朱小蔓教授》，《中国农村教育》2008 年第 7~8 期，第 9~11 页。

⑥ 秦宏、高强、李嘉晓：《通过制度变迁推动我国农户分化与农村非农化、城镇化进程》，《生产力研究》2005 年第 3 期，第 47~49 页。

料便于统计说明，而且也符合大众语境，使大家易于理解，具有较强的科学性。实际上，将农村教育界定为农村里的教育，并不排斥对农村教育对象的限定和农村教育功能的把握，任何一种层次和类型的教育都必然有一定主体的参与，作用于一定的教育对象，并为个体、区域乃至整个社会服务，在国家的政治、经济、文化建设中发挥相应的功能。

当然，如果我们将农村教育界定为发生在农村的各种教育活动，那么就必然要涉及行政区域的划分。在我国当前的行政区域划分中，村是基层自治组织，乡镇是基层政权组织，乡与村结合在一起则为一定区域范围。当然，需要特别说明的是，虽然乡与镇大体相当，但乡是以农村、农业为主的基层政权组织，而镇作为一个特殊的区划单位，往往是城市和农村的中间体，是"农村之首，城市之尾"。在我国，"镇"主要存在三种形式，一是县级政府机关驻地的县级镇，二是城乡结合的乡级镇，三是农村集镇、集市的村级镇。县级镇往往又称为"县城"，从实际发展水平看其带有城市化的色彩。基于此，一些学者认为农村教育就是包括县、乡镇、村在内的县及县以下的教育。如李少元认为："我国社会主义初级阶段的农村教育就是指县和县以下的教育，包括县、乡（镇）、村的教育。"[①] 当然，由于这种说法较为模糊，只仅仅从行政区划来表达对农村教育的认识，而未能完全反映我国经济社会的发展样态，并不十分科学。在经济发达地区尤其是东部地区，一些中心城市周边的许多县、乡、村已经突破了传统意义上的农村，发展成了以工业为主体产业的小城市，这些"农村"在性质上更接近城市，而不是农村。因此，有学者又在前者的基础上进行了一些限定，认为"农村教育是以农业为主要产业的县和县以下的教育，包括县、乡（镇）、村的教育"[②]。从这些观点出发，农村教育分为广义的农村教育和狭义的农村教育，广义的农村教育是指县和县以下的教育，狭义的农村教育是指以农业为主导产业的县和县以下的教育。截至 2019 年底，全国共有县级行政区划单位 2846 个，其中

---

① 李少元：《农村教育论》，江苏教育出版社，2000，第 13 页。
② 温恒福：《农村教育的含义、性质与发展规律》，《教育探索》2005 年第 1 期，第 43 ～ 46 页。

市辖区 946 个、县级市 387 个、县 1323 个、自治县 117 个、旗 49 个、自治旗 3 个、林区 1 个、特区 1 个；有乡级行政区划单位 38755 个，其中 2 个区公所、21013 个镇、8101 个乡、153 个苏木、966 个民族乡、1 个民族苏木、8519 个街道。[①]

此外，从人口统计学的角度，农村教育也有不同的表达。在《中国统计年鉴》中，国家是按照城镇人口和乡村人口两类划分来进行统计的，城镇人口是指居住于城市、集镇的人口，其中包括县城人口，而乡村人口是指不居住在城镇的人口。基于此，县城人口是城镇人口，县城以下的人口才为农村人口。根据中央财政拨款政策，国家要求农村教育转移支付款只能用于县城以下学校，不能用于县城内学校。由此可见，无论是户籍管理、人口统计还是国家拨款，我国已习惯将县城归入城市，那么只有县城以下的教育才能叫作农村教育，县城教育就不能称为农村教育。根据 2020 年第七次全国人口普查结果：居住在城镇的人口为 901991162 人，占 63.89%；居住在乡村的人口为 509787562 人，占 36.11%。[②]

当然，与农村教育一词含义极为相近的还有乡村教育一词。在 20 世纪 20~30 年代，我国掀起了一次规模庞大、影响深远的"乡村教育运动"，当时"乡村教育"一词深入人心，人们很少使用"农村教育"一词。新中国成立以后，尤其是近些年来，为了更好地顺应我国经济社会的发展现状，国家在政策文本及法律法规中更多使用农村教育而非乡村教育，农村教育一词在沉寂了近半个世纪后又频繁出现在人们的视野中和语境里。虽然就总体而言，"农村教育"与"乡村教育"在绝大多数语境下指代相同，甚至通用互用，但从国家的政策文本来看，这二者还是存在一定差异的。2001 年，国务院办公厅下发《国务院办公厅关于完善农村义务教育管理体制的通知》，提出"农村义务教育实行在国务院领导下，由地方政府负责、分级管理、

---

① 《2019 年民政事业发展统计公报》，http：//www.mca.gov.cn/article/sj/tjgb/202009/20200900029333.shtml，最后检索时间：2021 年 7 月 1 日。

② 《国家统计局：全国城镇人口 901991162 人，占 63.89%》，https：//m.gmw.cn/2021-05/11/content_1302285945.htm，最后检索时间：2021 年 7 月 1 日。

以县为主的体制"①；2003 年，国务院颁布《国务院关于进一步加强农村教育工作的决定》，强调农村义务教育落实"在国务院领导下，由地方政府负责、分级管理、以县为主"（简称"以县为主"）的农村义务教育管理体制，县级政府要切实担负起对本地教育发展规划、经费安排使用、校长和教师人事等方面进行统筹管理的责任。② 由此推演出"农村教育就是指县和县以下的教育，包括县、乡（镇）、村教育"这一界定。在 2018 年的《国家乡村振兴战略规划（2018—2022 年）》中，国家对乡村进行了明确界定，认为"乡村是具有自然、社会、经济特征的地域综合体，兼具生产、生活、生态、文化等多重功能，与城镇互促互进、共生共存，共同构成人类活动的主要空间"③。由此可见，乡村教育就是在乡村进行的教育，乡村教育与城镇教育是有区别的，乡村教育不包括城镇教育。

综上所述，农村教育大致存在四种理解：一是指县和县以下地区（乡镇、村）的教育；二是指县以下地区（不包括县城，只包括乡镇、村）的教育；三是指以农业生产为主的县和县以下地区（乡镇、村）的教育；四是指以农业生产为主的县以下地区（不包括县城，只包括乡镇、村）的教育。当然，随着时间的推移和社会的发展，农村教育的内涵和外延必然会存在一定的改变。2001 年，联合国教科文组织国际农村教育研究与培训中心在《教育促进农村社会转型：政策框架》中指出，农村教育扮演着塑造和实现农村社会转型的重要角色，农村教育应由传统的应对式、适应型、追赶和模仿式发展向现代的积极性、主动性、自主性发展。④ 2010 年，由瑞典斯德哥尔摩大学主办的教育促进农村社会转型研讨会再次强调农村教育自主、特色、多元发展的战略思考和行动策略，认为农村教育的

① 《国务院办公厅关于完善农村义务教育管理体制的通知》，http：//www. moe. gov. cn/jyb_xxgk/gk_ gbgg/moe_ 0/moe_ 8/moe_ 25/tnul1_ 239. html，最后检索时间：2021 年 9 月 28 日。
② 《国务院关于进一步加强农村教育工作的决定》，http：//www. gov. cn/zhengce/content/2008 -03/28/content_ 5747. htm，最后检索时间：2021 年 9 月 28 日。
③ 《中共中央　国务院印发〈乡村振兴战略规划（2018—2022 年）〉》，http：//www. moa. gov. cn/ztzl/xczx/xczxzlgh/201811/t20181129_ 6163953. htm，最后检索时间：2021 年 9 月 28 日。
④ 邬志辉、张培：《农村教育概念之变》，《高等教育研究》2019 年第 5 期，第 10 ~18 页。

功能应定位于促进农村社会的转型而不是单向度的量的增加与质的变化。① 未来的农村教育应为引领和促进农村社会转型承担新职能、发挥新价值，其内涵至少应包含以下几个方面：一是农村教育必须是处于农村的教育，具有一定的自然地理属性或者行政属地属性；二是农村教育不应仅仅是对农民及其子女的教育，而应包括对在农村生活或从事农业（非农）生产的多元主体的教育；三是农村教育不应仅仅传授一般的基础知识和基本技能，而应将农村各具特色的农村自然资源、本土文化和地方性生产生活经验纳入教育内容之中；四是农村教育不应仅仅定位于促进当地农业的发展，还应为农村的产业结构转型与升级，以及促进农村各类产业的协调发展服务。

第二节　农村教育的特点

农村教育作为教育的一个重要组成部分，因其特定的社会环境和自然环境，形成了有别于城市教育的环境的农村性、对象的特定性、内容的地方性、教育结构的低重心多层次性、目标的多元性、发展的艰巨性等特点。

一　农村教育环境的农村性

如前所述，尽管人们在农村教育的界定上还存在一定分歧，但更多学者认为农村教育就是处于农村的教育，更偏重于其自然地理属性。

农村是相对于城市、城镇的称谓，是主要以从事农业生产为主的劳动者聚居的地方，具有特定的自然景观和社会经济条件。农村虽然缺少城市的高楼大厦和交通的四通八达，医疗水平设施较低，卫生安全方面较差，但农村空气清新，到处都是田园风光，拥有难得的宁静和惬意。农村学校处于田间园畔，傍于农舍民居，形成了不同区域、不同地方自然风貌的建筑风格，从而在校舍

---

① 王力、库土布·乌丁·坎、张典等：《农村社会转型指数：衡量城乡差距——基于联合国教科文组织国际农村教育研究与培训中心的理念（下）》，《世界教育信息》2014 年第 6 期，第 8 ~ 15 页。

风格、学校文化方面表现出独特的地域性和农村性，对学校中的师生观念和行为产生深刻的影响。同时，农村学校具有开展劳动教育的天然优势，那里土地资源充足、动植物种类丰富，学校可以借助自身的自然资源开展劳动教育，也无须花大力气组织学生外出学习，课程实施也更"接地气"。农村学校便于创建劳动教育基地，开展"一班一植"活动，从锄地到种菜、施肥、浇水，都可以由学生自己动手。农村学校方便带领学生走出校园，利用当地的种植场、养殖场、经济作物生产基地、垃圾回收站等，聘请当地的科技员为学校的校外辅导员，组织学生听讲座、实地参观、参加实践活动等，让学生在劳动中体验、在实践中学习，培养他们吃苦耐劳的品质和热爱劳动、珍惜劳动成果的美德。

二 农村教育对象的特定性

农村主要是农村人口聚居的地方，农村人口以农民为主，但也包括教师、医生、商业人员等为农民服务的农村其他人员。根据国家统计局发布的数据，截至 2018 年末，我国大陆共有人口 139538 万人，同比增长 0.38%，其中城镇常住人口 83137 万人，同比增长 2.2%，乡村常住人口 56401 万人，同比下降 2.19%。① 与城镇人口相比，农村人口分布零星分散，文化教育水平较低，文盲率高，主要以务农为主。当前，随着经济工业化的发展，我国农村人口正不断流入城镇，农村的经济结构、生活方式、社会意识也不断受到城市的冲击，城镇化成为我国经济及社会发展的必然过程。今后，随着农村交通和信息技术的发达，公共服务水平的进一步提高，城市居民对生活环境自然化倾向的追求，大城市工业向外寻找廉价土地和劳动力，人口从大城市和主要的大都市区向小的都市区、小城镇甚至农村迁移，出现"逆城市化"，将导致农村人口的增加。农村教育作为提高农村人口素质的主要手段，需要注重农村人口的自然特征及变化趋势，采取相应措施实施教育。一般而言，农村人口文化教育水平较低，文盲率高，因此我们首先需要加强基

---

① 《139538 万人！我国大陆 2018 年末总人口接近 14 亿》，http://news.youth.cn/gn/201901/t20190121_11850402.htm，最后检索时间：2020 年 11 月 24 日。

础教育，保障农村学龄儿童、青少年接受最基本的义务教育，并在此基础上接受更多更好的教育，让他们不能输在教育的起跑线上。其次需要加强农村职业教育，向广大农村在校学生传授技术知识和技能，使他们获得进行从事某种生产、工作所需的知识、技能和态度的教育，以便为他们将来从事某种职业做准备。最后需要在当地政府统筹领导下，加强农村学校与农业、科技、扶贫、劳动等部门的合作，大力建设一批农村成人文化技术学校和社区教育中心，提高成人教育办学质量和效益，将农业实用技术培训和农村文化生活有机结合，以培养新型职业农民，促进广大农村人口就业创业，促进农村经济社会发展，丰富农村居民的精神文化生活。

三 农村教育内容的地方性

教育内容是按照一定的教育目标和教育价值观，依据受教育的身心发展规律，经选择而纳入教育活动过程中的知识、技能、行为规范和价值观念等，它既是教师教的项目，也是学生学的项目。每一层次和类型的教育在教育内容上既具有共同性，又具有差异性。农村由于其自身地域的农村性、对象的特定性和目标的特殊性，因而在教育内容方面与城市教育存在一定的差异。首先，这种差异体现在教育对象和培养目标方面。农村教育既包括对农村儿童、青少年进行的基础教育活动，也包括对农村成人进行的职业教育和成人教育活动。基础教育传授的是一般的基本知识和基本技能，强调的是基本素质的培养，而农村职业教育主要传授的是从事农村某一职业或生产、工作所需的知识、技能和态度，强调的是让受教育者获得农村某一职业或生产劳动所需要的职业知识、技能和职业道德，侧重于实践技能和实际工作能力的培养。农村成人教育是为农村成人增长能力、丰富知识、提高技术和专业资格而实施的教育，其内容开放而多样，既包括关于国家政治、社会公德的公民素养，也包括关于农民职业和农业技术的知识和能力，还包括关于自身文化修养、体育娱乐等相关内容。其次，农村教育内容与城市教育内容的差异还体现在地方课程和校本课程方面。农村学校地方课程是县级教育主管部门根据国家的相关要求，结合农村经济、文化、教育特点，充分挖掘农村课程资源，按照一定理念而开发、设计、实施的一种课程。地方课程的基本特征之一就是地域性，它是农村地区根据自身社会、历史、文化、经济条件、现实状况和对未来成员的特殊发展要求而制定的，必然是立足农村，充分挖掘和利用农村所拥有的教育资源，以解决农村面临的实际问题，为农村发展培养特殊需要的人才。农村学校校本课程是农村学校在充分考虑农村学校师生需求的基础上，以学校和教师为开发主体，全面挖掘学校课程资源，以供学生学习选择和促进学生个性特长发展的一种课程，它与国家课程、地方课程相对应。农村校本课程强调以农村学校为主体和基地，充分尊重农村学校师生相对于城镇学校师生的独特性和差异性，满足农村学校学生的学习需求和发展需求。农村学校校本课程充分考虑了农村学校的实际情况，积极发现和挖掘农村学校的课程资源，使农村学校课程资源得到更为充分的利用，以促进农村学生更好地成长和发展。最后，农村教育内容与城市教育内容在文化性上存在差异。农村有着悠久的发展历史，在发展过程中因有着不同于城市的自然环境和资源、聚居群体、生产和生活方式而形成了具有自身特色的农村文化。农村文化是中国文化的重要组成部分，它形成于农村，根植于乡村，发展于乡村，服务于乡村。如何做好农村文化的传承与发展，事关我国文化自信的生成和新时代乡村振兴。有人说，一个村庄没有了学校，村庄的文化也就没了。教育与文化是相辅相成的：一方面，农村教育既承担着农村文化资源的挖掘，也承担着农村文化的传承，还承担着农村文化的选择与改良；另一方面，乡村文化影响着乡村学校办学理念和课程内容的选择，也影响着农村学校的教学方式和学生活动。农村学校的地方课程和校本课程能够较好地融入大量区别于城市的农村文化，农村学生通过对这些文化知识的学习，能够更好地了解农村文化、掌握农村文化和传承农村文化。农村学校能够通过就地取材，挖掘农村生产生活资料的文化价值，充分利用乡土文化资源进行教学，提高农村学校的教学效果。农村学校在对农村文化进行传承的同时，还紧密结合国家课程相关要求，对农村文化进行选择和加工，对与现代社会和农村发展不相适应的观念和风俗进行积极改造，以促进农村文化的创新与发展。

四 农村教育的低重心多层次性

我国农村经济发展的低水平性、区域发展的不平衡性和培养目标的低层次性，决定了我国农村教育不同程度的低重心、多层次性。

在我国农村教育体系中，有各级各类教育，其中又有多种办学形式。各级各类农村教育和多样化的办学形式中，较低层次的教育占的比重很大，这就是农村教育结构的低重心多层次性。农村教育主要是初等教育和中等教育，学前幼儿教育也已起步，利用广播电视函授或与大学合办大、中专班的教育形式也已出现并且发展较快。农村各级教育之间的构成比例，以小学教育为基准，随教育程度提高而形成"宝塔形"或"金字塔形"，其递减的陡度随经济、文化发展水平的提高而加大，不同发达程度地区呈现明显的差异。但与城市相比，农村教育体系的金字塔形递减陡度较缓，重心偏低。2016 年，我国共有 22.97 万所义务教育阶段学校，其中农村地区（镇区＋乡村）普通小学 15.1 万所、农村地区（镇区＋乡村）普通初中 4.02 万所（见图 3－1）。2016 年，我国共有 1.42 亿名义务教育阶段学校在校生，其中农村地区（镇区＋乡村）义务教育阶段学校在校生为 9485.78 万人，农村义务教育阶段学校在校生接近全国义务教育阶段学校在校生的七成（见图 3－2）。①

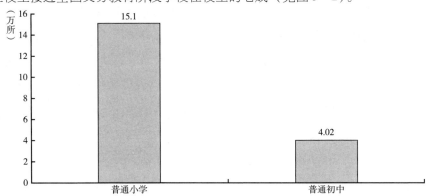

图 3－1　2016 年全国农村义务教育学校数量

---

① 《〈中国农村教育发展报告 2017〉发布》，http://www.jyb.cn/zcg/xwy/wzxw/201712/t2017 1223_900288.html，最后检索时间：2020 年 11 月 24 日。

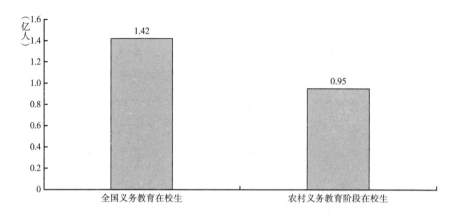

图 3-2　2016 年全国及农村义务教育在校生数量

　　同时，农村教育的类型、结构、形式具有丰富性和多样性。根据办学主体，有公办、民办、民办公助、公办民助以及中外合作办学等多种类型；根据办学类型，有普通教育、职业教育、成人教育三种类型；根据办学层次，有学前教育、初等教育、中等教育和高等教育几种类型；根据学习形式，有全日制、非全日制、半工半读制、短期培训制等几种类型；根据教学形式，有面授、函授和自学等几种类型；根据教学模式，有普教结合、农科教结合、校企结合、社区教育、企业教育等几种类型。就中小学而言，农村学校主要存在教学点、初小、完小、中心学校等几种办学形式。其中：中心学校是由原来的各个乡镇教育办或联校改制形成的教学管理机构，其组织一般由5 人以下构成，设立正副校长、财会、办公室等人员，一般主要负责对本乡镇的中心小学和村级小学进行日常管理，也有地方涉及对初级中学的管理；完小是完全小学的简称，完全小学指设有初级和高级两部的小学，按编制设置校长、副校长、主任、教师和其他人员，在当地人民政府领导下实施教育工作；初小是初级小学的简称，一般指小学 1~3 年级，高小是高级小学的简称，一般指小学 4~6 年级，这一划分在 20 世纪 80 年代已逐渐消失；教学点是规模偏小、地理位置较为偏僻的学校，行政管理上，教学点从属于乡镇中心学校或者完全小学。随着社会主义市场经济的发展，教育形式将更加灵活多样，但在总体上又都是以培养初、中级人才为主，以低重心为基本特征。

五 农村教育目标的多元性

进入 21 世纪，随着知识经济时代的来临和科学技术的快速发展，一个国家的人力资源状况决定了其综合国力以及在世界各国中的竞争力。积极开发人力资源，占领人才资源高地，成为当前每一国家的首要任务。我们要实现"两个一百年"奋斗目标和中华民族伟大复兴的中国梦，就必须充分开发人才资源，建设一支数量足、质量高、结构合理的人才队伍，努力形成人人渴望成才、人人努力成才、人人皆可成才、人人尽展其才的良好局面。积极开发人力资源，将我国的人口负担转化为人力资源优势，其重点和难点在农村。

当前，我国农村人口数量庞大，受教育程度偏低，严重影响了农村经济社会的发展。根据国家统计局 2018 年发布的中国大陆人口数据：截至 2017 年末，中国城镇常住人口 81347 万人，比上年末增加 2049 万人；乡村常住人口 57661 万人，减少 1312 万人，全国农村人口数量占全国总人口的 41.48%。[1] 据国家统计局的相关统计，在农村劳动力中，初中及以下文化程度的占 87.8%，高中及中专文化程度的占 11.7%，大专及以上文化程度的只占 0.52%。[2] 由此可见，我国农村人口素质相对不高，从业人员受教育程度偏低，甚至还有一部分文盲和半文盲。因此，要实现从人口大国向人力资源强国的转变，就需要借助农村教育，积极开发农村人力资源，将农村人口文化素质提高到一个新的高度。20 世纪 80 年代以来，随着改革开放深入推进和城镇化步伐的加快，我国越来越多的农村人口离开农村涌入城市，城市的经济社会文化发展远远领先于农村，城市教育的优势地位也逐渐显现。

---

① 《2017 年末中国大陆总人口超 13.9 亿　比上年末增 737 万人》，https://www.sohu.com/a/217495038_123753，最后检索时间：2020 年 11 月 24 日。
② 李莉：《农民收入水平与受教育状况相关性分析》，《广西社会科学》2006 年第 7 期，第 166～169 页。

于是，不少农村孩子也跟随父母进入城市接受教育，他们以进入城市学校学习和进入城市工作生活作为自己的最优选择，农村成为城市学校生源的供给者；农村学校也不断向城市学校靠近，学习借鉴城市学校的发展经验和发展模式，农村学校成为城市学校的模仿者。这都使得农村教育在为农服务上越走越远。实际上，在开发农村人力资源的过程中，农村教育除了为学生进入城市求学和发展进行基本知识和基本技能传授外，还应该根据农村经济社会文化发展的实际需要，设置相应课程，采用相应培养模式，培养出大量实用型人才，为农村经济社会发展提供充足的人力资源。从农村经济社会发展的实际情况来看，农村经济除了传统的农业生产外，还包括网络经济、旅游导购、物流商务等新兴产业，这都需要农村教育提高农村劳动力的文化素质，改善农村人口结构，培养出一大批为农村经济社会发展服务的优秀人才。根据农村实用人才分类与认定标准，农村教育既要培养出包括种植、养殖、捕捞、农产品初加工方面的生产型人才，家庭农场经营、农民专业合作组织、农业产业化龙头企业、农村经纪人等方面的经营型人才，也要培养出农民植保、村级防疫、农村信息、农产品质量安全检测、农机驾驶和农机修理、沼气物管、畜禽繁殖、蔬菜园艺、花卉园艺、农作物种子繁育等方面的技能服务型人才，还要培养制造业、建筑业、餐饮业等领域的技能带动型人才，以及从事乡村文化、体育、社会工作的社会服务型人才。只有构建起适应多样性人才成长的多元化农村教育培养体制，完善有利于多元化人才成长的农村教育体系，搭建多样性人才成长的平台，才能培养出一大批为农村经济社会发展服务的多元化人才队伍。

六 农村教育发展的艰巨性

根据有关统计资料，2016 年，我国义务教育阶段学校在校生数为 1.42 亿人，其中城区学校在校生数为 4756.6 万人、乡镇学校在校生数为 9485.78 万人（见图 3-3），农村学校在校生数占全国义务教育阶段学校在校生总数的 66.80%，农村普通小学在校生数占全国普通小学在校生总数的 67.04%，农村普通初中在校生数占全国普通初中在校生总数的 65.60%

（见图3－4）。另外，全国中小学及幼儿乡村教师共290多万人，约占全国
同学段教师总数的1/4。[①] 由此可见，农村教育涉及的人口较多、范围较广、
占比较大。可以说：只有农村教育得到大力发展，我国教育才会得到整体发
展；没有农村教育的现代化，就没有中国教育的现代化。

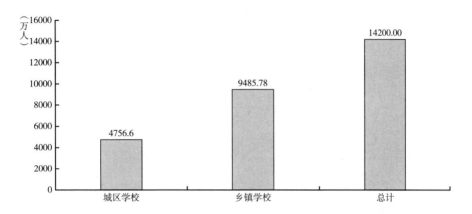

图3－3　2016年我国义务教育阶段城乡学校在校生数量情况

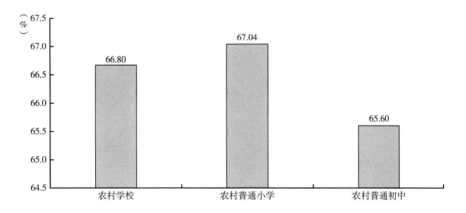

图3－4　2016年农村义务教育学校在校生数量占全国比例情况

---

① 《〈中国农村教育发展报告2017〉发布》，http://www.jyb.cn/zcg/xwy/wzxw/201712/t2017
1223_ 900288.html，最后检索时间：2020年11月24日。

当前，我国教育发展的短板在农村。由于历史欠债较多，地理位置相对偏僻，社会经济发展水平不高，教育主体的整体素质较低，因此相较于城市教育，农村教育在新时期下所面临的发展任务更为艰巨。

一是办学经费不充足。教育作为一项公共事业，需要政府有充足的经费投入，以保障每一位公民的受教育权利，保证教育教学活动的顺利开展。改革开放以来，为了有效解决农村教育经费不足问题，我国确立了公共财政优先投入农村义务教育的体制，将农村义务教育全面纳入地方政府公共财政的覆盖范围和保障系统。在此基础上，构建起了中央和地方分项目、按比例分担的机制，实行了省级政府统筹落实、管理以县为主的制度，从体制设计上保证财政资金的投入，以充分发挥公共财政资金在农村义务教育经费投入方面的绝对主体作用。但由于农村教育远离中心城市，学校和教学点较为分散，相隔的距离较远，办学规模较小，生师比较低，培训交流不便，学生需要进行寄宿制学习，这些都提高了办学成本，使教育经费仍存在较大的缺口，尤其是公用经费。随着从有学上到上好学的转变，农村教育需要投入大量经费修缮场所，购置设备，培训和引进教师，以改善办学条件，提高教师素质。这需要今后加大对农村教育的投入。

二是受教育群体构成复杂。农村学生往往由于特殊的家庭背景，贫困、单亲和留守儿童较多。按照联合国儿童基金会的定义，贫困儿童是指被剥夺了物质、精神和情感上的资源，不能很好地享受这些资源，不能充分发挥他们的潜能，不能完全、平等地参与社会的儿童。贫困儿童缺少干净的环境卫生设施，轻、中度贫血患病率和发育迟缓患病率偏高，不能方便获得安全的饮用水，严重影响着他们的生长发育。单亲儿童是指由于父母离婚或一方死亡等而只能跟随父亲或母亲生活的儿童。单亲儿童觉得没有一个幸福完整的家庭，感觉到自己是被抛弃的对象，常常会产生悲观自卑、仇视封闭、自恋孤僻的心理，安全感差，缺少双亲的协同教育。留守儿童是指其父母一方或双方外出务工连续三个月以上，自己留在户籍所在地接受义务教育，由父母单方或其他亲属监护的学龄儿童。根据《中国农村教育发展报告2019》的统计，2017年，全国农村留守儿童数量为1550.56万人，比2016年减少

175.73 万人，减幅为 10.18%（见图 3 - 5）。农村留守儿童中小学生为 1064.48 万人，占小学在校生总数的 10.55%，初中生为 486.08 万人，占初中在校生总数的 10.94%。[①] 由于无法得到父母在思想认识及价值观念上的引导和帮助，缺少父母情感上的关心和呵护，因此处于成长发育关键期的他们相对来说容易产生认识、价值上的偏离和个性、心理发展的异常，行为养成常常失范。贫困儿童、单亲儿童和留守儿童的教育日益成为社会的难题、学校的难题，地方政府需要改扩建一批农村中小学寄宿制学校，农村学校教师需要肩负起更多的监管责任，加强教学、生活、安全方面的管理，采取针对性的教育方法，关爱孩子的精神成长。

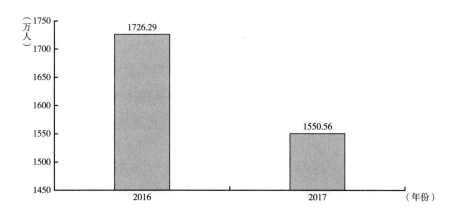

图 3 - 5　2016～2017 年全国留守儿童数量情况

　　三是教师力量薄弱。乡村教育振兴的关键在人，而人的核心在教师队伍建设，可以说，农村教师队伍事关农村教育的发展水平，事关农村人口素质的提高，也事关国家的未来。当前，我国乡村教师约 330 万人，占全国中小学教师总数的 30% 左右。[②] 长期以来，国家积极出台了一系列

---

① 《〈中国农村教育发展报告 2019〉发布》，http://www.jyb.cn/rmtzgjsb/201901/t20190115_212031.html，最后检索时间：2020 年 11 月 24 日。

② 薛二勇、傅王倩：《发展公平而有质量的教育——中国教育改革和发展的形势与政策分析》，《中国青年社会科学》2018 年第 3 期，第 22～30 页。

支持农村教师队伍建设的政策措施，包括数量配置、质量提升、岗位激励政策等，使我国农村教师队伍实现了从"数量稳定"到"专业合格"再到"高素质发展"，农村教师队伍建设取得了显著成效；但由于城乡二元体制、自然地理条件和历史差距积累等因素影响，当前农村教师队伍仍存在诸多问题，与城镇教师相比仍显得相形见绌。据有关资料统计：2017年，全国小学具有专科及以上学历教师比例为95.26%，其中农村为93.80%；全国初中具有本科及以上学历教师比例为84.63%，其中农村为81.10%，虽然较2016年有所减小，但城乡仍然存在一定差距。① 优质教育资源集中于城区，大量生源流向城镇，优秀人才不愿意到农村学校教书，而农村原有的骨干老师包括部分优质青年教师千方百计调往城区，使得农村教师队伍出现"招不来、留不住、教不好"的现象，导致农村师资年龄结构不合理，学科比例失衡，甚至很多农村教师尤其是大量近年招聘的新任教师教育能力水平提升不快，自主研究能力相对弱，教学质量不高。

四是农村教育的偏远性和分散性。农村常常是交通不方便、位置偏远、远离大城市和繁华地带的地方，那里经济发展落后，人口较为分散，尤其是边疆地区和少数民族地区的农村。农村远离所在区域的政治经济文化中心，人口分布也十分分散，这导致了农村教育的偏远性和分散性。农村学校和教学点分布于偏远的农村，办学规模较小，相隔的距离较远，这给学校办学条件改善和教育管理带来诸多不便，在一定程度上阻碍了农村教育的发展。从整体上看，尽管这些年农村中小学的办学条件在国家和社会的关注和重视下得到了极大改善，不少农村学校教室已经变成了宽敞明亮的楼房，有了标准化田径场、足球场，上课使用的是现代化多媒体设备电子白板，满足了每个学生上计算机课的需求，有的教室甚至装备了空调和暖气，但不少经济欠发达地区、民族地区、边疆地区的农村学校办学条

---

① 《〈中国农村教育发展报告2019〉发布》，http://www.jyb.cn/rmtzgjsb/201901/t20190115_212031.html，最后检索时间：2020年11月24日。

件较差。有学者在对农村学校的调研中发现，被调查的学校中教学场所"不太安全"和条件"较差、很差"的分别占28%和32.9%，有的学校教室中间竟然仅支着一根木头柱子防止垮塌，40%的村小学未设立图书室，近半数（48.8%）的村小学没有运动场，约1/3（29.1%）需要食堂的非走读村小学无食堂，有75%的寄宿制村小学每间宿舍住10名以上学生，有的小学甚至40名学生共住一室，58.3%的学生宿舍没有浴室，41.7%的学生宿舍没有供应热水，有3.7%的村小学没有厕所，有厕所的96.3%中也有89.2%将厕所设在了教学楼外。①

第三节　农村教育发展的基本规律

农村教育作为一种具有区域性特征的教育，必然存在本质性的内在规律。要振兴发展农村教育，就需要遵循农村教育发展的规律。

一　农村教育发展受制于农村经济发展

发展教育需要有一定的经济条件作为前提，经济是制约教育发展的重要因素。经济发展水平越高，国家的财政收入总量和居民的可支配收入也就越多，对教育的投入也就越充足；反之，经济发展水平越低，国家的财政收入总量和居民的可支配收入也就越少，对教育的投入也就越少。

新中国成立尤其是改革开放之初，我国农村基础教育实行的是"地方负责、分级管理、以乡为主"的管理体制，其实质就是以乡镇为主，由县、乡、村分级管理。2001年，国务院出台了《国务院关于基础教育改革与发展的决定》，决定实行"在国务院领导下，由地方政府负责，分级管理，以县为主"的义务教育管理体制，这是我国农村基础教育管理体制改革的一个重要里程碑。"以县为主"的管理体制，相较于之前的县、乡、村分级管

---

① 范先佐、战湛：《我国县域城乡义务教育发展存在的问题、原因及对策》，《贵州师范大学学报》（社会科学版）2016年第6期，第59~67页。

理体制，农村基础教育经费有了较大保障，教育行政管理更为规范。"以县
为主"的基础教育管理体制实际上是以县为主的投资体制，当地农村教育
经费投入多少，主要取决于县域经济的发展状况和财政收入状况。由于县域
经济发展水平的差异，不同地区对基础教育经费保障状况也存在差异。有学
者选取了四川省 183 个县、市、区作为样本，以人均 GDP 作为度量区域经
济差异的指标，运用统计和空间自相关分析方法研究了 1998 ~ 2016 年四川
省县域经济差异的时空演变，发现经济发达的县域集聚在成都平原腹地和安
宁河谷平原腹地，欠发达地区主要集聚于川东北、川西北地区，四川省县域
经济发展水平和增长速度都表现出明显的空间差异性，经济在空间上是不平
衡的。① 受自然资源、经济发展基础等诸多因素的影响，河南省县域间经济
发展差异明显，区域经济发展成果的人均 GDP、人均可支配收入、人均一
般公共预算收入三大指标的县域不平衡性问题也十分突出。2016 年河南 105
个县（市）的人均 GDP 平均为 3. 85 万元，其中最大值为 15. 4 万元，最小
值为 1. 58 万元，最高者是最低者的 9. 7 倍。2016 年河南 105 个县（市）的
人均一般公共预算收入的平均值为 1737. 82 元，其中最大值为 10272. 1 元，
最小值为 590. 76 元，最高者是最低者的 17. 39 倍。②

　　区域经济发展的不均衡，导致县域教育投入严重不平衡。成都平原腹地
和安宁河谷平原腹地等经济发展较好的地方，财政收入稳定且充足，因而能
有效保障农村教育的投入，能够较快改善办学条件，当地有着更好的生存条
件和发展空间，有着更加稳定和有竞争力的薪资待遇，能够较为容易吸引优
秀教师的流入。巴中、阿坝、甘孜、凉山等偏远山区、贫困地区、民族地区
的经济发展水平低，财政收入偏少，对农村教育投入不足，虽然有上级拨
款，但也只能解决部分问题，农村教育发展相对滞后。根据四川省基础教育
监测中心对全省 21 个市（州）183 个县（市、区）11228 所义务教育学校

---

① 邓小菲：《四川省县域经济差异时空演化特征分析》，《西南大学学报》（自然科学版）2019
　年第 10 期，第 72 ~ 78 页。
② 《2016 年县域 GDP 占全省 GDP 近三分之二》，http：//www. henandaily. cn/content/fzhan/
　2018/0106/83332. html，最后检索时间：2020 年 11 月 25 日。

办学条件主要指标达标情况及义务教育学校校际均衡情况的监测结果，截至
2019 年 4 月，全省通过义务教育基本均衡督导评估认定的县为 165 个，占
全省总数的 90.16%，但经济发展水平较低的甘孜藏族自治州、凉山彝族自
治州尚未通过国家义务教育均衡督导评估认定。即使在已通过国家督导评估
认定的 165 个县中，有 35 个县的个别学校办学条件因投入不足而不达标，
而这 35 个县主要集中于非成都平原腹地的经济欠发达地区和少数民族
地区。①

　　相较于基础教育，农村经济发展水平对农村成人教育和职业教育的影响
更为直接和明显。因为地区经济越发达，意味着地区需要更多数量和类型的
技术工人，而各产业技术工人的培养依托于职业教育和成人教育的大力发
展，职业教育和成人教育也就会顺势而为蓬勃发展起来。反之，区域经济不
发达，地区对技术工人需求的数量和类型就会偏少，对农村大力发展职业教
育和成人教育的促进作用就不强，农村职业教育和成人教育也就难以得到较
大发展。

　　总之，农村经济发展水平制约着农村教育经费的投入状况，进而影响到
农村教育的办学条件和办学质量。在地方经济不发达的中西部地区，尤其是
国家级贫困县，由于县域经济基础薄弱，产业结构单一，财政收入偏少，农
村教育投入不足，办学条件较差，各种软硬件设施无法完全满足教学发展需
要。反之，在经济发达的一些县（市），由于县域经济基础雄厚，产业结构
多元，财政收入稳定，农村教育投入充足，办学条件较好，各种软硬件设施
能够很好地满足教学发展需要。

二　农村教育优先于农村经济的发展

　　随着知识经济时代的到来，人力资源对于一个国家和社会的发展日益重
要。教育作为培养人的一种社会活动，能够一代一代地传递生产经验和生活

---

① 《全省已过九成县实现义务教育基本均衡发展》，http：//www.scjks.net/Item/4494.aspx，最
后检索时间：2020 年 11 月 25 日。

经验，能够发展科学技术，能够提高全民素质。教育是民族振兴、社会进步的重要基石，是对中华民族伟大复兴具有决定性意义的事业。邓小平同志曾指出："我们要实现现代化，关键是科学技术要能上去。发展科学技术，不抓教育不行。靠空讲不能实现现代化，必须有知识，有人才。"① 教育是发展科学技术的基础，是培养人才的主要手段，在现代化建设中具有基础性、先导性、全局性作用。1992 年，党的十四大报告第一次提出要把教育摆在优先发展的战略地位。2017 年，党的十九大再次指出："建设教育强国是中华民族伟大复兴的基础工程，必须把教育事业放在优先位置，深化教育改革，加快教育现代化，办好人民满意的教育。"这体现了我国在建设富强、民主、文明的社会主义国家的历史进程中对发展教育事业的高度重视。通过对发达国家的科学技术和教育发展历史的梳理，发现全世界几个主要发达国家在创造经济快速发展奇迹之前均大力发展教育，短时间、大跨度扩大教育规模和提升教育质量。只有把教育和人力资源开发放在优先发展的地位，加大对教育和人力资源开发的投入，才能有力支撑国家经济和社会的发展。

当前，农村发展的最大问题在于人口素质问题。据国家有关部门统计，我国 4 亿多名农村劳动力的平均受教育年限不到 8 年，初中文化程度及以下占有相当大的比例，高中及以上文化程度占比较小，其中，受过专业技能培训的仅占 10% 左右，接受过农业职业教育的为 5% 左右，绝大多数农村劳动力仍属于体力型和传统经验型农民，没有掌握现代生产技术。因此，在推进农业农村现代化的进程中，仅仅依靠这样低素质的劳动力来完成产业结构调整、实现乡村振兴的目标是非常困难的，必须加大对农村人口的教育，提高他们的文化素质和专业技能，使他们掌握现代生产技术。但从农村教育的实际来看，情况不容乐观。现阶段，我国优质教育资源主要集中在特大城市、大城市，而农村区域不仅没有高等教育资源，优质中小学教育资源也比较缺乏。截止到 2017 年底，全国已有 2379 个县实现了县域内义务教育基本均

---

① 邓小平：《邓小平论教育》，人民教育出版社，1995，第 25 页。

衡，占全国总数的 81%，但仍有约 1/4 的县没有实现县域内义务教育均衡。
尚未通过国家评估认定的 500 多个县中，绝大多数的义务教育均衡发展水平
明显低于国家标准，农村教育十分薄弱，实现基本均衡目标存在较大
困难。①

　　教育既传播知识、塑造文明乡风，也为乡村建设提供人才支撑，在乡村
振兴中具有不可替代的基础性作用。《乡村振兴战略规划（2018—2022
年）》提出，增加农村公共服务供给，优先发展农村教育事业，这既是乡村
振兴的内在要求，也是农村教育发展规律的必然体现。为此，我们需要按照
党的十九大报告的部署，统筹规划农村教育学校布局，加强学校标准化建
设，办好农村学前教育、义务教育和特殊教育，大力攻坚高中阶段教育普
及，积极解决好农村教育存在的优质教育资源紧缺、教育质量亟待提高等重
点问题，着力改变农村教育发展存在的"不平衡不充分"现象，努力让每
个孩子都能享有公平而有质量的教育；需要立足农村各产业发展的现实需
求，大力发展面向农村的职业教育，加快推进职业院校布局结构调整，加强
县域职业教育中心建设，围绕种植、养殖、加工、营销等先进技术需求，有
针对性地设置专业和开设课程，服务于乡村产业发展；需要积极发展成人教
育，建设一批成人教育中心，建立健全成人教育机制，积极引导农村劳动力
接受培训，持续学习，培养新一代爱农村、懂农业、善经营的新型职业农
民，为乡村振兴提供人才保障。

三　农村教育与城镇教育一体化发展

　　2006 年，党的十六大提出要走"中国特色城镇化道路"，这是新型城镇
化的雏形。2012 年，党的十八大提出要坚持走中国特色新型城镇化道路，
推动工业农业现代化和城镇化良性互动、同步发展。新型城镇化以城乡一体
化为发展理念，以城乡经济共同繁荣，市民、农民生活标准、方式和质量同

---

① 《2017 年全国义务教育均衡发展督导评估工作报告》，http://www.moe.gov.cn/jyb_xwfb/xw_
　　fbh/moe_2069/xwfb_2018n/xwfb_20180227/sfcl/201802/t20180227_327990.html，最后检
　　索时间：2020 年 11 月 25 日。

步发展为目标，统筹规划社会事业发展、基础设施建设及城乡产业扩张，科学合理分配公共资源，在就业、教育、医疗、住房、养老等领域给予非农就业人口有效保障和福利提升，促进城乡发展有机融合。2014 年，我国城镇化率为 53.76%，到 2018 年底，我国城镇化水平达到了 59.58%。伴随着新型城镇化建设的快速推进，城乡统筹和一体化发展也被国家提上议事日程。2010 年，中共中央、国务院印发《中共中央　国务院关于加大统筹城乡发展力度进一步夯实农业农村发展基础的若干意见》，强调要加大统筹城乡发展力度，不断深化把解决好"三农"问题作为全党工作重中之重的基本认识，进一步突出强化农业农村的基础设施，夯实农业农村发展基础，建立健全农业社会化服务的基层体系，大力加强农村以党组织为核心的基层组织，协调推进工业化、城镇化和农业现代化，努力形成城乡经济社会发展一体化新格局。2019 年，中共中央、国务院下发《中共中央　国务院关于建立健全城乡融合发展体制机制和政策体系的意见》，提出在习近平新时代中国特色社会主义思想指导下，围绕乡村全面振兴和社会主义现代化国家建设目标，树立城乡一盘棋理念，建立健全有利于城乡要素合理配置的体制机制、有利于城乡基本公共服务普惠共享的体制机制、有利于城乡基础设施一体化发展的体制机制、有利于农民收入持续增长的体制机制，促进城乡要素自由流动、平等交换和公共资源合理配置，形成工农互促、城乡互补、全面融合、共同繁荣的新型工农城乡关系，促进城乡全面融合，推进农业农村现代化。

城乡统筹和城乡一体化发展是中国现代化和新型城镇化发展的一个新阶段，是指在改变"城市工业、农村农业"的二元思维方式下，把工业与农业、城市与乡村、城镇居民与农村村民作为一个整体，坚持城乡在政策上平等和产业发展上互补，统筹协调，全面考虑，使城乡人口、技术、资本、资源等要素互相融合，使整个城乡经济社会全面、协调、可持续发展，城乡居民待遇一致。要推进城乡统筹，实现城乡一体化发展，就需要我们从全方位采取措施，而教育就是一个关键的切入点，它是城乡统筹和城乡一体化发展的智力基础和人才基础。只有真正推进城乡教育统筹和城乡教育一体化发展，才能真正实现城乡一体化发展。改革开放以来，虽然我国农村教育办学条件和办学水平取得了较大成就，但城乡之间的教育质量仍然存在较为明显的差距，农村教育发展水平较低，基础较为薄弱。为补齐农村教育短板，党的十八大以来，我国统筹推进县域内城乡教育一体化改革发展。2016年，国务院下发《国务院关于统筹推进县域内城乡义务教育一体化改革发展的若干意见》，明确指出义务教育是教育工作的重中之重，是脱贫攻坚的基础性事业，必须在推进新型城镇化进程中坚持优先发展义务教育，统筹推进县域内城乡义务教育一体化改革发展，同步建设城镇学校，统筹城乡师资配置，努力办好乡村教育，使义务教育与城镇化发展基本协调，县域义务教育均衡发展和城乡基本公共教育服务均等化基本实现。此后，教育投入持续向农村地区倾斜，农村普通小学、初中教育经费支出均保持较快增长，乡村小规模学校和乡镇寄宿制学校建设得到加强，农村义务教育学校软硬件水平不断提高，城乡教育一体化改革取得新进展。

当前，城乡教育差距依然较大，城乡义务教育资源配置不平衡，农村教育水平仍然偏低，乡村学校生源不足与城区学校学位不足的问题同时存在。调查发现，不少乡镇寄宿制学校的经费投入不足，教师配备不到位，办学条件不达标，在校文化生活也十分贫乏。加之一些家长对教育价值认识不到位，学生求学欲望不强，一些贫困地区还存在学生辍学现象。而与此同时，不少农村学龄人口涌入城镇，城镇学校的建设用地、教师资源、学位资源较为紧缺，产生了一批超大规模学校，学校的大班额现象也比较突出。今后，随着城乡统筹力度的不断加强和城乡一体化发展的进一步推进，县域教育将在巩固"两基"成果基础上，城乡义务教育将在学校建设、教师编制、生均公用经费基准定额、基本装备配置等方面实行统一标准，"两免一补"政策惠及城乡全域，基本实现县域义务教育均衡发展和城乡基本公共教育服务均等化，使农村义务教育普及水平进一步巩固提高，农村教育质量得到进一步提升。另外，我们还应充分发挥农村成人教育机构的作用，着眼于农村的二、三产业发展以及农村劳动力向城镇流动及转化，重视和加强非农产业技术教育，大力提高农村人口的文化素养和劳动技能，为实现农村"城镇化"以及农业产业的非农化奠定坚实的基础。

四 农村教育"为农"与"离农"的有机融合

2018 年，习近平总书记在全国教育大会上站在新时代坚持和发展中国特色社会主义的战略高度，深刻回顾了党的十八大以来我国教育事业发展取得的显著成就，系统总结了推进我国教育改革发展的"九个坚持"，深刻回答了培养什么人、怎样培养人、为谁培养人这一根本问题，为加快推进教育现代化、建设教育强国、办好人民满意的教育提供了根本遵循。[①] 农村教育发展应在这一根本指引下，遵循自身发展规律，实现"为农"与"离农"的有机融合。

"为农"与"离农"是关于农村教育发展走向的争议性问题，实质是农村教育发展的不同价值取向。所谓"为农"，就是农村教育将农业农村作为出发点，学校立足农村，教学内容紧密结合农业生产和农村生活，采用适合农村生产生活的教学方式，培养符合农业产业化和农村现代化发展的"农村人"；所谓"离农"，就是农村教育将城市作为出发点，学校立足城市，教学内容紧密结合城市生产生活，采用适合城市生产生活的教学方式，培养适合工业产业化和城市现代化的"城市人"。早在 20 世纪二三十年代，我国不少学者就对城乡教育同质发展提出了批评，认为这不利于我国农村教育的发展，也难以发挥农村教育在农村建设中的作用。新中国成立之初，我国基本借鉴的是苏联的办学模式，坚持农村教育为城市建设服务。改革开放后，随着城镇化步伐的加快，城市得到了较快发展，城乡差距进一步扩大，农村学校办学条件和办学水平与城镇学校存在较大差距，农村教育面临边缘化危机，农村教育是"离农"还是"为农"成为学者们讨论的话题。[②] 农村教育"为农"与"离农"的价值之争，既有城乡二元格局的现实因素，也有工具价值取向的人为因素，更是因为人们坚持了农村教育要么"为

---

① 《牢牢把握教育改革发展的"九个坚持"——论学习贯彻习近平总书记全国教育大会重要讲话》，《人民日报》2018 年 9 月 14 日。

② 李学良：《农村教育的"离农"、"向农"之争——兼论农村教育的价值取向》，《教育学术月刊》2018 年第 2 期，第 65～70 页。

农"、要么"离农"的绝对二元观念，而不是创新思维、开阔视野、跳出已有的框架以辩证的方法去思考这一问题。因此，无论是"为农"论还是"离农"论，它们都有着内在的缺陷而难以让人们信服和接受。当前，我国已经打破相对发达的城市和相对落后的农村相互分割的壁垒，提出并大力推进城乡一体化建设，促使城乡经济社会紧密结合、协调发展。城乡之间的分割与封闭被消除，两者之间联系与融合得到加强，使得"为农"和"离农"教育之间的关系也不像以前那样非此即彼，完全对立，而是变成一种对立统一的关系。这时农村教育功能开始变得多元化，"为农"和"离农"服务之间的界限不再那么泾渭分明，"为农"教育同时成为"为城"的教育，"为城"教育也同时成为"为农"的教育。同时，系统化的思维方式要求我们把城市和乡村看成一个大的系统，城市和乡村是它的两个子系统，而不是两个相互独立甚至相对的系统。对农村教育的价值认识和发展指引，必须采用系统化的思维方式，不能陷入"离农"和"为农"这种非此即彼的思维困境当中，而是要着眼于促进城乡教育共同协调发展。因此，农村教育必须摆脱"非城即乡"的工具理性思维框架，把握农村人口城市化和农村经济多样化的发展趋势，致力于城乡教育一体化发展，从教育的两大功能——促进学生发展和促进社会发展的视角厘定农村教育的价值取向，充分利用农村所独有的教育资源和来自城市乃至整个世界的教育资源，促进农村受教者身心健康发展，为农业工业化和农村城镇化服务，为传统农业的提升和改造服务，为农民非农化即农村劳动力的转移服务，为城乡共同发展服务。①

---

① 邬志辉、杨卫安：《"离农"抑或"为农"——农村教育价值选择的悖论及消解》，《教育发展研究》2008 年第 Z1 期，第 52～57 页。

第四章　我国农村教育思想梳理

第一节　陶行知的乡村教育思想及其对当代农村教育的启示

一　陶行知生平简介

陶行知，1891 年 10 月生，安徽歙县人，中国近现代伟大的思想家和教育家。1905 年，他进入基督教内地会在歙县举办的崇一学堂接受教育。1908 年，为实现报效祖国的理想，他考入杭州广济医学堂，希望学成之后以自己所学专业知识来解除劳苦大众的病痛。但由于不愿意看到和忍受学校对非入教学生的歧视，他在入学三天后离开学校。1909 年，他考入南京汇文书院，第二年转入金陵大学，主编《金陵光》学报中文版，宣传革命思想。辛亥革命爆发后，他积极参加革命起义。1914 年，他从金陵大学毕业，奔赴美国留学。他先是在伊利诺大学学市政，后来转入哥伦比亚大学从事教育研究，从美国教育家杜威、孟禄、克伯屈等人那里获取了丰富的教育理论。1917 年下半年，他从美国学成归来，先后任南京高等师范学校、国立东南大学教授、教务主任等职，根据当时中国教育实际情况，借鉴西方教育思想，提出了"生活即教育""社会即学校""教学做合一"等著名教育论断。同年底，他与蔡元培等人倡导成立中华教育改进社，对帝国主义文化侵略强烈反对，主张人们获得更多教育权利，提倡对教育进行大胆改革。1923

年，他与晏阳初等人发起成立中华平民教育促进会，在全国各地积极举办平民学校，将平民教育运动推到一个新的高潮。1926年，他发表了《中华教育改进社改造全国乡村教育宣言》，并在之后创办了晓庄学校、燕子矶幼稚园、生活教育社以及山海工学团，成立中国教育学会，主编《儿童科学丛书》等，积极开展教育普及工作，提出"工以养生，学以明生，团以保生"的教育主张，设想以教育为主要手段来改善人民的生活。1934年，他在《生活教育》杂志上发表《行知行》一文，认为"行是知之始，知是行之成"，主张学习与实践相结合，并改名为陶行知。1935年，他积极投身抗日救国运动，成立了国难教育社，拟订《国难教育方案》，将生活教育思想融入民族革命斗争之中。1936年，他出国访问亚洲、美洲、欧洲、非洲的28个国家，每到一处都积极宣讲中国的大众教育运动。1938年，他积极响应中国共产党的全面抗战号召，参加了国民参政会，成立了中国战时教育协会。后来，他举办了中华业余学校、育才学校、中国民主政团同盟等学校或组织，倡导将教育作为救国救民的重要途径。1945年，他当选中国民主同盟中央常委兼教育委员会主任委员。同年，他在重庆创办社会大学，提出"大学之道，在明民德，在亲民，在止于人民之幸福"的办学理念，以此来推动民主教育运动的开展。1946年，他在重庆创办社会大学，提出了"生活即教育""社会即学校""教学做合一"等著名教育口号，推行民主教育，培养革命人才。同年7月，他因长期劳累过度，健康过损，突发性脑溢血，抢救无效不幸逝世，享年55岁。

陶行知毕生致力于中国人民的教育事业，他针对培养"人上人"的旧教育目标，提出了培养全面发展"人中人"的新教育目标。为实现这一目标，他奔走呼号，身体力行，结合中国当时的实际情况，积极开展教育改革实验和教育救国救民运动，创办了中华教育改进社、中华平民教育促进会、晓庄学校、育才学校等一大批教育机构，为当时的中国培养了一大批志士仁人。在大量教育实践的基础上，他还积极进行理论研究，在借鉴国外教育理论的基础上，创造性地研究中国教育问题，提出了系统而又较为完整的乡村教育思想，形成了较为完整的、具有中国特色的教育理论体系，对今天的农村教育实践仍具有重要指导作用。基于在教育实践和教育理论研究方面取得的卓越成就，他被宋庆龄誉为"万世师表"，被郭沫若称为"当代的孔子"，被毛泽东称为"伟大的人民教育家"。

二 陶行知乡村教育思想的形成

陶行知乡村教育思想的形成有着深刻的社会背景和实践基础，他是在批判传统乡村教育理论观点的基础上，在长期的教育实践过程中形成了以乡村教育改造农村社会为主旨的乡村教育理论体系。

20 世纪 20 年代，新民主主义革命尚处于萌芽阶段，整个中国社会还是更多受到半殖民地半封建社会的影响，国内战祸不断，生产力极度不发达，人民苦不堪言。在此背景下，教育未能得到重视，基础教育难以普及，乡村教育不能很好地发展，其落后的程度可说已达极点。1917 年，陶行知刚从美国回来，就心怀改造旧教育、创造新教育的理想，深入全国各地了解中国教育的实际情况，积极寻找改革中国教育的途径，以此来救国救民。通过长时期的社会调查，他认识到乡村教育才是"立国的根本""国家万年根本大计"。他认为："中国以农立国，十之八九住在乡下，平民教育是到民间去的运动，就是到乡下去的运动。"[1] 只有广大的乡村民众有着较好的受教育的机会，他们有着较高的文化素质和科学素养，愚昧落后的状态被彻底改变，他们才能有出头之日，农村的经济社会也才能得到较大发展，整个国家面貌也才能得到彻底改变。"要想建设新中国，必须用教育的力量，来唤醒老农民，培养新农民。"[2] 1924 年，他和赵叔愚一同参观了燕子矶国民学校，称其为一所"活"的乡村学校，认为这是他教育理想的最好体现，乡村教育就是要从理论走向实践。在推动平民教育运动进程中，他发现当时的乡村教育离农倾向较为明显，他认为"教育必须下乡，知识必须给予农民"，主张平民教育"下乡"，强调要办好"适合乡村实际生活的活教育"，使教育

---

① 霍玉敏：《论陶行知乡村教育思想》，《理论导刊》2005 年第 10 期，第 83～85 页。
② 霍玉敏：《论陶行知乡村教育思想》，《理论导刊》2005 年第 10 期，第 83～85 页。

为广大农民敞开大门，为农民的生产生活服务。1926年，他在考察了江宁、无锡等地的农村教育之后，认为乡村教师极为短缺，大力提倡师范教育下乡，创办了乡村教育同志会会刊——《乡教丛讯》。1927年，他创办了南京试验乡村师范学校——晓庄师范学校，希望以乡村实际生活为中心，依据教学原则，造就具有农夫的身手、科学的头脑、艺术的兴趣、改造社会的精神的乡村教师，建设适合乡村实际生活的教育，培养千百万乡村建设的人才来改造乡村，从而实现教育救国的宏愿。之后，他又先后创办了幼稚园、夜校等教育机构和组织，以此作为自己从事乡村教育改革和实践的起点和场所，对当地农民开展文化知识等方面的社会教育，以实现乡村教育改造乡村社会之目标。1932年，在晓庄学校（1928年晓庄师范学校更名为晓庄学校）被封后他又创办了山海工学团，提倡"工以养生、学以明生、团以保生"的办学理念。工学团既是一个学校，又是一个工场，他将目光从学校转向与促进生产相联系的普及教育运动，发起小先生运动，并与当时的救亡运动相结合，为解救民族危亡培养小工人、小战士。至此，陶行知的乡村教育思想在实践中逐步成熟并不断得到完善。

三　陶行知乡村教育思想的主要内容

（一）关于乡村教育的价值

陶行知学成归国后，奔跑于全国各地农村，发现农村生产力水平较低，社会经济文化等各个方面比较滞后。归其缘由，在于广大农村民众没有接受过最基本的教育，农民的文化素质不高。他指出，我国历来不重视乡村教育，乡村教育与农村社会实际脱节，乡村教育在教育目标、教育方法、教育模式和教育结果上存在很大偏差，教育的作用没有在乡村发展中真正发挥出来。他认为，我国是一个农业大国，教育关系着农业的健康发展，没有教育支撑的农业，就会失去发展的基本条件，进而影响到国富民强和我国社会的发展步伐。他认为，"教育是立国根本""乡村教育是立国根本之大计"，只有大力发展乡村教育事业，才能提升我国农民的文化素质，培养大批的乡村人才，改变农村经济社会发展的落后状况，才能实现社会变革和国富民强。

1924 年，他提出了"平民教育下乡"的教育主张，提倡彻底改造农村教育。

乡村教育是实现国富民强的根本，而乡村学校则是提升乡村教育办学质量的关键。陶行知认为，中国约有一百万个乡村，如果一个乡村至少举办一所学校，那么中国将有一百万所乡村学校。中国教育的"新使命"就是"创设一百万个学校，改造一百万个乡村"，"叫中国一个个的乡村，都有充分的新生命，合起来，造成中华民国的伟大的新生命"。在此背景下，他在成立中华教育改进社时提出，"要筹募一百万元基金，征集一百万位同志，建二百万所学校，改造一百万个乡村"。同时，他还认为，"乡村学校是今日中国改造乡村生活之唯一可能的中心"，乡村文化建设应以乡村学校作为基地，通过乡村学校造就出"文化细胞"，进而结成"文化网"，充分发挥乡村学校的文化普及作用，最终实现"农夫农妇人人读书明理，安居乐业"。[1]

（二）关于乡村教育的目标

教育不仅仅培养人，还应涉及培养什么样的人。针对当时的农村教育现状，陶行知明确指出，"中国乡村教育走错了路，他教人离开乡下向城里跑，他吃饭不种稻，穿衣不种棉，做房子不造林；他教人羡慕奢华，看不起务农；他教人分利不生利；他教农夫子弟变成书呆子；他教富的变穷，穷的变得格外穷；他教强的变弱，弱变得格外弱"。[2] 他从当时中国农村的经济社会实际出发，结合广大农民的生产生活需要和农村教育的本土性、区域性、特殊性等特性，提出乡村教育要培养有"生活力"的学生，使他们具有农夫的身手、科学的头脑、艺术的兴趣、改造社会的精神，成为改造农村社会的生力军。

乡村教育不仅在于培养有"生活力"的学生，而且还要培养自立、自治、自卫的农民。陶行知一再指出，乡村教育必须重视对农民的教育，培养农民自主、自动，使农民成为乡村建设的主体力量。陶行知提出，"必

---

① 孙定义：《陶行知乡村教育思想精髓及对农村教育的借鉴》，《兰台世界》2012 年第 15 期，第 85～86 页。

② 蒋纯焦：《试析陶行知乡村教育思想对新农村建设的启示》，《教育发展研究》2006 年第 10 期，第 34～38 页。

须用教育的力量，来唤醒老农民，培养新农民"，积极发挥乡村教育在乡村建设中的重要作用，最终"叫乡村变为西天的乐园，村民都变为快乐的活神仙"。①

（三）关于乡村教育的内容

陶行知认为，乡村教育要实现为农的目的，就必须从乡村社会的实际生活出发，开展"适合乡村实际生活"的教育，将整个乡村生活作为乡村教育的主要内容。他指出："我们的真正指南针只是实际生活，实际生活向我们提供无穷的问题，要求不断地解决。我们朝着实际生活走，大致不至于迷路。在实际生活里问津的人必定要破除成见，避免抄袭。我们要运用虚心的态度，精密的观察，证实的试验，才能做出创造的工作。这种工作必以实际生活为指南针。"② 乡村生活需要什么，生活在其中的广大村民和儿童就应该学什么，以培养合格村民为目的的乡村教育就应该教什么。"给生活以教育，用生活来教育，为生活向前向上的需要而教育。"③ 他进一步指出，乡村教育不存在生活以外的教育内容，也不存在课程之外的生活，在生活中发现问题、研究问题并解决问题。为了"建设适合乡村实际的活教育"，他认为"活的乡村教育要用环境里的活势力，去发展学生的活本领——征服自然、改造社会的活本领"，"活的乡村教育要教人生利"，"教人发明工具、制造工具、运用工具"，教农民"自立、自治、自卫"。④

（四）关于乡村教育的方式方法

要正常开展教育活动，实现教育目的，就必须采用一定的方式方法。在20世纪二三十年代，教育常常脱离学生亲身实践，更多传授的是书本知识。教师只是理论讲解而不从事社会实践活动，学生只是进行理论知识学习而不

---

① 冯雪红：《陶行知乡村教育思想的当代启示》，《西北民族大学学报》（哲学社会科学版）2005年第5期，第103~107页。
② 霍玉敏：《论陶行知乡村教育思想》，《理论导刊》2005年第10期，第83~85页。
③ 戴世俊：《论陶行知生活教育理论及其现实意义》，《西南民族学院学报》（哲学社会科学版）1992年第4期，第1~8页。
④ 董春华：《陶行知乡村教育思想对当代农村教育的启示》，《教育探索》2012年第8期，第7~8页。

将知识运用于实践，存在教而不做、学而不做的现象。陶行知认为，要实现乡村教育目标，发挥乡村教育在乡村社会改造中的作用，就必须以做为中心，在做上学，在做上教。他认为，"行是知之始"，只有来源于生产生活经验的知识，才算得上是真正的知识。因此，"活的乡村教育要有活的方法，活的方法就是教学做合一"。"教学做合一"这一方法是改造乡村教育的根本方法。

陶行知是在唯物主义认识论的基础上提出的"教学做合一"的乡村教育方法，他认为认识来源于行动，认识必须反映行动，无论是教师的教还是学生的学都要建立在"做"即"行动"的基础上，并将"教学做合一"作为晓庄师范学校的校训。"为行动而读书，在行动上读书""教的法子要根据学的法子，学的法子要根据做的法子""事怎样做便怎样学，怎样学便怎样教，教与学都以做为中心""教法、学法、做法是应当合一的"。他认为教师的主要任务不仅仅是单纯的教，而且在于教学生学，传授给学生学习的方法与技巧。因此，他将"教授法"改为"教学法"，认为"先生拿做来教，乃是真教；学生拿做来学，方是实学"，要"在做中学，在生产实践中学，到科学实践中学"。① 当然，做并非盲目行动，而是要会动脑，手脑结合，在劳力上劳心。

要实现"教学做合一"，乡村教育就必须以乡村实际生产生活为中心，紧密结合农业生产的实际状况和实际需求。他认为，以前乡村教育之所以难以取得实效，难以发挥出它应有的价值，其根本原因在于乡村教育与农业生产完全隔绝，互不相干，各干各的。事实上，乡村教育不紧密结合农业生产的实际情况，它便是一种空洞的教育，不能取得实际效果的教育；农业生产没有乡村教育的支撑，不依托于乡村教育，它便失去了发展的动力。因此，他认为，只有乡村教育与农业生产紧密结合，这样的教育才是"活的乡村教育"。在晓庄师范学校工作期间，他经常走乡串户，到农民家里去谈心交

---

① 侯怀银、李艳莉：《"教学做合一"述评》，《课程·教材·教法》2013 年第 8 期，第 16 ~ 23 页。

友，到田间地头参加各种生产劳动。他创建了农村实验区，创办了民众夜校、中心茶园、乡村医院、信用合作社、农业科学馆、乡村艺术馆，主张学校与社会生产生活紧密相连，主张学校师生与农民打成一片，组织学生参加生产劳动和社会实践。他要求学生要在与农民的交往交流中学会生产，学会做饭。"不会种菜，不算学生"，"不会烧饭，不得毕业"。

（五）关于乡村教育的关键

陶行知认为，教师是发展乡村教育的关键。他说，"地方教育及乡村改造的成败，是靠着人才为转移。所以培养乡村师资是地方教育之先决问题，也就是改造乡村的先决问题"。并进一步指出，"乡村学校做改造乡村生活的中心，乡村教师做改造乡村生活的灵魂"。[1] 因此，他将乡村教师置于乡村教育改造的关键地位，认为只有有了好的教师，乡村学校也才能成为一所好的学校。因为好的教师能够促进学校发展，"一年能使学校气象生动，二年能使社会信仰教育，三年能使科学农业著效，四年能使村自治告成，五年能使活的教育普及，十年能使荒山成林，废人生利"。但他认为，并非所有的教师都是好教师，好教师就是要有"农夫的身手，科学的头脑，艺术的兴趣，改造社会的精神"，想农民之所想，念农民之所念。[2]

如何培养出好的乡村教师呢？陶行知认为，好的乡村教师需要借助乡村师范学校的培养，需要通过乡村师范学校的特殊训练。他认为，中国的多数师范学校都地处城里，对农村生产生活知之甚少，难以满足乡村生产生活的实际需求。这样的师范学校培养的师范生由于长期脱离农村农业，毕业之后都是不愿意回到农村，不愿意为农业服务。久而久之，乡村学校的教师数量会依然不足，教师素质依然难以提高。[3] 因此，他主张"建设适合乡村实际生活的活教育，要从乡村实际生活产生活的中小学校；从活的中小学校产生

---

① 孙定义：《陶行知乡村教育思想精髓及对农村教育的借鉴》，《兰台世界》2013 年第 15 期，第 85～86 页。
② 霍玉敏：《论陶行知乡村教育思想》，《理论导刊》2005 年第 10 期，第 83～85 页。
③ 申国昌、唐子雯：《陶行知乡村师范教育观及当代价值》，《教育研究与实验》2018 年第 3 期，第 50～54 页。

活的乡村师范；从活的乡村师范产生活的教师；从活的教师产生活的学生、活的国民"①。他积极倡议"师范教育下乡"，强调借助乡村社会环境来训练乡村教师，创办了实验乡村师范学校——晓庄学校，以培养适合乡村生产生活的教师，进而培养具有改造乡村能力的建设者。他还主张乡村教师必须放下架子，走入田间地头，以农民为师，与农民打成一片，关心农民生活疾苦，如此才能发现真问题，发现农民真正的需要。

四　陶行知乡村教育思想的启示

（一）强化农村教育的战略地位

我国是一个农业大国，在古代就是一个以农业文明著称的国家，农业是国民经济的基础。农业、农村、农民问题的解决，关系到人民的切身利益、社会的安定和整个国民经济的发展。陶行知认为，教育是关系国家发展的千秋伟业，乡村教育是"立国之根本大计"，在"以农立国"的中国，只有依靠乡村教育的发展，农业发展才能获得有力的支撑。"我们要想建设新中国，必须用教育的力量，来唤醒老农民，培养新农民，共同担负这个伟大的责任。"②

党和政府历来重视农业、农村、农民问题，新中国成立后多次在农业、农村、农民问题上采取了重大决策，使"三农"发生了巨大变化。当前，"三农"问题仍然是我国亟待解决的首要问题。全面建成小康社会的重点在农村，难点在农业。只有农民的全面小康，才能实现全国人民的全面小康；只有农业的现代化，才能实现整个国民经济的现代化。要全面建设小康社会、实现社会主义现代化和中华民族伟大复兴，就必须大力发展农村教育。2003 年 9 月，国务院颁布了《国务院关于进一步加强农村教育工作的决定》，强调农村教育在全面建设小康社会中具有基础性、先导性、全局性的

---

① 董春华：《陶行知乡村教育思想对当代农村教育的启示》，《教育探索》2012 年第 8 期，第 7～8 页。
② 董春华：《陶行知乡村教育思想对当代农村教育的启示》，《教育探索》2012 年第 8 期，第 7～8 页。

作用，我们应坚持农村教育的重中之重地位，深化农村教育改革，加快农村教育发展，充分发挥农村教育在农村经济社会发展中的作用。2018 年 1 月，中共中央、国务院印发了《中共中央　国务院关于实施乡村振兴战略的意见》，提出优先发展农村教育事业。由此可见，优先发展农村教育不仅是农村经济社会发展的需要，而且是国家发展的需要，民族振兴的需要。在推进社会主义现代化、实现"两个一百年"奋斗目标和中华民族伟大复兴中国梦的过程中，农村教育担负着重要使命，我们必须将农村教育置于优先发展的战略地位，在政策和资金等方面给予倾斜和支持，推进农村教育可持续发展。

（二）确立科学的农村教育人才培养目标

培养什么样的人是农村教育需要解决的一个重要问题。在 20 世纪初，陶行知就对农村教育培养目标的单一化、唯城市化和离农化进行过批评，主张建设活的乡村教育，从活的学校教育中培养活的学生和国民，使他们成为具有健康的体魄、农夫的身手、科学的头脑的新型的农村生产者和建设者。

当前，我国虽然较为重视农村中小学的发展，将农村教育置于优先发展的战略地位，但大多数农村学校以应试教育为目的：它们不是面向全体学生，而是更为关照极少数成绩好的学生；它们不是关心学生的全面发展和身心健康，而是更为关心学生的基础知识和基本技能掌握情况，以及成绩的高低；它们不会关心学生所学的知识与技能跟农村农业有多少关联，而更多关注学生能否顺利升入上一级学校，能否离开农村和农业。同时，国家更为重视农村普通教育，农村职业教育和成人教育重视不够，在农村职业教育和成人教育发展方面存在诸多不足。因此，农村学校基本成为城市学校的生源基地，绝大多数学生学成后都离开农村而到城市生活。即使一些学生学成后回到农村，或者未能升学继续学习而留在农村，他们往往由于在农村基础教育阶段所获得的与农村农业生产生活紧密相连的知识与技能较少，生产技能较差，很难适应现代农业生产。事实上，农村学校的人才培养目标除了为学生升学做准备外，也应紧密结合农民、农村和农业的实际情况，有准备地为农村发展培养人才；要立足乡村振兴和新农村建设，培养他们的爱农和为农情怀，培养一批服务于农村生产和生活的实用技术性人才，使他们更适应现代化农业生产、新农村建设需要。

（三）加强农村教育的师资培养和培训

教师是人类社会最古老的职业之一，他受社会的委托对受教育者进行专门的教育，继承和传播人类文化科学知识，开发学生智力，塑造学生个性，为国家和社会培养各级各类人才，是"人类灵魂的工程师"。发展乡村教育，教师是关键，没有乡村教师的积极参与，没有高素质教师的全身心投入，乡村教育振兴发展的目标将难以实现。陶行知认为，乡村教育的关键是教师，高素质的乡村教师在乡村教育改革发展中具有举足轻重的作用。只有乡村教师树立教育是国家万年根本大计和生活是教育中心的理念，坚持乡村教育为学生服务，促进学生成长，艰苦奋斗，具有农夫的身手、科学的头脑和改造社会的精神，才能担负起改造乡村生活的新使命。基于此，我们的农村教师应树立为"三农"服务的教育理念，充分挖掘和积极利用农村特有的乡土文化资源，拓展课堂领域，延伸教学内容，开发贴近农村生活生产实际的校本课程和地方课程；应坚持教学做合一，深入田间地头，与农民做朋友，为农民排忧解难，为农村生产和农民生活服务。

教师来源于学校，农村教师需要专门的学校培养。陶行知在对中国当时师范教育尖锐批评的基础上，提出师范教育应面向农村办学，为广大农村培养一批"为农业生产服务，为农民服务"的师资队伍。近年来，中央出台了"特岗教师计划"、"农村学校教育硕士师资培养计划"和"免费（公费）师范生计划"，以加强乡村教师队伍建设，提高乡村教师队伍素质，让每个乡村孩子都能接受到更为公平、更高质量的教育。今后，我们应充分发挥各级师范院校的作用，对毕业之后服务农村的学生给予优先录取、学费减免、优先推荐等待遇，增加农村服务性课程的比重和数量，培养一批适合农村农业发展的优秀师范生。

（四）重视农村教育课程改革

课程是学校为实现培养目标而选择的教育内容及其进程的总和，它是学校一切教学活动的基本依据和中介，是师生联系和交往的纽带，是实现学校教育目标的基本保证。陶行知直指当时农村教育的弊端，认为"活的乡村教育要用活的环境，不用死的书本"。我国基础教育常常将学生升学作为衡量教师教学和学校办学质量的唯一标准，片面追求升学率，忽视农村地方课程和校本课程开发，没有将与农业生产和农村生活紧密相连的知识纳入学校课程中，教学内容严重脱离农村生活实际，导致学生高分低能，动手和实践能力差。2001年6月，教育部下发了《〈基础教育课程改革纲要（试行）〉的通知》，决定实行国家、地方、学校三级课程管理，增强课程对地方、学校及学生的适应性。2014年3月，教育部又印发了《关于全面深化课程改革落实立德树人根本任务的意见》，要求各学科的学习内容要紧密联系学生生活经验，及时更新教学内容。我国新一轮课程改革提出要研究性学习，注重地方课程和校本课程开发，重视信息技术及其与学科课程的整合。为此，农村基础教育要深入农村生产生活，重视在知识教育中培养学生热爱农村、热爱农业的思想感情，重视开发以培养新型农民为目的的地方课程和校本课程。

当然，农村教育既要为高一级学校输送合格生源，又要为农村发展培养大批优秀人才。这就需要我们既要办好农村的普通教育，又要办好农村的职业教育和成人教育，农村职业教育和成人教育是农村教育的重要组成部分。在举办职业教育和成人教育时，我们既要遵循教育的自身规律，也要充分考虑农村生产生活对人才的实际需求，在各科教学内容中强化职业技术课程内容，如财会、种植、养殖、食品、市场知识等，重视"劳动课"和"职业技术课"，实施课内外与校内外教学、生产劳动、科技服务的"开放型"教学体系，为农村培养建设人才，为农村劳动力转移和从事二、三产业打好基础。

第二节　黄炎培的乡村教育思想及其对当代农村教育的启示

一　黄炎培生平简介

黄炎培，字任之，1878年生，江苏川沙人。自幼家道中落，13岁失母，

17 岁丧父。1887 年随外祖父接受教育，1899 年以松江府第一名考取秀才，1901 年进入南洋公学，1902 年后又考中江南乡试举人，1903 年返乡兴办小学堂，1905 年参加同盟会。这期间，因在办学中鼓吹反清被逮捕，一度入狱，后由外籍牧师保出，逃亡日本，并在一年后归国，继续办学。辛亥革命前，他相继创办了广明小学、浦东中学等，在爱国学社、城东女学等组织任教，参与成立了江苏学务总会。辛亥革命后，他相继担任江苏都督府民政司总务科长兼教育科长、江苏省教育司长等，筹办东南大学、暨南大学、同济大学等大学，全力以赴改革地方教育。1913 年，他发表了《学校教育采用实用主义之商榷》一文，主张学校教育要与学生生活紧密结合，学校教学要与社会生产实际紧密相连。1915 年，他随农商部"游美实业团"赴美考察学校，十分注重对美国职业教育的考察。考察后他深有感触，认为当时中国的教育几乎是纸面上的教育，学生所学并不是今后所要用到的，而学生今后所要用到的并不是在学校里所学到的。因此，他积极主张对当时的学校教育进行改造，提倡在实用主义的指导下大力发展职业教育。1916 年，他在江苏成立职业教育研究会，次年又在上海创建中华职业教育社。为了宣传和实施职业教育，他创办了《教育与职业》杂志，后又创建中华职业学校，学校附设实习工场，教学强调"劳工神圣""双手万能""手脑并用"。此后，他参与起草了 1922 年学制，筹办了南京高等师范学校、河海工程专门学校、国立东南大学、上海商科大学、厦门大学等学校。1931 年后，他创办了《救国通讯》，组织上海市民维持会，大力宣传爱国主义，积极投身抗日救亡运动。1941 年，他与张澜等人发起组织中国民主政治同盟，1945 年又与胡厥文等人发起成立中国民主建国会。之后，他先后创办了上海比乐中学、重庆中华职校、上海和重庆中华工商专校、南京女子职业传习所、镇江女子职校、四川灌县都江实用职校等教育组织，积极投身教育，探索中国的新教育发展道路。

新中国成立后，黄炎培在周恩来总理两次来家动员的情况下，欣然接受了中央的邀请，担任政务院副总理，分管轻工业。之后，他担任中财委委员一职，先后任全国人大常委会副委员长、全国政协副主席、中国民主建国会中央委员会主任委员等职。1965 年底，他病逝于北京，享年 88 岁。

黄炎培作为我国近现代著名的爱国主义者、民主主义教育家和近代职业教育创始人,毕生致力于中国职业教育和农村教育发展,为改变传统教育脱离社会生产和生活这一弊病而不断探索和实践,形成了较为系统的教育理论,为建设符合中国自身实际的职业教育和农村教育做出了巨大贡献。

二 黄炎培乡村教育思想的形成

20世纪二三十年代,受帝国主义侵略的影响,中国农村经济凋敝,民不聊生,农村教育在此背景下发展缓慢,存在诸多问题。1921年,黄炎培在《农村教育牟言》一文中写道:"今吾国学校,十之八九其所施皆城市教育也,虽然,全国国民之生活,属于城市为多乎?抑属于乡村为多乎?吾敢断言十之八九属于乡村也。吾尝思之,吾国方盛倡普及教育,苟诚欲普及也,思想十之八九当属于乡村。即其所设施十之八九,当属于乡村生活之教育。"① 之后,他积极参与农村教育改革,与其他志士仁人一起掀起了乡村改造重建和乡村教育改革的浪潮。

1917年,黄炎培联合教育界、实业界人士蔡元培、梁启超等人创办了中华职业教育社,并在之后成立了职业教育研究会,大力推进农村职业教育发展。他在《江苏职业教育计划案》中明确提出,"只从职业学校做功夫,不能发达职业教育;只从教育界做功夫,不能发达职业教育;只从农、工、商职业界做功夫,不能发达职业教育。办职业学校的,须同时和一切教育界、职业界努力的沟通和联络;提倡职业教育的,同时须分一部分精神,参加社会的运动"。② 他认为,发展职业教育应系统整体考虑,每一教育机构应进行合理分工,每一农业区域应相互协调,各自设立农场、农校或大学农科,各自担负自己的职责,使教学、试验、研究、推广构成一个紧密联系的整体。他在《对于云南职业教育进行之意见》中提出"分区立

---

① 张彬、李更生:《中国农村教育改革的先声——对20世纪20年代至30年代乡村教育运动的再认识》,《浙江大学学报》(人文社会科学版)2002年第5期,第124~131页。

② 苏辛:《大职教观》,《中国远程教育》2014年第7期,第1页。

系"的思想，认为我们应根据区域农产品的主要特点将农村划分为若干区，每一区域都应有针对性地制订系统的农业发展计划，建立相应的农业教育体系。农业教育体系也应由农科大学、中学农科、乡农学校以及乡村师范学校构成，每一构成部分担负着不同的职责。很显然，"分区立系"的思想就是将农业与农业教育相结合，不能单独对教育进行改革，而要将教育与各个方面联系起来，以建立一个完善的农业教育体系，提高农村教育的效果。

1925 年，黄炎培提出了划区施教的想法。他说，"乡村职业教育之设施，不宜以职业教育为限，就交通较便地方，划定一村，或联合数村""先调查其地方农村及原有工艺种类、教育及职业状况，为之计划，如何可使男女学童一律就学，如何可使年长失学者，得补习知能之机会，如何养成人人有就职业之知能，而并使之得业，如何使有志深造者得升学之准备与指导。职业余间如何使之快乐，其年老或残废者如何使之得所养，疾病如何使之得所治，如何使人人有卫生之知识，如何使人人有自卫之能……"① 由此可见，黄炎培这时所提出的职业教育发展计划已超出了职业教育的范畴，实则为一个农村教育综合改革计划。他说，"乡村是整个的问题，教育是一种方法，把乡村做对象，不应该单从教育着手"。"方今教育上最大问题，无过于学校与社会隔绝。教育自教育，生活自生活……从此更进行扩大教育的范围，沟通生活界线种种方法，而理想的教育，或者因之而实现。"② 因此，农村教育应冲破学校的樊篱，将学校教育与农村生产生活紧密结合起来。教育改革不能仅仅围绕教育本身，还应考虑农村的经济、卫生、交通、治安等方面的实际情况，将教育与社会相联系，统筹解决。1926 年，他在徐公桥试验区综合改进计划中，将乡村教育的范围从学校扩展到整个农村社会，包括研究改良农事、设立职业教育机关、建立图书馆、创设公共医药所、成立消防组织、组建保卫团等，以培养村民自治能力和正确的人生观，树立正确

---

① 吴洪成：《20 世纪二三十年代中国的乡村教育实验》，《四川师范大学学报》（社会科学版）2002 年第 5 期，第 96～106 页。

② 张彬、李更生：《中国农村教育改革的先声——对 20 世纪 20 年代至 30 年代乡村教育运动的再认识》，《浙江大学学报》（人文社会科学版）2002 年第 5 期，第 124～131 页。

的价值观念，提高生产技能，增长卫生常识，等等。

1929 年，在黄炎培的大力提倡与主张下，中华职业教育社提出了"富教合一"的主张，将之作为改进农村的根本方法。他认为，当时农村存在严重的穷、愚、弱、散的现象，这四种现象相互交织，共同影响着农村的发展。其中，穷是根本，愚、弱、散都是由穷引发的，只要解决了穷的问题，农村的其他问题也就迎刃而解。因此，他认为，农村教育的首要任务就是解决农村的贫穷问题，"贫第一，病次之。至于教育，乃是有饭吃以后之事。先富之，后教之"，明确提出了"先富后教"的思想。

总之，在 20 世纪初期，黄炎培较早注意到了我国农村教育问题，对农村教育发展形成了一些思考，在后来长期的农村教育尤其是农村职业教育改革实践中形成了较为系统的乡村教育改进思想，对当时的农村教育改革发展具有重要的指导作用。

三　黄炎培乡村教育思想的主要内容

（一）重视农村职业教育

农村职业教育是培养建设农村和为农村社会服务体系的经营管理、技术人员的教育，黄炎培"大职业教育主义"揭示了农村职业教育的本质特征及特殊功能，更充分地挖掘了农村职业教育的发展潜力。

20 世纪初，我国是一个农业大国，绝大部分人以农业为生，而当时的农业水平发展较低，农村经济较为萧条，需要采取一定措施发展农村经济。这一现象引起了黄炎培的极大关注，他以教育为切入点，积极对农村教育进行改革，希望以此拯救农村，继而推动中国的发展。他说，"吾们所以主张职业教育，推行职业教育，是触发了一些实际的社会问题。这里'社会'二字是特别要重视的。吾们所以主张职业教育，最基本的出发点是想消灭贫穷"。"根本解决，唯有沟通教育与职业"。"以广义言之，凡教育皆有职业意味"。"以狭义言，……职业教育则专重实用"。[1] 他认为，相对城市而言，

---

[1]　马征里：《论黄炎培的教育思想》，《江苏高教》1997 年第 5 期，第 78～80 页。

农村应有自己的发展道路，城市偏重于工商业，而农村则是以农业为根基。因此农村教育不能盲目追随城市教育的发展道路，应结合农村的实际情况发展农村职业教育。"（一）万万不可妨害他的农作时间；（二）所授予的知识，须完全切合他们生活上的应用"①。由此可见，黄炎培始终强调教育与社会经济发展的关系，我们举办教育不应简单地为教育而教育，而是把农村职业教育作为解决农村经济社会问题的一个重要手段。

（二）提倡先富后教

20 世纪初期，整个中国社会较为混乱，社会生产水平较低，农村经济十分萧条，民不聊生。黄炎培认为，中国的农村当时存在"穷、愚、弱、散"四个方面的问题，而穷是农村所有问题中需要解决的首要问题。他认为，只有优先改善农民生计，帮助农民致富，才能根本改变农村"穷、愚、弱、散"的现象。基于此，他提出了"先富后教"的教育主张，认为发展农村教育虽然十分重要，但相比较而言，发展农村经济更为重要。如果农村生产没有大力发展，农民的经济收入没有得到较大提高，那么任何良好的教育改革主张都只能是一句空话。因此，只有坚持"富教合一"，先富后教，才能使农村教育发展有一个较好的物质保障，才能使广大村民认同教育并积极参与到教育活动之中，通过发展农村教育来促进农村经济发展。

如何才能更高地发挥农村教育在农村经济社会发展中的作用呢？黄炎培认为，农村教育要贴近农民生活，教给农民农事方面的生产知识，提高他们的生产技能。"教育不发达，固宜提倡职业教育，即教育发达，更宜提倡职业教育。否则以现时一般教育状况，受教育者日多，服务者将日少，势必减少生产力"②。"大抵在中等教育以下，分设各种职业科。除力能受高等教育者外，悉予以生活上应有之学识与切要之技能，使出校后便能谋生。于是，

---

① 叶凤刚：《黄炎培农村教育思想及其当代启示》，《继续教育研究》2008 年第 7 期，第 16 ~ 18 页。

② 彭干梓：《中国职业教育从模仿到本土化的理论创新——乡村职业教育的几个理论问题（之一）》，《职教论坛》2011 年第 1 期，第 4 ~ 7 页。

青年使用具脑力与体力，一归于经济"。[1] 同时，他还主张在农村积极开展文娱活动，设立一些关于问字、问事、农业展览、先进科技科普等机构，注重对农民的知识和道德的教育，实现"随富随教，即富即教"，以提高农民整体素质，促进农村经济发展。

（三）主张划区施教

1925 年 8 月，黄炎培在规划山西职业教育发展时就说："乡村职业教育之施教，不宜以职业教育为限，就交通较便地方，划定一村或联合数村。"他认为，当时中国教育存在很多问题，其中最大的问题就是学校与社会相分离，教育与生产相脱节，教育是教育，社会是社会，生产是生产，生活是生活，而没有把它们紧密结合起来。他一再指出，发展农村教育的首要任务就是要调研当地农村的经济基础、生产力发展水平、地域特点、人口状况和教育状况，将农村教育作为整个农村社会的一部分来规划和发展。"乡村是整个的问题，教育是一种方法，把乡村做对象，不应该单从教育入手。""社会是整个的，不和别部分联络，这部分休想办得好，这部分很难办好。"[2] 因此，他提倡以一个村或者是几个村联合形成一个区域，以区域为中心来办教育，区域内的村民可以就近学习。每一区域自设组织，利用本区域内的人力和财力来举办教育。每一区域根据自身实际情况，编制相应的发展计划，采用不同的教育模式，传授不同的教育内容，为当地农村经济和社会发展做贡献。同时，教育工作者需要兼顾农村的经济、文化、卫生等方面，并把这几个方面有机地联系起来，实现农村一体化，推进农村经济社会建设。

（四）倡导遵从农村实际

黄炎培曾说："中国人读书与外国人异。中国人所读，皆近于虚无宽泛，不切实用，外国人所读者，皆切于日用生活。"[3] 他认为，当时中国农

---

① 李梦卿、杨秋月：《黄炎培职业教育思想的平民化情怀研究》，《职教论坛》2017 年第 19 期，第 86 ~ 91 页。

② 彭干梓：《中国职业教育从模仿到本土化的理论创新——乡村职业教育的几个理论问题（之一）》，《职教论坛》2011 年第 1 期，第 4 ~ 7 页。

③ 李梦卿、杨秋月：《黄炎培职业教育思想的基本特征、影响及现代应用》，《教育与职业》2017 年第 2 期，第 5 ~ 10 页。

业职业学校虽然占到总体职业学校的 48%，但它们主要设在城市，这不利于职业教育为农业生产和农村生活服务。因为职业学校设在城市，教学内容往往脱离农村实际，学生在学习过程中也往往缺乏农村的实践经验，对农业生产和农村生活知之甚少，毕业后很难适应现实需要。因此，在举办职业教育过程中，我们应形式多样化，除课堂教学之外，还可以运用田间示范、课余的娱乐活动等进行教学。我们也可拓展教育教学空间，让学生深入农村，走进田间地头。我们还可以拓展教学内容，既要教会学生识字，也要传授生产生活技能，还可以传授给他们安全自卫等方面的知识，使他们更适应于农村的生产生活。

四　黄炎培乡村教育思想的启示

（一）大力发展农村教育

20 世纪初，黄炎培调研发现，当时中国农村教育发展水平很低，广大农民的受教育程度不高，主张全社会重视乡村教育，并身先士卒，积极投身乡村教育实践。2017 年，我国农村人口为 57661 万人，占全国总人口的41.48%，农村人口仍占较大比重。① 由于地理条件、历史惯性、传统观念等原因，农村人口的文化素质、科技水平、经营管理理念、思想道德素质等都存在一些问题，提高农村人口素质成为社会主义现代化建设的一项重要任务。究其缘由，农村教育发展滞后是导致农民素质偏低、农村经济发展水平不高的重要因素之一。因此，借鉴黄炎培重视农村教育的思想，对提高农民素质、发展农村经济仍有着重要的借鉴意义。"百年大计，教育为本。"我们必须将农村教育提升到战略高度加以重视，将发展农村教育作为我国教育工作的重中之重，把农村作为教育改革的突破口，通过教育改变农村的落后面貌，进而促进社会变革，以实现乡村振兴，取得建设社会主义新农村和小康社会的伟大胜利。

---

① 《2017 年中国人口总量、城镇农村人口数量及城镇化率统计分析》，https：//www.chyxx.com/industry/201801/605524.html，最后检索时间：2021 年 9 月 28 日。

（二）以大教育观发展农村教育

黄炎培大力主张通过发展农村推动农村社会整体改进，以全方位解决农村问题。他认为，要发展农村教育，就必须划区施教，综合开展。就教育类型而言，农村教育涵盖了义务教育、职业教育、成人教育等；就教育内容而言，农村教育涵盖了文化知识、职业技能、体育、医疗卫生和思想道德等。因此，要发展农村教育，发挥农村教育在农村经济社会建设中的作用，就必须从大教育观出发，推动农村社会的整体进步。今天，在以习近平同志为核心的党中央的坚强领导下，我国大力实施乡村振兴战略，全面推进社会主义新农村建设。新农村建设以"生产发展、生活富裕、乡风文明、村容整洁、管理民主"作为建设内容和建设目标，乡村振兴则将"产业兴旺、生态宜居、乡风文明、治理有效、生活富裕"作为发展内容和发展目标，这均表明建设社会主义新农村、实现乡村振兴不是一项简单的任务，而是一项系统工程，需要从各个方面整体推进。因此，我们在发展农村教育时必须坚持大教育观的理念，既要充分发挥乡村学校教给学龄儿童知识、培养学龄儿童学习方法和技能的作用，同时也需要与发展乡村文化和乡村社会有机结合起来，加强对农村人口的精神文明、思想文化和理想信念教育，积极发挥乡村学校的文明辐射功能，传承发展优秀传统文化，引导农民群众自立自强、向上向善，在其内心深处植入"乡土梦"和进取精神，形成文明乡风、良好家风和淳朴民风，为乡村振兴和新农村建设提供有力的保障。

（三）建立农村培训中心

黄炎培在几十年的教育实践中，形成了著名的大职业教育观。黄炎培的大职业教育观不仅提倡在中小学进行职业陶冶和职业准备，而且包括对农民进行职业培训和职业指导。近年来，农民及农民工培训问题引起了社会的广泛关注。教育部原部长周济曾指出，教育部门应把农民工教育和培训作为发展职业教育的重点之一，推进技能型人才培养培训工程、农村实用人才培训工程、成人继续教育和再就业培训工程。党的十九大以来，国家相继出台关于农民工培训的政策意见，不断强化对农民工的关注和培训力度，对农民工职业技能培训工作取得了积极成效。在乡村振兴和新农村建设过程中，我们必须要把解决好"三农"问题作为全党和全社会工作的头等大事，强化对农村人口的教育和培训，提高农民的素质。当前，办在农村、扎根农村、为农民服务的职业学校较少，不少学校并未按照农民的自身需求办学，并未真正解决农民关心的问题。因此，我们应统筹社会教育资源，努力完善农民培训网络，抓好农民培训基地建设，充分发挥各地区成人教育、职业技术学校等教育资源的基础作用，鼓励企事业单位开展农民工技能培训，形成多形式、多途径、多专业的培训格局。

（四）注重农民技能培训

黄炎培主张建立农民培训中心的初衷不仅在于向农民传授安全卫生、社会道德等知识，而更强调向农民传授农业生产技能。他认为，乡村学校或者培训中心开设的课程对农民来说要有意义、有吸引力，要研究农村和农民的实际需求，学有所用，要注重对农民的尊重以及农村文化的独特性，根据农民的需求开展大量的群众活动，丰富他们的精神文化活动。因此，开展农民教育培训，要根据农民需求或驱动因素设计培训内容，讲究培训的有效性，贴近农民的实际需求，以提高农民对教育培训的满意度。要强调实用为先、技能为主、实效为重、让农民满意为原则，把提高农民的综合素质与提高农民的生产技能有机衔接，坚持做到农民培训与农业技术推广相结合，与当地主导产业发展相结合，与岗位实践技能相结合，与就业创业相结合。

第三节　晏阳初的乡村教育思想及其对当代农村教育的启示

一　晏阳初生平简介

晏阳初，又名兴复、遇春、云霖，1893 年 10 月生，四川巴中人。早年接受身为塾师兼乡医的父亲的教育，受到儒家文化的熏陶。1913 年，他先在香港圣保罗书院（香港大学前身）学习，后来进入美国耶鲁大学学习政治经济专业。1918 年，他从耶鲁大学毕业，并在第二年进入普林斯顿大学研究院，攻读历史学硕士学位。1920 年，他回到中国上海，在基督教青年会全国协会智育部主持平民教育工作。1922 年，他号召大家"除文盲、做新民"，从而在全国掀起了一场轰轰烈烈的识字运动。后来，他在湖南长沙组织平民教育大讨论，并通过游行、散发传单等多种方式宣传平民教育，推行他的"全城平民教育运动计划"。在他的奔走努力下，200 多所平民学校随之诞生，先后招生 2500 余人。1923 年，他在北京组织成立了中华平民教育促进会，自己担任总干事。1926 年，在米氏乡绅的邀请和支持下，晏阳初与其他志士仁人一起来到河北定县的翟城村，进行乡村教育试验。1929 年，中华平民教育促进会总部迁往定县，全力以赴推动乡村教育实践。1930 年，他在定县的乡村教育实践取得了明显成效，得到了国民政府的肯定，国民政府决定设立乡村建设育才院，将晏阳初的经验向全国推广。1936 年，日本对华发动侵略，晏阳初和中华平民教育促进会在战争威胁下离开定县，向南撤退。1940 年，乡村建设育才院改名为乡村建设学院，晏阳初任院长。1945 年，抗日战争结束后，晏阳初劝说蒋介石支持乡村教育无果，后游说美国总统和国会议员支持中国乡村教育运动。在他的劝说下，美国国会最终通过了一条名为《晏阳初条款》的法案，为中国乡村教育运动提供经费支持。1949 年，解放战争结束，中国共产党取得了最终胜利，他跟随国民党到了台湾。后来，他相继奔走于菲律宾、泰国、危地马拉、哥伦比亚及加纳等国，主张建立乡村改造促进会和国际乡村改造学院，为全世界的乡村教育发展奔波。1990 年，他病逝于美国，享年99 岁。

作为我国著名的平民教育家和乡村建设家，晏阳初认为中国农村的核心问题是农民的"愚、贫、弱、私"四大病，主张通过开展平民教育运动，采用"学校式、社会式、家庭式"三大方式，对农民进行识字教育和生计、文艺、卫生和公民"四大教育"连环并进改造农村，将中国的平民教育与乡村建设推向世界，为我国的平民教育与乡村建设做出了巨大贡献，被誉为"现代世界最具革命性贡献的十大伟人"之一、"当代全球最重要一百名人"，被海外研究者称为"人类历史和命运的挑战者、革新者""杰出的思想家""平民教育之父"等。

二 晏阳初乡村教育思想的形成

晏阳初生在书香门第，从小在他父亲的教导下，对《大学》《中庸》《孟子》《论语》《诗经》等儒家经典熟背在心，十分推崇儒家思想。他说："我读的古书虽然有限，但他们却悄悄地，在我幼小的心田中，埋下一粒微妙的火种，要经过一二十年，我才发现它的存在和意义。那是什么呢？就是儒家的民本思想和天下一家的观念。平民教育运动、乡村建设运动，不论在中国，或是在海外，都是民本思想的实践，而以天下一家为最高宗旨。"① 他认为，当时的中国农民不是不可教，而是未能给他们提供合适的教育。"劳苦大众所需要的，不是脑筋，而是机会，受教育的机会。"② 正是未能接受合适的教育，广大的农民不能很好地从事生产，从而导致贫穷落后的状况。为此，他深入农村，与农民居住在一起，一起生活，一起生产劳动，在自己得到农民化的同时，也积极地改造农民，把农民改造成有文化有教养的"新民"。

晏阳初在受儒家思想影响的同时，也受到了西方文化尤其是基督教的影响。1903 年，他父亲就把他送到中国西学堂学习，跟随牧师学习基督教的教义。在牧师的言传身教下，他接受洗礼成为基督教徒。1907 年，年仅 14 岁的他被送到成都以美会创设的中学学习。在学习过程中，他结识了传教士史梯瓦特，史梯瓦特的言行对他后来一生专注于平民教育事业产生了极大影响。

在儒家的仁爱思想和基督教的博爱思想影响下，晏阳初决心投身平民教育事业，以提高农村人口文化素质，改变农村贫穷落后状况。他曾说："我心中的大事业，是体现儒家的仁和基督的爱""爱是人间最伟大的力量，能克服一切；恨是人世间最可怕的力量，能毁灭一切。基督说：爱你的敌人。

---

① 郑杭生、张春：《晏阳初：平民教育从中国到世界的历程》，《江苏社会科学》2004 年第 2 期，第 65~70 页。

② 刘河燕：《晏阳初乡村教育思想及其对当代农村教育的启示》，《中国成人教育》2009 年第 10 期，第 159~160 页。

我没有敌人。若说是真有敌人的话，那是无知无识所造成的贫苦和歧见。我愿以仁化敌为友，以爱化苦为乐。孔子、基督、姚牧师、文轩兄、塔夫特教授所揭示的要理，对我而言，只是一个，那就是：爱人、爱民、爱贫苦大众。"[①] 为了改变当时中国农村人口绝大多数都是文盲的状况，为了改变只有少数人才能接受教育的状况，他大力提倡平民教育和大众教育，把自己的一生都奉献于中国教育事业。

三　晏阳初乡村教育思想的主要内容

（一）提倡"四大"教育

晏阳初认为，当时的中国农村存在的问题较多，归纳起来主要为"愚、贫、弱、私"四大问题。要彻底解决"愚、贫、弱、私"的问题，就必须大力发展文艺教育、生计教育、卫生教育和公民教育。一是"用文艺教育攻愚，培养知识力"。晏阳初认为，要传播知识和寻求知识，需要借助文字。"欲传播知识，须先传授文字；欲得知识，必须认识文字。所以平民教育第一步必须有文字教育。"[②] 在教授农民识字的过程中，他精心挑选教学教材，实行科学的教学方法，将识字教学与农村生活有机结合起来。另外，为了使农民更好地欣赏身边的自然环境和社会环境，丰富农民的文化生活，他还十分推崇艺术教育，使"戏剧教育化，教育戏剧化"。二是"用生计教育攻穷，培养生产力"。晏阳初认为，生计教育训练农民生计上的现代知识和技术，使农民能真正享受增加生产的利益。生计教育就是农业科技人员深入农村，与农民打成一片，将农业生产、农村工业等方面的知识和技能传授给农民。三是"用卫生教育攻弱，培养强健力"。晏阳初认为，要使农民强身健体，就要让农民得到科学的治疗。他积极主张每县有一个保健院、每区有一个保健所、每村有一个保健员，从而形成由村、区、县三级乡村保健系统所组成的体系，使农村人口都能享受到科学的医疗。大力实施公共卫生教

---

① 孙诗锦：《平民教育家晏阳初的宗教情怀》，《中国宗教》2011 年第 9 期，第 38 ~ 40 页。

② 李红辉：《晏阳初的农民教育思想及其实验》，《科学社会主义》2010 年第 2 期，第 111 ~ 113 页。

育，使农民养成良好的卫生习惯，使国民的身体更为健康。四是"用公民教育攻私，培养团结力"。晏阳初认为，公民教育根本在于养成人民的公共心与合作精神，培养团结力以提高民德。他主张要在人类普遍共有的良心上，培养农民的公共心、合作精神和团结力，培育农民的判断力、正义心，使他们能自决自信、公是公非，成为具有最低限度的公民常识和政治道德的分子，成为一个忠实而有效率的公民。

（二）推行三大教育方式

晏阳初认为：要治理当时中国农村的"愚、贫、弱、私"问题，就需要实施文艺、生计、卫生和公民四大教育；要实施文艺、生计、卫生和公民四大教育，就必须采用一定的教育方式。针对过去的教育与生活相脱节、与社会相分离的问题，他提出通过学校、家庭和社会三大途径来实施教育，从而形成了学校式、家庭式和社会方式三种教育方式。一是学校式教育。晏阳初认为，普通国民学校"只有书本知识和空洞理想，而未去民间与平民生活接触，从平民生活里找问题、找材料而去求解决方法"[1]。晏阳初这里所指的学校式教育并不是传统意义上的学校教育，而是专指平民学校教育。他主张大力发展平民学校，通过平民学校式教育"一方面使人人得受最低限度之文字教育为取得知识之基本工具；一方面使人人得受最基本的生计、卫生、公民教育的训练"。[2] 平民学校包括初级平民学校和高级平民学校。初级平民学校以识字教育为主，学习时间为 3～4 个月，主要学习《农民千字课》，以提高学生读、写、说的能力；高级平民学校主要是为了初级学校毕业的青年农民继续深造，学习时间为 4 个月左右，以传授"四大"教育的知识为主，培养知识技能的推广者和乡村建设的带头人。二是家庭式教育。晏阳初认为，"家庭在中国社会结构上，占有特殊的地位，欲改善中国的生

① 李红辉：《晏阳初的农民教育思想及其实验》，《科学社会主义》2010 年第 2 期，第 111～113 页。
② 詹一之：《晏阳初文集》，四川教育出版社，1990，第 61 页。

活方式，必须从家庭做起"。① 因此，在办好初级平民学校和高级平民学校的同时，农民家庭也应承担一部分学校课程，如培养卫生习惯课程等。通过家庭式教育，不仅平民学校的学生可以把自己在学校所学知识传授给家庭其他成员，从而带动家庭其他成员的学习，提高整个家庭的文化水平，而且也可以让家长认识到接受教育的价值和重要性，使农村人口尤其是青年妇女能够顺利地接受教育。三是社会式教育。虽然学校式教育和家庭式教育是农民接受四大教育的主要方式，"然学校、家庭范围都是固定的，欲向一般群众及有组织的农民团体施以适当的教育，则必赖社会式"。② 他建立了"平民学校毕业同学会"，将青年农民组织起来，鼓励他们利用"流动图书馆"，阅读《农民》报并向该报投稿，开展植树、修路、农业展览、拒毒、拒赌运动等，促进他们自觉改进生活，让他们介绍和推动四大教育到乡村民众中。

（三）主张实施"大教育"

晏阳初认为，教育与农村生产生活方方面面紧密相关。"整个的农村建设，当然要从政治、文化、经济、卫生种种方面着眼，同时并进，不容稍事偏颇。但是各种建设的成功，自须经过一个教育阶段。教育成功，一切建设才有希望。所以'教育建设'在整个农村建设工作中，占有比较重要的地位。以教育总动员，引发并开展其他方面的工作。""在农村建设的工作上，文化与礼俗的建设，农村经济的建设，农村卫生的建设，农村自卫的建设必须连贯起来。"他曾多次强调，"一般意义上的教育概念，不足以概括我的思想与事业"。③ 按照他的观点，乡村教育活动不能仅仅局限于学校内部，而是需要突破传统的狭隘教育观，将乡村社会中的仓库、村头、庙会等纳入教育活动场所的范畴，使乡村社会中的所有人口成为施教人员。大家既可以通过读书进行学习，也可以通过种地、听广播、看戏等途径开展教育活动。

---

① 高宝琴：《晏阳初"乡村建设"思想及实践的历史启示》，《法制与社会》2010 年第 4 期，第 200～201 页。
② 李红辉：《晏阳初的农民教育思想及其实验》，《科学社会主义》2010 年第 2 期，第 111～113 页。
③ 周逸先：《晏阳初平民教育与乡村改造方法论初探》，《高等师范教育研究》2002 年第 3 期，第 76～80 页。

在"大教育观"之下，晏阳初主张乡村改造应坚持大系统思维，认为乡村改造"不是零零碎碎，而是整个体系；不是枝枝节节，而是通盘筹划"。他主张设立不同形式的成人学校，开办了数百所平民学校，把扫盲作为乡村建设的基础工作。他非常重视乡村社会教育，希望通过开展一系列的文化生活来丰富农民的精神文化生活。他认为：通过编写戏剧小册子，结合现实生活创作新剧本，推广现代戏剧，抒发农民向上的情感；通过无线电广播电台，向每个示范村按时广播新闻、文艺、教育等节目，普及社会教育；通过组织一些社会活动，培养农民参与公共事务的能力，实现村民自治；通过对每村平民学校毕业生的短期医学培训，建立县、区、村三级保健体系，解决农民看病问题，让农民初步做到得病有所医。[①]

（四）强调将中国平民教育推向世界

晏阳初认为，平民教育的首要目的在于"培养国民的元气，改进国民的生活，巩固国家的基础""培养他们的新生命，振拔他们的新人格，促成他们的新团结，训练他们的新生活"，"以便自己能尽国家主人翁的责任"。[②]但仅仅这样是不够的，中国的平民教育还应与世界发展结合起来，将中国的平民教育的做法与经验与世界共享。"当今日全世界新旧文化过渡的时期，我中华四万万多的人民，承五千余年文化丰富的历史，正当努力去发挥新光彩，以贡献于世界。""从在中国干，到在世界干。"[③] 从 20 世纪 50 年代起，晏阳初辗转到达多个国家，介绍中国平民教育的经验，尤其是大力推广定县实验的模式，在当地乡村改造组织，开展中国式平民教育实验，对世界多国产生了较大影响。亚洲的菲律宾、泰国、印度，在非洲的加纳，在拉丁美洲的危地马拉、哥伦比亚等，很多国家都因地制宜地进行了适合本国国情的乡村建设实验，以全面改善农民生活质量，培养世界新民。晏阳初的平民教育

---

① 李红辉：《晏阳初的农民教育思想及其实验》，《科学社会主义》2010 年第 2 期，第 111 ~ 113 页。

② 史振厚：《晏阳初乡村改造思想形成的理论背景》，《河南社会科学》2004 年第 4 期，第 21 ~ 24 页。

③ 陈发云、余龙生：《晏阳初教育思想及其对当前农村扶贫工作的启示》，《江西社会科学》2003 年第 12 期，第 253 ~ 254 页。

行动获得了世界的普遍赞誉，美国道格拉斯大法官认为晏阳初在做"世界上最重要的一件事"，"这不只是为中国的一项运动，它的方法已准备在世界上任何地区应用，使全球四分之三未受教育、贫穷多病的人群受益"。美国著名教育学家孟禄则认为："定县四大教育均齐发展的价值很大。"著名女作家、诺贝尔文学奖获得者赛珍珠预测："他自己的国家没有充分应用晏阳初的才能，或者这世界将会认识他并且充分应用他。"

四　晏阳初乡村教育思想的启示

（一）强化农村教育在乡村振兴中的作用

乡村振兴和社会主义新农村建设离不开人才的支撑，而人才的培养需要借助教育，农村教育在乡村振兴中有着举足轻重的作用。晏阳初在局势风云变幻、国家命运跌宕起伏的背景下，积极主张教育救国，希望借助教育革除农村旧习，启蒙农民思想，提高农村人口素质。他认为："整个的农村建设，当然要从政治、文化、经济、卫生种种方面着眼，同时并进，不容稍有偏颇。但是各种建设的成功，自须经过一个教育的阶段。教育成功，一切建设才有希望。所以'教育建设'，在整个农村建设工作中，占有比较重要的地位。以教育的总动员，引发并开展其他方面的工作。同时，'政治建设'、'经济建设'、'卫生建设'均与'教育建设'有其不可分性存乎其间。"[①]教育在乡村经济、政治、文化等方面的建设中具有十分重要的作用。当前，我们越来越认识到教育是实现国家强大的核心支撑，强国必先强教，乡村振兴和社会主义新农村建设关键靠人才，根本在教育。坚持教育优先发展战略，提高农村教育现代化水平，对于实现乡村振兴、全面推进社会主义新农村建设具有决定性作用。乡村振兴和社会主义新农村建设首要问题是转变农民的观念，提高农民的素质，教育责无旁贷。我们应紧紧围绕乡村振兴的方方面面，强化农村教育在乡村振兴中的作用，突出教育的价值和作用，加重

---

① 周逸先：《晏阳初平民教育与乡村改造方法论初探》，《高等师范教育研究》2002年第3期，第76～80页。

教育的分量，把教育与乡村振兴各方面建设有机结合起来，共同发展，推进乡村振兴和社会主义新农村建设。

（二）采取多种方式发展农村教育

新中国成立尤其是改革开放以来，我国农村教育与城市教育的办学思路和办学模式基本一致，大多依据城市的发展需要培养人才，忽视了农村教育自身的特殊性和农村人才需求。在多年之前，晏阳初就积极主张发展农村平民教育，大力发展社会教育，为我国的农村改造和农村建设做出了积极贡献。尽管现在的时代背景不同，乡村教育的办学主体不同，发展任务也发生变化，但我们仍然可以借鉴晏阳初的乡村教育思想，通过多种形式发展乡村教育。发展农村教育，不仅要大力发展以升学为主要任务、让学生掌握基础知识和基本技能的基础教育，也要积极发展农村职业教育和成人教育，提高农民的生产生活技能，提升农民的文化素质和道德境界。我们可以将短期培训与长期办学相结合，将网络、卫星远程教育与实体办学相结合，大力兴办与农业知识和农业技能有关的职业学校和成人学校，对农民进行农业技术教育，为农村培养出大量的有现代农业知识和现代农业技能的新时代农民；要重视发展农村社会教育，加强对农民"公心"、合作精神的培养，实现农村的乡风文明、村容整洁、管理民主。

（三）全面提高农民素质

农民素质的不断提高是保证农业经济更好发展的重要因素，直接影响着他们对科学知识掌握并灵活运用的程度。晏阳初认为，当时中国的广大农村地区蕴藏着丰富的"脑矿"，取之不尽，用之不竭，可惜大部分都还在沉睡中。这些沉睡的"脑矿"称为"人口"，开发出来后称为"人力资源"。平民教育的重要任务就是开发民力，将"人口"变成"人力"，使每一个个体具有力量来建设新农村。平民教育的目的是造就"整个的人"，是农民具备知识力、生产力、强健力和团结力等"四力"的人。基于此，晏阳初非常关注农民综合素质的培养，大力推行"四大教育"，即文艺教育、生计教育、卫生教育、公民教育，培养"新平民"。当前，我国农村经济要更快更好地发展，既离不开拥有创新精神和科学文化知识技能的劳动者，又离不开能够将先进科技知识转化为现实生产力的高素质的劳动者。农村教育在提高劳动者素质的同时，也能为农村经济的发展培养大批掌握现代科学知识和技能的劳动者，从而有效地推动我国农村经济的快速发展。因此，我们应通过学校教育或短期培训，实施合乎农民需求和未来发展的教育，提高农民技能，培养有文化、懂技术、懂市场、会经营、善管理以及有良好道德修养与法制观念的、有理想的现代新型农民队伍。乡村振兴必须以理性和道德引导农民精神的培育，关注农民的精神世界，关注农民的道德、情感、生命、人格，关注思想、信仰和精神。乡村教育的核心任务就是构建农村人科学的精神或价值世界，重视农村人的精神向度建设，调整农村人的价值观，培养一大批有文化、懂技术、懂市场、会经营、善管理以及有良好的道德修养与法制观念的、有理想的现代新型农民。

（四）建立各种合作组织

农村合作组织是指以农民为主体、在自愿互助基础上联合起来、实行民主管理并以实现和维护自身利益为目的的组织，其主要目的是培养农民的公德心和合作精神，维护组织成员的利益。晏阳初当年在总结中国社会问题时指出，中国大多数人是不能团结的，没有合作意识。由此，他提出了通过公民教育培养新民的构想。他说："公民教育的意义，在养成人民的公共心与合作精神，在根本上训练其团结力，以提高其道德生活与团结生活。一方面要在一切社会的基础上，培养公民的团结力、公共心，使他们无论在任何团体，皆能努力成为一个忠实而效率的分子；一方面要在人类普遍共存的良心上，发达国民的判断力、正义心，使他们皆有自决自信、公是公非的主张。"① 晏阳初实施公民教育的主要途径就是建立各种合作组织，通过这些合作组织培养公民的自信心和团结意识，提高他们的生产生活能力，使公民去掉自私散漫的习惯，形成良好的生活风尚。今天，我国的农村合作事业进入了改革开放以来最活跃的创新、发展时期，各类农民专业合作经济

---

① 李红辉：《晏阳初的农民教育思想及其实验》，《科学社会主义》2010 年第 2 期，第 111 ~ 113 页。

组织发展呈现加速态势，开始成为农业经营组织体制创新的一个新亮点。今后，我们应借鉴晏阳初的一些合理做法，在农村建立起真正属于农民的各种合作组织，培养农民的合作精神，把农民造就成热情奉公的公民。政府应该积极鼓励农民参与各种合作组织，大力引导农民重新认识合作精神，让他们摒弃小农意识，积极参与公共事务，形成一股强有力的凝聚力，形成维护团体利益的共同精神信念，为实现乡村振兴这一共同目标而奋斗。

（五）加强农村教育课程改革

晏阳初在推行平民教育运动中，严厉地批评"新教育"强烈的城市化倾向，认为当时的新教育是一种"离农教育"，对农村、对国家都有着极大的危害。他主张学校课程应以学习者现实中的实际问题为中心，把理论和农民的实践密切结合起来，在做中学，在实际问题中学习，直接为生产生活服务，这对我国当前的乡村振兴和社会主义新农村建设具有很强的现实意义。

当前，我国义务教育课程存在事实上的城市化倾向，很少考虑农村的实际需要，与农村学生生活严重脱离，导致农村义务教育学校课程价值取向及教育教学模式的失衡与失范。农村义务教育课程的价值取向体现了农村义务教育课程改革的基本理念，它直接影响农村义务教育发展的方向和路线，是农村义务教育课程改革的灵魂。因此，我国农村义务教育课程改革必须坚持为农服务的价值取向，从农村学生生存与发展的实际需要出发，促进农村学生的发展，提高他们农业生产和农村生活的技能，最大限度地为"三农"的发展服务。

与此同时，我们还应做好农村职业教育和成人教育课程建设。农村职业教育和成人教育课程应注重和农民的生产生活相联系、和农村的问题相联系，特别是和农村产业结构的调整相联系。我们应准确解读农民的意愿，把准他们的思想脉搏，理解他们生活的观念与态度，以农民的生活和问题为中心组织课程，实时更新农村职业教育和成人教育教学内容。课程要讲究实用、实效，教学计划应以实践教学为主，应根据当地农村经济和科技发展的需要规划专业结构，合理配置课程，以培养动手能力为目的，使农民即学即会，即学即用。

第四节　梁漱溟的乡村教育思想及其对当代农村教育的启示

一　梁漱溟生平简介

梁漱溟，字寿铭，1893 年生，广西桂林人，出生于北京。6 岁时入中西小学堂，8 岁后先后就读于公立小学堂、蒙养学堂，13 岁考入地安门外顺天中学堂。1911 年，他加入同盟会京津支部，并在中学毕业后任京津同盟会《民国报》编辑兼记者。1916 年，受蔡元培邀请，他到北京大学任教，在北大哲学门研究所讲授印度哲学概论和佛教哲学。1919 年，他与陈大齐等人在北大成立组织哲学研究会。1924 年，他辞职离开北大，应邀前往山东菏泽任山东省立第六中学高中部主任。1928 年，他先行前往南京陶行知创办的晓庄师范学校访问，后出任广东省立第一中学校长。1929 年，他先后到江苏、河北、山西等地进行考察，并赴河南辉县参与筹办村治学院，出任学院教务长，发表了《河南村治学院旨趣书》。1931 年，他赴山东邹平筹办山东乡村建设研究院，出任研究部主任、院长。1933 年，教育部召开民众教育家会议，他被聘为教育部民众教育委员会委员，起草民众教育在教育系统中的地位草案。1939 年，他与黄炎培等人发起成立"统一建国同志会"。1940 年，他发起成立"中国民主同盟"并担任中央常务委员。1941 年，他发起成立中国民主政团同盟，任常务委员，并代表民盟前往香港创办《光明报》，出任报社社长。1946 年，他担任民盟秘书长，以"第三方面"人士身份参与国共和谈。1947 年，他退出民盟，创办勉仁文学院。1950 年，他应邀到访北京，之后历任第一、二、三、四届全国政协委员，第五、六届全国政协常委。1980 年后，他相继出任中华人民共和国宪法修改委员会委员、中国孔子研究会顾问、中国文化书院院务委员会主席和中国文化书院发展基金会主席等职。1988 年梁漱溟逝世于北京，享年 95 岁。

梁漱溟作为我国著名的思想家、教育家和社会活动家以及爱国民主人士，积极投身乡村建设运动，期望通过教育改造乡村。他始终求索思想，知行合一，从不自昧，绝不苟且，被称为"中国的甘地"。

二 梁漱溟乡村教育思想的形成

作为我国 20 世纪二三十年代乡村教育运动的代表人物之一，梁漱溟的乡村教育思想基于中国的传统文化，借鉴西方的现代文明精髓，通过长期实践而逐步形成和完善。

在 20 世纪 20 年代初期，我国处于半殖民地半封建时期，农村经济凋敝。西方传教士和中国知识分子们逐渐认识到，农村问题就是中国问题，而农村问题的中心就是农村人口素质问题，于是他们在农村积极开展乡村建设运动。梁漱溟深受这一运动的影响，他早年就积极思考并投身乡村建设运动。1923 年初，他在山东讲学时就提出了"农村立国"的观点。他认为，中国自 20 世纪初实施新教育机制后，优秀的传统教育观念被完全抛弃，教育的社会功能未能得到充分发挥。"现在的学校就是这样不中用的教育"，"只不过是空空地讲授一些枯燥的理论知识"，要么产生部分"堕落而不要强的学生"，要么使一些青年陷于烦闷痛苦。[①] 于是，他复兴古人讲学之风，汲取儒家思想之长，推崇用传统教育方式，亲师取友，对年轻人的未来发展给予指引。

随着中国革命运动的持续推进，梁漱溟逐渐认识到不能用暴力手段来解决中国的社会问题，而应采用"柔性"的方法来推进社会的发展。1927 年，在李济深等人的邀请下，他前往广州，积极筹办乡治学院。与此同时，他还开展了乡治知识的讲座，为乡村讲习班学员作了"乡治十讲"，第一次较为全面地阐述关于乡村教育的观点。后来，他先后考察了黄炎培的江苏徐公桥

---

① 周逸先、宋恩荣：《试论梁漱溟乡村教育理论的形成与发展》，《教育探索》2002 年第 1 期，第 102～104 页。

乡村教育改革实验、晏阳初的定县平民教育实验和阎锡山的山西村治运动，撰写了《北游所见即略》，对当时中国的乡村教育改革实践进行总结概括。但当时他并不十分赞同黄炎培等人依靠教育手段来进行乡村建设工作，他认为"通过举办教育的方式来进行乡村改革运动，一定会倒贴大量的财力物力"，这对于发展乡村是于事无补的，因为"对于中国来说，这个问题并不是从教育方面……可以得到解决"。[①] 回到北京后，经过王鸿一的指点，梁漱溟创办了河南村治学院，并担任教务主任，主讲乡村自治组织等课程，这是他从事乡村教育实践活动的真正开始。

1931 年，梁漱溟开始乡村建设实验工作。他在山东邹平建立乡村建设研究院，对乡村建设进行专业指导，并对乡村建设人才进行培训。他积极创办乡村合作社，大力发展乡村学校，整顿农村风气，取得了较为明显的成效。通过长期的社会实践活动，梁漱溟提出了一系列实质性的教育主张与教育手段，建立起了完整的乡村教育思想体系，详细而具体地阐述了他的乡村教育理论。例如：对于乡村教育的内涵，他认为"我们在学校里面读书是教育，在家庭里做家务也是教育……大街上人们的交谈，亦莫不是教育"，将教育界定为一种宽泛的教育模式；对于学校教育与民众教育的关系，他认为"这种民众教育抑或是社会教育，即乡村建设工作"[②]，因此，学校教育与民众教育紧密相连，一般而言我们应注重学龄人口教育，但在社会改革的特殊时期，我们更应注重民众教育。

总之，经过长期的理论思考和社会实践，梁漱溟在借鉴前人思想的基础上，就如何更好地加强农村建设、改进乡村教育，提出了一系列教育主张，形成了较为完整的乡村教育思想体系，为我们留下了一笔丰厚的乡村教育建设遗产。

---

① 何翱：《从〈乡村建设理论〉看梁漱溟的教育思想》，《兰台世界》2013 年第 22 期，第 65~66 页。

② 何翱：《从〈乡村建设理论〉看梁漱溟的教育思想》，《兰台世界》2013 年第 22 期，第 65~66 页。

三 梁漱溟乡村教育思想的基本内容

（一）乡村教育是解决乡村建设问题的根本

梁漱溟认为，中国大部分人口生活在乡村，中国社会就是乡村社会，社会发展需要依靠乡村发展。"只有乡村有办法，中国才算有办法，无论在政治上、经济上、教育上都是如此。"① 但中国乡村发展的唯一出路就是加强乡村建设，这是"天造地设"，"实逼处此"，是"中华民族自救运动的最后觉悟"，除此之外别无他路。

乡村建设依靠什么？通过什么途径加强乡村建设？梁漱溟认为，教育是社会改造和乡村建设最为有效的手段。"乡村建设即是——知识分子领导民众完成文化改造之活动，其主要内容为经济建设，其功夫始终全在教育。故乡村建设必自教育始。""如果教育能尽其功用，论理说社会上不应当再有暴力革命；因为社会出了毛病，教育即可随时修缮改正，故不待激起暴力革命而使社会扰攘纷乱也！人类社会所以有革命，就因为教育不居于领导的地位。"② 乡村建设要靠教育，只有积极发展乡村教育，才能做好乡村建设工作。"二、三十年来，我们所过的日子……现在已破坏得体无完肤，不堪收拾，非从头建设起不可！这一个从头建设的工作，全是教育工作。我们一点一滴的教育，就是一点一滴的建设；一点一滴的建设，无非是一点一滴的教育；只有从一点一滴的教育着手，才可以一点一滴的建设！所以我们现在的教育，与绵续文化而求其进步者不同"。"不过我们所办的乡村建设，是广义的教育，不是狭义的教育"。③ 因此，发展乡村教育是建设乡村和改造乡村的最有效手段，乡村教育在乡村建设和乡村社会改造中具有十分重要的价值。"让社会教育与乡村建设合流的是中国的社会问题。申言之，让教育往

---

① 杨金卫：《梁漱溟乡村建设实验的主旨及其当代价值》，《山东大学学报》（哲学社会科学版）2006 年第 5 期，第 126～133 页。

② 吴洪成：《20 世纪二三十年代中国的乡村教育实验》，《四川师范大学学报》（社会科学版）2002 年第 5 期，第 96～106 页。

③ 慈玲玲、曲铁华：《城乡教育一体化视阈下梁漱溟乡村建设理论及本土启示》，《广西社会科学》2014 年第 2 期，第 190～195 页。

乡村里跑的是中国的社会问题，让地方自治往教育里跑的也是中国的社会问题；大家都是被社会问题所拘管。因为大家是中国人，中国社会是乡村社会……办教育的往前进，天然的要转到乡村。我们正面解决社会问题的乡村建设者，由于方法的探求，也一定要归到教育"，因此，"乡村工作者在探求方法时只有归之于教育，教育者在寻求方向或目标时也只有归之于乡村建设"，"从事乡村建设工作者，除非不欲其工作之切实，亦非走教育的路子不为功"。① 由此可见，梁漱溟将乡村教育置于非常重要的地位，认为乡村教育是解决乡村问题的根本举措，只有重视乡村教育，大力发展乡村教育，才能最终实现乡村建设的宏伟目标。

（二）大力发展乡村成人教育

在长期的乡村建设实践中，梁漱溟十分重视成人教育。他认为："社会改造时期之教育，宜着重于成人。"因为在社会改造时期，"整个社会生活企图转进于一新方式，大多数成人虽届成人，而对于此新生活方式所需之习惯能力则方为未成熟者，势非经教育不可。"②

他说："什么是教育？统同是教育。在学校里读书是教育，在家庭里做活也是教育；朋友中相得的地方是教育，街上人的谈话亦莫不是教育，教育本来是很宽泛的东西。"③ 由此他提出了"教育宜放长及于成人乃至终身"的观点。成人教育既可"绵续文化而求其进步"，也可以减少社会暴力，从而实现乡村改造的目的。为此，他在全国不少地方创办乡学村学，以农村成年人口为主要对象，积极开展乡村成人教育活动。乡学村学分设男子部和妇女部，冬春时节设共学处，对农村青壮年开展基本的识字及劳动教育；同时办有针对成年人的各种培训班，进行蚕桑、植棉、自卫等生产生活知识技能的培训，提高他们的思想文化素质。乡农学校作为政治、经济、教育、自卫

---

① 王俊明：《梁漱溟乡村建设中的社会教育问题论纲》，《河北师范大学学报》（教育科学版）2010年第5期，第53～58页。

② 杨金卫：《梁漱溟乡村建设的实验主旨及其当代价值》，《山东大学学报》（哲学社会科学版）2006年第5期，第126～133页。

③ 王俊明：《梁漱溟乡村建设中的社会教育问题论纲》，《河北师范大学学报》（教育科学版）2010年第5期，第53～58页。

为一体的综合体,以成年农民为主要对象,将农民组织起来推动乡村建设。同时,他认为精神陶冶教育比知识技能教育更为重要,因为"乡村居民活起来,是需要乡村建设人员去推动的"。他建议从"合理人生态度的指点"、"人生实际问题的讨论"以及"对中国历史文化的分析"三个方面对乡村成人进行精神陶冶教育,从而达到乡村的文化改造,使乡村的人活起来。①

（三）积极发展社会教育

梁漱溟认为,乡村建设离不开社会教育,主张通过社会教育实现乡村建设目的。"所谓乡村建设,事项虽多,要可类归为三大方面:经济一面,政治一面,教育或文化一面。虽分三面,实际不出乡村生活的一回事,故建设从何方入手,均可达于其他两面。从政治入手,先组织乡村自治体,由此自治体去办教育,去谋经济上一切改进,亦未尝不很顺的。或从教育入手,由教育去促成正直组织,去指导农业改良等经济一面的事,亦可以行。""乡村建设之教育一面,眼前可做之事甚多,而要以民众教育为先,小学教育犹在其次。民众教育随处可施,要以提高一般民众之智能为主旨。"② 因此,乡村建设必须以社会式教育为主,因为社会教育是推进乡村建设的基本手段。乡村建设需要对村民进行能力训练,需要根除乡村陋习,这都需要借助乡村教育。但由于村民需要花更多时间和精力参与生产劳动,因此他们不能脱离生产生活而去接受学校式的集中教育。"教育这回事情,恰好关系两面:一面是个人;一面是社会。所以我们设施教育,一面要站在社会的立场,为社会而设施;同时社会是从一个一个人来的,我们的教育工夫又不能不用到各个人身上,所以我们的目标天然要顾到两面——兼顾个人与社会,不应当有所偏重。"他指出,"为推进社会,促成自治,以教育的设施为中心"设置乡学村学,以"各该区域之全社会民众为对象,而施其教育"。"民众教育不在乡村建设上做功夫,则民众教育必落空;乡村建设不取径于民众教育,则一切无办法。""吾人今日所从事之工作,从目的说,是为乡

---

① 马秋帆:《梁漱溟教育论著选》,人民教育出版社,1994,第157页。
② 王俊明:《梁漱溟乡村建设中的社会教育问题论纲》,《河北师范大学学报》（教育科学版）2010年第5期,第53~58页。

村建设，从方法说，系民众教育。"① 他认为，社会教育的形式主要有两种，一种是教育民众读书识字的固定方式，另一种是因地制宜，根据民众的实际生活而实施合适教育的流动方式。基于此，他在邹平乡村建设实验中，通过试办乡农学校的方式来实施社会教育。邹平的社会教育的方法主要是教员把乡学村学作为乡村民众及领袖聚会的场所，提引问题、商讨办法、鼓舞实行。乡农学校虽名为学校，但它不是传统意义上的学校，它是以学校为外显形式，集社学、保甲、社仓为一体的政治、经济、教育、自卫四结合的综合体，以培养乡村民众政治新习惯和新礼俗为主要目标，其功能远远大于传统学校。

（四）倡导多种教育组织形式

为推进乡村教育发展，发挥乡村教育在乡村改造中的作用，梁漱溟在山东邹平、菏泽两县创办了乡学、村学、乡农学校，将乡学、村学、乡农学校作为乡村教育的主要组织形式。乡学、村学是取代之前区公所、乡（镇）区公所而设立的组织，"乡农学校即是以此小范围乡村社会（二百户以上五百户以下的村落自然成一范围者为最相当）而组织成的，同时乡农学校所作的工夫，还即以此乡村社会作对象"。② 乡学、村学包括"学长、学董、理事、教员以及一村中或一乡中男妇老少人众等而言"。其中，"学长是经学董会共同推举而县政府礼聘的，于一村之中或一乡之中为最尊"，"他为一乡之师长，教导一乡之众，监督一乡之众，调和一乡学众"；"学董不但为学众之，且为乡村领袖，比村学、乡学应多负责任"，"各学董为办学之人，第一责任即为劝导大家入学"；理事是从校董会中推荐、经政府委任的办事人员，通常是常务学董兼理事；教员是乡学、村学聘请的教师，他们一般为外来人口，在研究院受过训练或讲习，比较懂得办好村学、乡学的办法；学众为一村中或一乡中男女老少人众，他们是被教育和被改造的

---

① 胥仕元：《教育：梁漱溟乡村建设之途径》，《当代世界社会主义问题》2005 年第 3 期，第 46～52 页。

② 曲铁华、袁媛：《论近代中国乡村教育实验的现代价值》，《教育理论与实践》2008 年第 13 期，第 34～37 页。

对象。①

1933 年，梁漱溟在山东邹平创办乡村建设研究院，积极推行县政改革实验。根据他的建议，山东邹平原先的区乡镇管理体制被废除，区乡镇的相应组织被撤销。全县管理体制演变为县政府、乡学、村学三级：乡设乡学，代替之前的区公所；乡以下设村学，代替之前的乡公所。"村学是乡学的基础，乡学是村学的上层。"乡学、村学既是管理机构，又是教育机关，从而实现"政教合一"的目标。

乡农学校的组织结构大体与乡学、村学一致，由乡村领袖、成年农民和乡村运动者三部分构成。"这三种人在这样的名义形式关系上（校长、学董、教员、学生）能联成一气，就可以发挥作用，……""必须先成立乡农学校校董会，校董人选起先须放宽些，数目不必一定……由校董会公聘当地知识较开明、品行较端正者作校长。校董与校长在乡间比较是有信用有力量的人……所为学生，就是当地的全民众。不过出人手时，范围不能太宽；应先以成年农民为学生。至于教员一人或二人就是我们作乡村运动的人来充当了"。②

乡学、村学和乡农学校可以追溯到宋代的"吕氏乡约"。梁漱溟认为，"乡约这个东西，它充满了中国人精神——人生向上之意，所以开头就说'德业相劝'，'过失相归'，把生活上一切事情包含在里边"。"总其用意，正和我们现在要成立村学、乡学的意思相仿。亦可以说我们正是要师法古人"。"乡约这个组织，即合乎我们以前所讲的原理原则，为我们所要求的一个组织，是一个伦理情谊化的组织，而又是以人生向上为目标的一个组织"。③ 由此可见，梁漱溟所办的村学、乡学和乡农学校不同于现代意义上的一般学校，而是借鉴乡约模式，创建的一个政治、经济、教育混为一体的"政教合一""以教统政"的组织。

---

① 慈玲玲、曲铁华：《城乡教育一体化视域下梁漱溟乡村建设理论及本土启示》，《广西社会科学》2014 年第 2 期，第 190～195 页。

② 慈玲玲、曲铁华：《城乡教育一体化视阈下梁漱溟乡村建设理论及本土启示》，《广西社会科学》2014 年第 2 期，第 190～195 页。

③ 慈玲玲、曲铁华：《城乡教育一体化视阈下梁漱溟乡村建设理论及本土启示》，《广西社会科学》2014 年第 2 期，第 190～195 页。

（五）注重课程设置

根据教育对象的自身特点，梁漱溟认为可以将学众分成成人、妇女和儿童三个部分进行施教，乡学、村学应按照三个部分教育对象的不同而设置相应的课程。成人教育部农闲时开班上课，所有男性成人均须参加，课程开设以"因时因地制宜"为依据，一般包括公民学故事、时事、精神陶冶、识字、基础知识、唱歌、武术等课程；妇女教育部一般下午开课，所有妇女均须参加，课程开设与男性成人教育基本相同，但也可根据女性需要增设育婴等课程；儿童教育部每日上午、下午开课，农忙时可以停课，主要开设国语、算术、常识和公民等课程。

由于乡农学校主要以成年农民为教育对象，兼及青年和儿童，因此课程设置更为开放和灵活，集学校式教育和社会式教育于一体。乡农学校既需设置各乡农学校共有的如识字、唱歌和精神陶冶等课程，也需设置各乡农学校结合自身实际情况开设的课程。"各乡校事实上必须应付它的环境来解决问题，才能发生我们所希望的作用与效果，故须自有它因时因地制宜的功课"。① 还包括高级部课程，以受过四年、五年以上教育的青年为对象，主要涉及史地与农村问题，以培养乡村社会中的干部人才。

在开设的各类课程中，梁漱溟十分重视精神陶冶这门课程。"安排精神陶冶这一课程的目的，就在救济乡村精神的破产，让乡下人活起来。"精神陶冶就是"打动他的心肝，鼓舞他的志趣，锻炼他吃苦耐劳、坚韧不拔的精神；尤其要紧的，是教以谦抑宽和处己待人之道"，"必须对人生实际问题有一个认识、判断、解决"。② 根据梁漱溟的观点，精神陶冶主要包括中国历史文化辨析、人生态度与修养方法指导、人生现实问题解决三个方面。"所谓合理人生态度的指点，人生实际问题的讨论，乃至历史文化的分析，

① 曲铁华、袁媛：《论近代中国乡村教育实验的现代价值》，《教育理论与实践》2008 年第 13 期，第 34～37 页。

② 慈玲玲、曲铁华：《城乡教育一体化视阈下梁漱溟乡村建设理论及本土启示》，《广西社会科学》2014 年第 2 期，第 190～195 页。

三者皆以'中国民族精神'为核心。指出中国文化的特别处（长处短处），从而领会其民族精神，这是历史文化分析的意义。"[①]

四 梁漱溟乡村教育思想的启示

（一）优先发展农村教育

梁漱溟认为，"只有乡村安定，乃可以安辑流亡；只有乡村事业兴起，才可以广收过剩的劳动力；只有农产增加，才可以增进国富；只有乡村自治当真树立，中国政治才算有基础；只有乡村一般的文化能提高，才算中国社会有进步。总之，只有乡村有办法，中国才算有办法。无论在政治上、经济上、教育上都是如此"。[②] 今天，农业农村依然是我国需要优先考虑和发展的问题。党的十九大报告指出，我们要坚持农业农村优先发展，把农业农村工作置于党和国家工作全局的优先位置。2018 年，中央农村工作会议提出，要牢固树立农业农村优先发展的政策导向，加快农村发展，推进农业现代化建设。

农村要发展，教育必先行，农村教育事业发展在农村发展中处于重要的基础地位。农村教育作为我国教育发展最基本、最重要的组成部分，必须将其置于优先发展的战略地位，大力发展农村教育事业，提高农村教育质量，实现区域内城乡教育均衡发展。我们应采取各项措施落实农村教育优先发展战略，出台相关法律法规和政策措施，给予农村教育优先发展的制度保障。同时，我们应加大对农村教育的人力、物力和财力的投入，为农村教育发展提供全方位保障，使农村教育处于一个良性的发展轨道。

（二）大力发展农村成人教育

要促进农村教育发展，发挥农村教育在乡村振兴中的基础性作用，就必须大力发展农村成人教育。在梁漱溟的乡村教育理论中，他将乡村教育的对

---

① 慈玲玲、曲铁华：《城乡教育一体化视阈下梁漱溟乡村建设理论及本土启示》，《广西社会科学》2014 年第 2 期，第 190～195 页。

② 杨金卫：《梁漱溟乡村建设实验的主旨及其当代价值》，《山东大学学报》（哲学社会科学版）2006 年第 5 期，第 126～133 页。

象指向乡村所辖范围的所有人，其中以成年农民为主要教育对象，兼及儿童和青年。他提出，"教育宜放长及于成人乃至终身"。由此可见，农村成人教育是梁漱溟乡村建设理论中的主要构成部分。乡村振兴需要农村人力资源的支撑，需要提高农村人口素质。当前，我国农村成年农民的受教育水平普遍不高，科学知识素养较低，对现代农业生产的适应性不足。因此，我们需要提高对农村成人教育重要性的认识，需要大力发展农村成人教育。我们应举办各种成人教育机构，加强对农村成人的培训，尤其是特定技能、特定岗位的专业培训，普及农业生产、农村生活的科学文化知识，使广大农民不断学习技术、掌握技术，提高农村成年人的劳动技能，夯实社会主义新农村建设和乡村振兴的人力基础，促进现代农业技术在农村的应用，推进农业及其相关产业生产的科学化和现代化进程。

（三）加强农村精神文明建设

梁漱溟指出："有了内心生活的觉醒，则知识的搜求是容易的。"[①] 他主张新礼俗建设，提倡精神陶冶，认为乡村教育需要围绕中国历史文化辨析、人生态度与修养方法指导、人生现实问题解决三个方面开展。通过这三方面的精神陶冶，培养农村人口的团结力和社会责任感，形成积极健康的人的主体性，促进自身发展并积极投身乡村建设之中。当前，我国农村还存在一定程度上的封建意识和小农意识，以及不合时宜的价值观念、乡风民俗、生活方式，这些都影响着农村的经济发展和农民生活水平的提高，制约着生产环境和生活质量的改善，阻碍着农村精神文明建设的步伐。因此，我们应借鉴梁漱溟乡村教育中注重受教育对象精神陶冶的做法，加强对广大农村民众的传统美德和时代精神教育，使他们具有尊老慈幼、勤俭节约、诚实守信、谦虚礼貌、宽以待人、惩恶扬善、团结友爱等传统美德和解放思想、勇于创新、与时俱进、自立自强、民主法治、公平竞争的时代精神；我们应加强引导和宣传，使他们具备唯物主义世界观和价值观，崇尚科学，抵制迷信，破

---

① 胡彩霞：《梁漱溟农村职业教育思想初探》，《中国职业技术教育》2009 年第 12 期，第27～29、33 页。

除陋习，杜绝拜金主义、享乐主义和个人主义，树立先进的思想观念和良好的道德风尚，以新的思维方式、健康的生活方式和积极向上的工作方式参与乡村建设，实现"文明乡村"的建设目标。

（四）加强对农村教育的智力扶持

乡村建设既需要内部"造血"，也需要外部"输血"；既需要积极发挥乡村内部主体力量的作用，也需要城镇外部支撑力量的大力支持。梁漱溟认为"单靠乡村人自己是解决不了乡村问题的"。[1] 他曾经放弃了城市优越的物质生活条件，带领一大批有知识，有眼光，有新方法、新技术的人，包括留学博士、教授、专家、学者，走出书斋，走进农村，为乡村教育出谋划策，积极实践。基于梁漱溟的这种优秀人才走进农村的思路和做法，结合当前我国城乡教育存在一定差距、农村教育办学条件相对落后的现状，尤其是农村各级各类教育迫切需要大批既有真才实学又有奉献精神的知识分子充实教师队伍，参与农村教育活动，没有一大批有知识、有能力、有奉献精神的高素质人才参与到农村教育，就无法推动教育向前发展，也就消除不了城乡教育间的差距。因此，我们应充分调动一批高素质人才参与农村教育的积极性，积极引导、鼓励和支持广大知识分子投身农村教育，用自己所学到和掌握的知识、技能运用于农村建设的方方面面。对农村教育的智力扶持，让广大知识分子参与到农村教育活动中，既可以让知识分子学有所用，尤其是广大高校毕业生将所学知识与农村教育实际问题有机结合起来，减轻他们的就业压力，又可以充实农村各级各类教育的师资力量，为农村教育发展注入新鲜血液，以更加客观、科学、合理的教育方式和教育方法开展教育活动，给学校教育和社会教育注入新的活力，改变那些落后、死板的教育教学思维方式，最终促进农村教育的健康、可持续发展。

---

[1] 盛邦和：《梁漱溟"乡村建设"思想及其发展观叙论》，《江苏社会科学》2007年第3期，第150~154页。

第五章　新中国成立以来我国农村教育的改革与发展

第一节　我国农村教育的发展历程

新中国成立以来，我国社会各领域不断向前发展，农村教育也在这一历史进程中不断向前推进。根据每一阶段农村教育的发展背景、面临的主要问题和发展举措，我们可以将农村教育的发展历程划分为以下几个阶段。

一　改造农村旧教育，创建社会主义农村新教育

新中国成立后，为尽快改变教育落后境况，建立符合中国国情的教育体系，国家将改造旧教育、建立新教育作为教育工作的首要任务。从 1949 年开始，国家对农村教育进行了积极改造，确立了马列主义教育思想为指导的、为农村劳动人民大众服务、为社会主义农村建设服务的农村教育宗旨，初步形成了政治与文化相结合的社会主义农村教育新体系。

（一）农村教育的社会主义思想改造

旧中国的农村教育是以封建伦理思想为核心的教育，教育内容陈旧，教学方式落后，脱离农村实际。尽管曾有一批爱国、民主、进步的教育家和思想家在积极推动农村教育改良，力求改变封建、落后的农村教育面貌，以推动我国农村教育的发展；但就整体而言，旧中国的农村教育是半殖民地半封

建教育，是落后、保守的教育。《中国人民政治协商会议共同纲领》指出，中国的文化教育是新民主主义教育，是科学的、民族的、大众的教育。因此，政府的文化教育应摒弃封建的、买办的、法西斯主义的思想，应将提高人民文化水平、培养国家建设人才作为教育工作的主要任务。新中国成立后，各级政府和教育主管部门在中央的统一指挥部署下组织各种学习班，改革课程设置，更新学习内容，加强马列主义、毛泽东思想的教育，使从事农村教育的工作者们掌握马列主义的立场、观点、方法，树立爱国主义、阶级观点、劳动观点和革命人生观，并运用于教育活动中，使我国的农村教育走上社会主义的轨道。

（二）接管农村私立学校

新中国刚刚成立之时，各地军事管制委员会按照中央军委部署，统一接管了国民党遗留下来的各级各类学校，收回了教育主权，原有的农村私塾和私立学校需在地方政府的指导和监督下开展教育活动。1952 年，按照中央的指示，地方政府逐步接管私立中小学，将其全部改制为公立学校。1956年，全国农村私塾的接管和改造工作基本完成，绝大部分农村私塾改造为公办小学或民办小学。在改造过程中，地方政府在原有的基础上对其进行了修建和扩建，改善了学校办学条件，并续聘了原绝大多数在私塾任教的先生为学校教职员工。改造后的农村私塾焕然一新，成为当时我国农村教育的重要组成部分。

（三）开展村民识字运动

1949 年 12 月，全国第一次教育工作会议在北京召开，会议决定从 1951 年开始开展全国规模的识字运动。会议结束后，全民识字运动开始伴随农村冬学运动逐渐展开。冬学运动主要是在借鉴解放时期革命老区对广大农民群众进行宣传教育经验的基础上发展而来的，主要是适应广大人民群众的生活需要并与实际工作密切结合的教育方式，后来部分冬学转变为常年性农民业余学校。冬学运动主要涉及政治教育和文化教育，政治教育就是对国家政策、国内外时事以及社会主义核心价值观进行宣讲，包括宣传新中国成立的背景和意义、抗美援朝的价值、土地改革的必要性及措施、婚姻法的主要内容等，文化教育则主要教广大农民群众识字。根据资料，从 1949 年到 1953 年，参加冬学的农民数达到 14085 万人。[①] 1955 年，国务院印发《中华人民共和国国务院关于加强农民业余文化教育的指示》，要求以农民识字教育为主，加强农民业余文化教育，提高农村人口文化素质，改变农村文化落后的状况。在此背景下，全国农村掀起了一阵识字学文化的热潮，参加学习的农民达 4500 万人，不少地方甚至出现了"父子同学、夫妻同校、三代同堂"的文化学习景象，这表明全国农民积极学习的热情，也使得全国农民精神振奋、农村面貌焕然一新。[②] 在开展冬学和识字运动等进行扫盲教育的同时，全国还积极开展工农教育，提高农民的文化水平、政治觉悟和生产技术。通过举办速成师范学校、速成工农干部学校和农村中小学校，增加农民子女接受学校教育的机会，培养农村中小学校的教师和具有较高政治素养和管理能力的农村干部。同时，全国各地还积极开展社会教育活动，以丰富农民的文化生活，坚定他们的政治立场，从而使农村社会和农民认可国家政权的合法化。

二　社会主义农村教育的初步探索

随着社会主义改造的基本完成，我国教育也从新民主主义教育过渡到社会主义教育，农村教育逐渐步入正轨。1958 年，中共中央、国务院下发《中共中央　国务院关于教育工作的指示》，提出国家要在 3～5 年之内，基本上扫除青壮年文盲，普及小学教育，学龄前儿童大多数能进入托儿所和幼儿园接受教育。[③] 在这一政策指引下，我国农村掀起了教育大革命运动，全面贯彻落实党中央的教育方针，积极探索并形成教育与生产劳动相结合的方式方法，丰富和完善农村教育内容。随着农村教育大运动的深入推进，发展

[①] 张玲玲、杨舒娴：《新中国成立初期党开展农民教育的实践形式》，《人民论坛》2021 年第 10 期，第 76～78 页。

[②] 方海兴：《论建国初期的工农教育》，《党史研究与教学》1998 年第 2 期，第 32～36 页。

[③] 《中共中央　国务院关于教育工作的指示》，《北京师范大学学报》（办学经验总结专号）1958 年第 S1 期，第 1～5 页。

农村教育变得十分激进。"人民公社大办教育的高潮，短短几个月的时间里，办起几万所农业中学和几十万所各种形式各种类别的工农业余学校。……全国绝大多数地区，基本上做到了人民公社队队有幼儿园和小学，社社有初中，县县有高中。"① 这种激进的办学方式虽然在较短的时间内极大地扩大了农村教育规模，但由于提出的许多教育发展目标不切实际，只重规模和速度，无暇顾及农村教育质量，极大地阻碍了农村教育的发展。1961年，国家开始对教育大运动进行反思，逐渐调整农村教育的发展速度和规模，从而使农村教育的发展逐渐恢复。

（一）开展农村群众性扫盲工作

1956年，中共中央、国务院颁布《中共中央　国务院关于扫除文盲的决定》，要求各地高度重视扫除文盲工作，按照"联系实际，学以致用"的原则，结合当地客观情况，在工农群众中大力开展识字教育，用5~7年时间基本上扫除农村和城市居民中的文盲。之后，全国各地掀起了轰轰烈烈的扫盲运动。根据1959年教育部召开的全国农村扫除文盲和业余教育工作电话会议，全国大约有11500万名青壮年农民参加了学习，有8000多万名青壮年农民扫除了文盲，文盲比例由新中国成立前的80%以上减少到40%左右。据相关资料统计，到1964年，全国农村青少年共计26400多万人，其中文盲、半文盲12774多万人，占48.4%，具有初小文化程度者占19.8%，具有高小文化程度以上者占31.8%。②

（二）创立半农半读教育制度

1958年，刘少奇在中共中央政治局扩大会议上提出"两种劳动制度、两种教育制度"的教育改革设想。③ 两种劳动制度是指工厂与机关里面八小时工作的劳动制度和半工半读的劳动制度，两种教育制度是指全日制的学校

---

① 魏峰、张乐天：《中华人民共和国成立以来农村教育政策价值取向的嬗变》，《教育科学研究》2017年第11期，第19~24页。
② 廖其发：《当代中国农村成人教育的主要成就和经验教训》，《西南师范大学学报》（人文社会科学版）2002年第3期，第67~75页。
③ 王玉强：《刘少奇关于两种劳动制度两种教育制度思想的形成与发展——教育与就业现状背景下的历史文献解读》，《毛泽东思想研究》2011年第4期，第63~67页。

教育制度和半工半读的学校教育制度。实行半工半读的劳动制度和教育制度，就是要解决我国长期存在的教育制度同劳动制度相脱节的问题，加快发展我国经济和文化教育事业。"两种劳动制度、两种教育制度"的教育改革设想得到了党中央的肯定和认可，成为当时党和国家的一项政策。在这一政策指导下，各地在办好全日制学校的同时，也相继创办了各种类型的半工（农）半读学校。1965 年，教育部在北京召开全国农村半农半读专题会议，指出半农半读制度是我国教育事业的一次深刻革命，要求今后农村教育实行全日制和半农半读制，抓好半农半读教育工作，扩大农业中学办学规模，积极试办半农半读中等技术学校。[①] 据统计，1965 年农村半农半读的主要形式——耕读小学在校生占全国小学生总数的 21.7%。[②] 由此可见，半农半读制度是党的教育方针和"两条腿走路"办学方针的贯彻落实，它紧密结合农村的现实基础和发展需要，积极探索农村教育改革发展的路径与措施，在扫除文盲、普及教育、培养工农知识分子等方面取得了明显成效。

（三）创办农业中学

农业中学是为了适应新中国建设和农业生产，在 20 世纪 50 年代末兴起的一种半耕半读的学校。农业中学由劳动人民集体创办，主要培养有社会主义觉悟、有农业生产知识技能的农村新型劳动者。1958 年，中央宣传部负责人陆定一在江苏省委召开的民办农业中学座谈会上指出："动员群众的力量办各种职业中学，特别是创办农业中学，使不能进普通初中的小学毕业生都能升学，这是一个好办法。办农业中学，不但有利于教育事业的大跃进，而且也有利于农业生产的大跃进。"之后，教育部召开第四次全国教育行政会议，指出"为着实现文化革命，必须大力举办农业中学、工业中学和手工业中学，把高小毕业生培养成为有社会主义觉悟，有文化，又有一定生产技能的劳动者"。随之，《人民日报》发表社论，号召大力发展民办农业中学。于是，全国很多地方相继举办了大量的农业学校。相关统计资料显示：1960 年，全国

---

① 徐健：《建国初期农村教育的几种形式》，《教育与职业》1999 年第 6 期，第 56～57 页。

② 中华人民共和国教育部计划财务司：《中国教育成就：统计资料（1949—1983）》，人民教育出版社，1984，第 220 页。

共有农业中学3万多所，在校学生296万人；1965年，全国共有农业中学5万多所，在校学生316万人。① 从举办农业中学的初衷和办学实际情况来看，农业中学在遵循中国当时社会发展和教育发展现实情况的基础上，较好地贯彻了"群众自办、半耕半读、勤俭办学和为生产服务"的办学方式与培养目标，为当时的农业生产发展培养了一批初级人才，具有一定的积极性。但在举办过程中出现的一哄而上、形式主义等弊端违背了教育发展规律，影响了农村教育的稳定发展和农村教育质量的提高，从而最终走向灭亡。

三　农村教育的停滞与破坏

1966年，历时十年的"文化大革命"爆发。"文化大革命"对社会主义各项事业造成了极大的破坏，农村教育在这一过程中也未能幸免。

（一）改革农村小学教育管理体制

1968年开始，贫下中农管理学校成为"文化大革命"中农村办学的方针。从1968年下半年开始，农村中小学陆续实行"贫下中农管理学校"。同年，《人民日报》发表了山东嘉祥县马集公社的一封信，信中建议：国家不再投资或少投资小学教育，农村所有公办小学下放到大队来办；学校教师均回所在大队工作，国家对小学教师不发工资，改为所在大队记工分并给予适当补贴；教师及其子女不再为非农业户口，不再吃商品粮，改为吃社员口粮。这一建议进一步推动了贫下中农管理学校的实践。② 贫下中农管理学校的农村小学管理体制就是让贫下中农走进学校、走进课堂，这一举措对加强社会主义政治思想文化建设、培养农村建设人才起到了一定的作用。但由于贫下中农往往文化程度较低，对农村教育工作不熟悉，让他们去"永远领导学校"，"占领上层建筑"，这是十分错误的做法，使多年形成的农村小学教师队伍近乎解散，给农村教师造成了身心上的伤害，严重影响了农村的基础教育发展。1976年10月，随着"四人帮"的垮台，"文化大革命"宣告

---

① 魏曼华：《反思大跃进中的"教育革命"》，《教育学报》2013年第2期，第96~112页。
② 李风华、陈湘林：《〈人民日报〉"学校下放"讨论述评》，《党史研究与教学》2014年第2期，第14~23页。

结束，"贫下中农管理学校"这个特殊时代形成的农村小学教育管理体制也成为历史。

（二）普及农村小学五年教育

1970年，国家修订《1971年和第四个五年国民经济计划纲要（草案）》，提出"争取在第四个五年计划期间，农村普及小学五年教育，有条件的地方普及七年教育"。1971年，《全国教育工作会议纪要》再次强调，争取在第四个五年计划期间普及农村小学五年教育，具备条件的地区可普及七年教育。[①] 1974年，国务院科教组提出"继续大力普及农村小学五年教育"，"积极创造条件，逐步在大中城市普及十年教育，在农村有条件的地区普及七年教育"[②]。在中央政策文件的指引下，全国各地农村积极行动，不少地方提出"小学不出村，初中不出队，高中不出社"的口号，农村人口受教育机会不断扩大，学龄儿童的入学率、巩固率、升学率持续提升，农村教育得到了较快发展。但受"左"倾思想影响，一些地方不顾当地农村客观实际，将国家提出的普及农村小学五年教育或七年教育的要求盲目扩大到普及农村初中乃至高中教育。这种严重违背农村经济社会实际和教育发展规律的做法，导致农村学校办学条件普遍较差、农村教育质量全面下降和教育效益严重下滑，阻碍了农村教育的健康发展。

（三）举办"五七"农业学校

"五七"学校是"文化大革命"的产物。在"文化大革命"期间，整个国民教育体系遭到严重破坏，不少农村教育机构被撤销，教育专职管理人员被遣散，农民教育受到严重影响。"五七"学校的办学形式虽然在一定程度上恢复了农村扫盲教育和业余教育，为农村初高中毕业生提供农业技术教育，使他们在教育过程中与劳动相结合，在一定程度上提高了农村青年、技术人员和管理干部的科学技术水平，在弥补农村农业技术人才不足、推广与

[①] 王慧、梁雯娟：《新中国普及义务教育政策的沿革与反思》，《河北师范大学学报》（教育科学版）2015年第3期，第31~38页。

[②] 王慧、梁娟：《"文革"时期农村普及教育的发展及其历史认识》，《内蒙古师范大学学报》（教育科学版）2014年第12期，第1~4页。

应用农业科技方面起到了一定作用；但由于"五七"农业学校办学模式及内容违背了社会发展规律和教育规律，学校的学制和对象都不确定，教师队伍也不稳定，教学地点频繁更换，办学效率和效果都很差，给社会造成了较大的负面效应。

四 农村教育的恢复发展

1978 年，党的十一届三中全会在北京召开，标志着我国进入社会主义现代化建设新时期，"左"倾思想彻底消除，社会大动乱全面结束，党的工作重点转移到社会主义现代化建设方面。同年，全国教育工作会议召开，邓小平同志在会议上指出，教育事业必须同国民经济发展要求相适应，努力提高教育质量，全面贯彻教育与生产劳动相结合的原则，提高农业中学、各类中等专业学校和技工学校的比例，从而开启了农村教育改革的新局面。

（一）改革农村教育管理体制

党的十一届三中全会以来，随着农村生产责任制的进一步发展和行政管理体制的重构，原有的农村教育管理体制弊端日渐凸显。当时农村基础教育主要实行国家统包、县级教育行政部门负责管理的体制，这一体制在贯彻党的教育方针、有计划有步骤地改造旧学校中能够有效发挥作用，但它统得过死，管得过多，各级教育管理部门责任划分不清。这些都极大地阻碍了农村教育的发展，需要尽快对农村教育管理体制进行改革，以破除农村教育发展面临的诸多障碍，充分发挥农村教育促进农村经济与社会发展的有效作用。1982 年，时任河北省委书记高扬带领相关部门负责人，在河北省的 5 个地区 10 多个县进行调研，撰写了《关于办好农村中小学的意见》，提出了八方面的改革措施，率先打破国家统揽的管理格局，在全省范围内对农村教育管理体制进行了改革探索。1985 年，中共中央印发《中共中央关于教育体制改革的决定》，针对政府有关部门对学校统得过死这一问题，提出基础教育实行地方负责、分级管理的原则，把发展基础教育的责任交给地方。1987 年，国家教育委员会、财政部印发《国家教育委员会、财政部关于农村基础教育管理体制改革若干问题的意见》，在肯定农村基础教育管理体制改革取得成效的基础上，提出基础教育实行地方负责，省、地（市）、县、乡四级要明确各自的职责，划分好县、乡两级政府职责权限，充分发挥在农村基础教育发展中的作用。由此，全国各地积极进行农村教育管理体制改革，各地乡镇大都建立起了基础教育管理机构，在乡镇政府直接领导和县教育行政部门的指导下，行使上级赋予自己的职权，具体管理和协调农村基础教育中出现的一些问题。农村基础教育实行地方负责、分级管理的管理体制后，农村教育事业真正被纳入当地乡镇经济和社会发展的整体规划之中，地方各级政府普遍重视农村教育，社会各界投身农村教育的热情空前高涨，农村教育经费随之大幅度增加，农村学校教育质量和办学水平持续提升，农村教育得到了快速发展。

（二）调整农村教育结构

新中国成立后，农村教育得到了较大发展。但受传统教育的影响，农村教育结构较为单一，职业教育、成人教育发展薄弱，培养的人才很少懂得农村生产和农业技术，农村教育结构亟待调整。1979 年，为加快培养农村急需的中等技术人才、管理人才和各类从业人员，全国不少地方开始尝试改革农村教育结构，试办农业中学和农村职业中学。1980 年，教育部、国家劳动总局印发《关于中等教育结构改革的报告》，决定实行普通教育与职业技术教育并举、全日制学校与半工半读学校和业余学校并举、国家办学与其他组织部门办学并举的教育方针，要求县以下的教育应主要面向农村，为农村的各项建设服务。1983 年，中共中央、国务院下发《中共中央　国务院关于加强和改革农村学校教育若干问题的通知》，要求各地要根据地方实际需要与可能，统筹规划，改革农村中等教育结构，发展职业技术教育，把一部分普通高中改办为农业中学或其他职业学校，新办一批职业学校。据统计，全国农业职业中学从 1980 年的 3314 所、在校生 45.4 万人增加到 1987 年的8387 所、在校生 267.6 万人，中等职业学校在校生占高中阶段在校生总数的 41.9%，农村中等教育结构不断优化，农村教育体系趋于完善。①

---

① 周凤华：《中等职业教育事业发展四十年：在反复中前行》，《中国职业技术教育》2018 年第 7 期，第 47～54 页。

（三）推行农村教育综合改革实验

农村教育综合改革始于 20 世纪 80 年代，它是在地方政府的统筹领导下，按照"教育必须为无产阶级政治服务，教育必须与劳动生产相结合"的要求，加强教育与工业、农业、科技等部门的联系，综合改革农村教育办学思想、管理体制、教育结构、教学内容等，实现农村教育与农村经济社会协调发展。1983 年，中共中央、国务院下发《中共中央　国务院关于加强和改革农村学校教育若干问题的通知》，针对农村教育脱离农村经济建设实际的问题，提出"农村学校的任务，主要是提高新一代和广大农村劳动者的文化科学水平，促进农村社会主义建设"①。1987 年，国家教委在借鉴各地农村教育改革经验的基础上，提出了在全国推进农村教育综合改革的设想，强调农村教育综合改革以推广先进农业科学技术为主要内容，以加强农村教育特别是职业技术教育和实用技术培训为主要手段，以促进农村经济社会发展。1988 年，国家教委决定在实施"燎原计划"的县市中，确定 116个县为全国农村教育综合改革实验县，从而使农村教育改革实验点在河北省阳原、完县、青龙三县"农村教育综合改革实验区"的基础上进一步扩大，这为各地农村教育综合改革提供了较好的经验和示范。1989 年，国家教委牵头成立了"农村教育综合改革领导小组"，在全国 115 个县建立了"全国农村教育综合改革百县实验区"，这为我国农村教育综合改革翻开了新的篇章。1995 年，国家教委出台《国家教委关于深入推进农村教育综合改革的意见》，要求坚持"点上深化，面上推广"的工作方针，继续认真抓好农村教育综合改革工作，加快发展农村教育事业，逐步形成适应现代化建设需要的农村教育体系，使农村教育与农村经济、社会协调发展。

（四）普及农村九年制义务教育

20 世纪 80 年代中期，尽管我国基础教育得到了一定程度的发展，但个别农村地区尚未普及小学教育，不少初中学生中途就业或辍学的现象比较突

---

①　《中共中央　国务院关于加强和改革农村学校教育若干问题的通知》，《中国教育报》1983年 5 月 19 日。

出，青壮年中的文盲、半文盲仍大量存在，学校办学条件差，教学条件较为落后，这都不利于儿童、少年的长远利益和国家、民族的发展。1985 年，中共中央出台《中共中央关于教育体制改革的决定》，提出积极地、有步骤地实行九年制义务教育，认为实行九年制义务教育是关系民族素质提高和国家兴旺发达的一件大事，为此决定制订义务教育法，经全国人民代表大会审议通过后颁行。1986 年，国家颁布《中华人民共和国义务教育法》，这是新中国成立以来我国最重要的一项教育立法，它标志着我国确立了普及义务教育的制度，使基础教育事业开始走上法制的轨道。《中华人民共和国义务教育法》对于我国实行义务教育的性质目的、年限步骤、社会家庭学校的义务、违法处罚、课程与教学等问题都做了明确的规定，它的颁布是中国教育史上的一件大事，也是现代中国教育的里程碑，必将推动我国基础教育迅速发展，课程和教学改革进入一个新阶段。普及九年制义务教育的重点和难点在农村，因此按照中央的决策部署，国务院和县级以上地方人民政府需要根据实际情况，设立专项资金，保障和扶持农村地区实施义务教育，分地区分阶段有计划地逐步推行九年制义务教育。为更快更好地普及农村义务教育，国家教委在编制九年制义务教育实施规划时特别强调农村义务教育的实施，并将农村九年制义务教育的实施规划具体到乡，全国各地也进行了农村九年制义务教育实施的广泛宣传，有的地方还制定了地方义务教育条例或法规，各级政府还层层建立目标责任制，签订普及义务教育的实施合同，这些都有力地推动了农村义务教育的实施。1992 年，党的十四大提出，"到本世纪末，基本普及九年义务教育，基本扫除青壮年文盲"，将普及义务教育的目标写进党的文件，成为全党关注的大事。[1] 2000 年，我国基本实现了在 85% 的人口地区普及九年义务教育的目标，使我国农村义务教育得到了极大的普及。

五　农村教育的全面发展

进入 21 世纪，随着教育理论的创新和内外环境的变化，之前农村教育

---

① 廖其发：《新中国 70 年义务教育的发展历程与成就——兼及普及教育》，《西南大学学报》（社会科学版）2019 年第 5 期，第 5～13、197 页。

的发展理念、发展目标和发展模式已不适应我国农村教育发展现状，需要进一步推进农村教育的改革。2001 年，国务院颁布《国务院关于基础教育改革与发展的决定》，从而拉开了 21 世纪我国农村教育改革发展的序幕。

（一）改革农村教育管理体制

2001 年，国务院召开第一次全国基础教育工作会议，会后颁布了《国务院关于基础教育改革与发展的决定》，决定实行由地方政府负责、分级管理、以县为主的农村义务教育管理体制。2002 年，国务院办公厅召开全国完善农村义务教育管理体制电视电话会议，时任国务院副总理李岚清在讲话中指出，农村义务教育的责任将主要由政府承担而不是农民承担、以县为主而不是以乡镇为主。会后，国务院办公厅下发了《关于完善农村义务教育管理体制的通知》，再一次强调农村义务教育实行"在国务院领导下，由地方政府负责、分级管理、以县为主"的体制，要求各级政府加强对农村义务教育的领导和管理，保证农村义务教育健康发展。[①] 2003 年，国务院召开全国农村教育工作会议，会后颁布了《国务院关于进一步加强农村教育工作的决定》，决定进一步坚持和完善"以县为主"的农村义务教育管理体制。2005 年，国务院下发《国务院关于深化农村义务教育经费保障机制改革的通知》，明确将农村义务教育全面纳入公共财政保障范畴，建立中央和地方分项目、按比例分担的农村义务教育经费保障机制。2006 年，新修订的《中华人民共和国义务教育法》从法律层面明确了农村义务教育管理体制，这标志着我国农村教育管理体制朝着法制化方向前进了一大步。新的农村教育管理体制从"农民为主"转向"政府为主"、从"以乡镇政府为主"转向"以县政府为主"，从而大大减轻了农民负担和乡镇政府的压力，使县级政府承担更大的责任，县级政府在发展农村教育过程中扮演更为重要的角色。同时，新的农村教育管理体制明确了中央、省、地（市）、县（区）、乡（镇）五级政府的职责，使各级政府能够责任明晰，将责任落在实处。

---

① 《国务院办公厅关于完善农村义务教育管理体制的通知》，http：//www.gov.cn/gongbao/content/2002/content_ 61475. htm，最后检索时间：2021 年 9 月 28 日。

（二）全面实施免费农村义务教育

义务教育是国家针对所有适龄儿童、少年实施的强制教育，是国家公益性事业的重要组成部分，它事关亿万名少年儿童健康成长和国家发展、民族未来。自 1986 年颁布《中华人民共和国义务教育法》以来，农村适龄儿童接受教育的权利有了法律保障，农村教育在法制化的轨道上不断前进，农村教育取得了较大进展。但是，由于国家经济发展水平限制、上级政府监督不力、各级政府财力保障不到位，不少地方在义务教育实施过程中对《中华人民共和国义务教育法》贯彻不力，履职不到位，在一定程度上阻碍了农村义务教育的深入推进。2006 年，第十届全国人民代表大会常务委员会第二十二次会议通过新修订的《中华人民共和国义务教育法》。新修订的《中华人民共和国义务教育法》指出，义务教育是国家必须予以保障的公益性事业，不收学费和杂费，从而让义务教育回归免费教育的本质。为了保障义务教育的公益性，新修订的《中华人民共和国义务教育法》明确了各级政府的法律责任，强调加大政府责任，指出义务教育实行国务院领导，省、自治区、直辖市人民政府统筹规划实施，县级人民政府为主管理的体制，政府在经费保障方面负有责任，并确立了经费保障机制，保证义务教育制度顺利实施。新修订的《中华人民共和国义务教育法》将农村义务教育公益性置于重要地位，要求各级政府承担起管理责任，建立有效的经费投入保障机制，为农村地区孩子公平享受九年义务教育提供有力保障。

在对义务教育阶段学生不收学费和杂费的同时，国家还对农村地区学生逐渐推行免费提供教科书、免收杂费和补助寄宿生生活费制度。2001 年，国务院颁布的《国务院关于基础教育改革和发展的决定》指出实施为贫困地区家庭经济困难中小学生免费提供教科书制度的试点，以减轻家庭经济困难学生的负担。2003 年，国务院印发《国务院关于进一步加强农村教育工作的决定》，决定要在已有助学办法的基础上，进一步健全农村家庭经济困难学生接受义务教育的助学制度，力争在五年之内对全国农村义务教育阶段家庭经济困难学生免杂费、免书本费、补助寄宿生生活费（简称"两免一补"）。2004 年，财政部、教育部颁布《对农村义务教育阶段家庭经济困难学生免费提供教科书工作暂行管理办法》，决定中央财政设立专项资金，对农村义务教育阶段家庭经济困难学生实行免费提供教科书的制度，重点用于国家扶贫开发工作重点县和民族、边疆地区的省定贫困县农村义务教育阶段家庭经济困难的学生，要求各级政府应同时承担对家庭经济困难学生免除杂费和补助寄宿生生活费的责任。2005 年，时任国家总理温家宝在第十届全国人民代表大会第三次会议上所作的《政府工作报告》中提出，从该年起到 2007 年，逐步从国家贫困县到全国农村免除农村义务教育阶段贫困家庭学生的书本费、杂费，并补助寄宿生生活费。至 2008 年秋季学期，我国义务教育阶段已有近 1.78 亿名城乡学生减免了学杂费，近 1.5 亿名农村学生免费获得教科书，1100 多万个家庭经济困难寄宿生享受到生活补助。2015 年，国务院印发《国务院关于进一步完善城乡义务教育经费保障机制的通知》，决定对城乡义务教育阶段学生免除学杂费、免费提供教科书，对家庭经济困难寄宿生补助生活费；免费教科书资金，国家规定课程由中央全额承担（含出版发行少数民族文字教材亏损补贴），地方课程由地方承担；家庭经济困难寄宿生生活费补助资金由中央和地方按照 5:5 比例分担，贫困面由各省（区、市）重新确认并报财政部、教育部核定。截止到 2017 年，我国已全面实现对城乡义务教育学生免除学杂费、免费提供教科书，并对全国 1604 万名城乡家庭经济困难寄宿生发放生活补助，补助金额 179.1 亿元，其中 90% 用于中西部地区。①

（三）推行城乡义务教育均衡发展

经过各级政府和社会各界多年的努力，我国义务教育发展取得了巨大成就。但由于经济社会发展差距的影响，历史形成的体制、机制等方面的原因，公共教育资源在不同主体间配置不均衡，城乡间的办学水平存在较大差距，严重影响了教育质量的整体提高和教育公平的全面实现。2005 年，教育部颁布《教育部关于进一步推进义务教育均衡发展的若干意见》，要求各

---

① 范先佐、唐斌、郭清扬：《70 年学生资助工作的系统回顾与经验总结》，《华中师范大学学报》（人文社会科学版）2019 年第 5 期，第 1~15 页。

级教育行政部门在认真组织实施国家各项重大义务教育工程和项目的同时，把工作的着力点放在推进县（市、区）域内义务教育均衡发展上来，切实落实教育经费"三个增长"和新增教育经费主要用于农村的要求，重点支持农村地区的义务教育发展，改善农村学校办学条件，把提高农村学校教育质量放在更加重要的位置。2006 年，新修订的《中华人民共和国义务教育法》提出，国务院和县级以上地方人民政府应当有效承担起发展义务教育的责任，合理配置教育资源，促进义务教育均衡发展，保障农村地区义务教育的全面实施。2010 年，教育部下发《教育部关于贯彻落实科学发展观　进一步推进义务教育均衡发展的意见》，要求地方各级教育行政部门在发展义务教育过程中要紧紧围绕均衡发展，进一步完善农村义务教育经费保障机制，加大财力、人力、物力等方面的支持力度，推动校长和教师在城乡之间合理流动，实施农村义务教育学校教师特设岗位计划，大力提高农村地区学校义务教育水平。同年，《国家中长期教育改革和发展规划纲要（2010—2020 年）》指出，义务教育均衡发展是一项关系教育和国家的战略性事业，要求建立健全义务教育均衡发展保障机制和城乡一体化发展机制，均衡配置各项教育资源，在财政拨款、师资配置、办学条件改善等方面向农村学校倾斜，到 2020 年基本实现区域内义务教育均衡发展。2012 年，国务院印发《国务院关于深入推进义务教育均衡发展的意见》，要求各级政府充分认识推进义务教育均衡发展的重要性、长期性和艰巨性，加强省级政府统筹，强化以县为主管理，建立健全义务教育均衡发展责任制，总体规划，统筹城乡，因地制宜，缩小城乡差距，深入推进义务教育均衡发展。截止到 2019 年，全国共有 23 个省份整体通过了国家认定，占 71.9%，累计 2767 个县（市、区）通过国家认定，占 95.3%。监测复查显示，绝大多数县义务教育基本均衡发展态势向好，99.2% 的县小学和初中校际综合差异系数保持在标准值之内。[1] 通过义务教育均衡发展的深入

---

[1]　姜军：《全面提高农村义务教育质量　实现义务教育均衡发展》，《中国政协》2020 年第 14 期，第 40～41 页。

推进，我国农村学校办学经费得到有力保障，办学条件得到较大改善，师资队伍得以持续优化，管理水平得以不断提高，教育质量和办学水平显著提升，城乡教育差距显著缩小。

（四）提高农村教育质量

根据《教育大辞典》的解释，教育质量是指教育水平高低和效果优劣的程度，其最终体现于培养对象的质量。衡量教育质量的标准主要为教育目的和各级各类学校的培养目标，教育目的是规定受教育者质量的一般要求，培养目标是规定受教育者质量的具体要求。教育质量既受到教育政策、教育制度的影响，也会受到教学计划、教学模式、教学内容和教学方法的影响，还会受到教师的基本素养、学生的学习基础以及师生参与教育活动积极性的影响。

教育质量是一个国家或地区教育发展的根本，一个国家或地区教育发展水平的高低主要取决于所办教育的质量。多年来，我国在扩展教育规模、扩大受教育机会、促进教育公平的同时，也非常重视教育教学质量的提高，出台了一系列关于提升教育教学质量的政策措施。早在 1978 年，教育部下发了《〈关于办好一批重点中小学的试行方案〉的通知》，决定办好一批重点中小学，提高中小学的质量。1983 年，教育部印发《教育部关于进一步提高普通中学教育质量的几点意见》，提出通过加强学生的思想政治工作，适当调整教学计划和教学内容，改进教学方法等措施，切实改变"只抓考分，忽视德育、体育，忽视基础知识和培养能力；只抓少数'尖子'毕业班，忽视大多数；只抓高中，忽视初中等片面追求升学率的错误做法"[1]。1994 年，国家教委印发《关于减轻义务教育阶段学生过重课业负担、全面提高教育质量的指示》，要求转变观念，深化教育教学改革，任何部门和个人都不得单纯以学科考试成绩或升学率高低评价学校和教师，淡化并逐步缩小非重点学校和重点学校的差距，努力办好每一所小学和初级中学，全面提高教

---

[1] 《教育部关于进一步提高普通中学教育质量的几点意见》，《人民教育》1983 年第 9 期，第 14～15 页。

育质量。1997 年，国家教委印发《国家教育委员会关于当前积极推进中小学实施素质教育的若干意见》，要求牢固树立正确的教育观、人才观和质量观，通过加强薄弱学校的建设、建立和完善课程体系、建立素质教育的督导评估体系等举措，使中小学由"应试教育"向全面提高国民素质转轨，培养德智体等全面发展的社会主义事业的建设者和接班人。2005 年，教育部下发《教育部关于进一步推进义务教育均衡发展的若干意见》，要求下大力气改善农村学校办学条件，改变城乡和学校之间教育差距，提高区域内义务教育的整体质量，推进义务教育均衡发展。2010 年，《国家中长期教育改革和发展规划纲要（2010—2020 年）》明确提出，要树立科学的教育质量观，把促进人的全面发展、适应社会需要作为衡量教育质量的根本标准。2013 年，教育部印发《教育部关于推进中小学教育质量综合评价改革的意见》，提出要把学生的品德发展、学业发展、身心发展、兴趣特长、学业负担状况等作为评价中小学教育质量的主要指标，建立综合评价指标体系和体现素质教育要求、以学生发展为核心、科学多元的中小学教育质量评价制度，推动中小学提高教育教学质量、办出特色。2016 年，国务院印发《国务院关于统筹推进县域内城乡义务教育一体化改革发展的若干意见》，要求合理规划城乡义务教育学校布局建设，完善城乡义务教育经费保障机制，统筹城乡教育资源配置，科学推进城乡义务教育公办学校标准化建设，整体提升义务教育办学条件和教育质量，使城乡学生共享有质量的教育。2019 年，中共中央、国务院出台《中共中央　国务院关于深化教育教学改革　全面提高义务教育质量的意见》，提出树立科学的教育质量观，重点加强乡村小规模学校和乡镇寄宿制学校建设，实施义务教育质量提升工程，促进县域义务教育从基本均衡向优质均衡发展，全面提高义务教育质量。在党和政府的关心重视下，在社会各界的共同努力下，随着教育制度和教育政策的不断健全，随着办学条件不断完善，随着教学计划、教学内容、教学方法和教学组织形式不断科学合理，随着教师素养和师生参与教育活动积极性的不断提高，学生在德、智、体、美、劳方面得到了较好的发展，我国农村教育质量得到了较大提升。

（五）实施城乡教育一体化发展

城乡差距既是历史的产物，也是政策推动的结果。自古以来，由于城市与农村的经济发展类型和社会地位不同，地理位置存在差异，在发展中逐渐形成了"城强农弱"的非平衡性城乡关系。新中国成立后开始的城乡分割的户籍制度和改革开放后实行的社会保障制度进一步加剧了这种非平衡性。2002 年。党的十六大明确提出了"统筹城乡经济社会发展"的政策思想，之后的十六届三中全会再次强调要按照"统筹城乡发展、统筹区域发展、统筹经济社会发展、统筹人与自然和谐发展、统筹国内发展与对外开放"的要求推进各项事业的改革与发展，逐渐破解二元经济结构。① 2007 年，党的"十七大"报告首次提出"城乡经济社会发展一体化"，提出要"建立以工促农、以城带乡长效机制，形成城乡经济社会发展一体化新格局"②。2008 年，党的十七届三中全会系统阐述了"城乡一体化"，提出"我国总体上已进入以工促农、以城带乡的发展阶段"。在此背景下，城乡教育一体化被提上议事日程。2009 年，时任国家总理温家宝在国家科技教育领导小组会议上的《百年大计，教育为本》讲话中明确提出，实现城乡统筹，把农村教育放在重要地位。2010 年，国家出台的《国家中长期教育改革和发展规划纲要（2010—2020 年）》正式提出了"城乡教育一体化"这一概念，强调通过建立城乡一体化义务教育发展机制来缩小城乡教育差距，这标志着我国正式从国家层面开始了城乡义务教育一体化的伟大实践。2016 年，国务院印发《国务院关于统筹推进县域内城乡义务教育一体化改革发展的若干意见》，提出坚持城乡并重原则，合理规划城乡义务教育学校布局建设，完善城乡义务教育经费保障机制，统筹城乡教育资源配置，着力解决"乡村弱"和"城镇挤"问题，加快缩小县域内城乡教育差距，努力推进县域内城乡义务教育一体化改革发展，为到 2020 年教育现代化取得重要进展和

---

① 杨小军：《建国以来统筹城乡发展思想的历史演进及其基本经验》，《华南农业大学学报》（社会科学版）2010 年第 1 期，第 151～156 页。

② 韦廷柒、唐圆梦：《十七大以来中国共产党统筹城乡发展的实践历程》，《理论导刊》2011 年第 10 期，第 15～17 页。

全面建成小康社会奠定坚实基础。2017 年，党的十九大报告提出，推动城乡义务教育一体化发展，高度重视农村义务教育。2020 年，习近平总书记在陕西考察时强调，要推进城乡义务教育一体化发展，缩小城乡教育资源差距，促进教育公平。

城乡教育一体化是指统筹城乡教育发展，整合城乡教育资源，打破城乡二元经济结构和社会结构的束缚，构建动态均衡、双向沟通、良性互动的教育体系和机制，推动县域内城乡义务教育学校建设标准统一、教师编制标准统一、生均公用经费基准定额标准统一、基本装备配置标准统一和"两免一补"政策城乡全覆盖，促进城乡教育资源共享、优势互补，基本消除城乡二元结构壁垒，基本实现县域义务教育均衡发展和城乡基本公共教育服务均等化。根据时任教育部部长陈宝生在第十三届全国人民代表大会常务委员会第五次会议上做的《国务院关于推动城乡义务教育一体化发展　提高农村义务教育水平工作情况的报告》：国家已出台《普通中小学校建设标准》，制定了城乡统一的学校建设标准；落实了城乡统一的教师编制标准，25 个省份小学、24 个省份初中已达到统一标准；建立了城乡统一、重在农村的义务教育经费保障机制，实现了城乡统一的生均公用经费基准定额标准；出台了做好普通中小学装备工作的意见，健全了与国家课程标准相匹配的中小学装备配置标准体系，完善了城乡统一的学校基本装备配置标准，并实现了"两免一补"政策全覆盖。

第二节　中国农村教育发展成就

新中国成立尤其是改革开放以来，我国农村教育取得了巨大的成就，不仅农村教育战略地位一再被确认和巩固，而且教育经费投入不断增长，办学条件不断改善，教师队伍素质不断提高，"两基"目标全面实现，农村教育直接服务"三农"能力显著提升。

一　农村教育战略地位不断强化

我国是一个农业大国，这一基本国情决定了我们必须重视大力发展农业。江泽民同志曾指出："农业问题不只是一大经济问题，也是一大政治问题，农业不发展整个国民经济就不可能持续稳定协调发展。"[1] 党的十三大报告中指出："从根本上说，科技的发展，经济的振兴，乃至整个社会的进步，都取决于劳动者素质的提高和大量合格人才的培养。"[2] 邓小平同志也说："人是生产力中最活跃的因素。这里讲的人，是指具有一定的科学知识、生产经验和技能，会使用生产工具，实现物质资料生产的人。"[3] 因此，要发展农业，振兴农村，就必须提高农村人口素质，重视并且大力发展农村教育。

改革开放以来，从中央到地方都十分重视农村教育的发展。1983 年，中共中央在《中共中央关于加强和改革农村学校教育若干问题的通知》中指出："提高劳动者政治、文化素质，造就农村需要的各种人才，是农村社会主义建设的一个重要方面。""农村学校的任务，主要是提高新一代和广大农村劳动者的文化科学水平，促进农村社会主义建设。"[4] 1992 年，国务院出台《国务院关于积极实行农科教结合　推动农村经济发展的通知》，提出"以促进农业和农村经济发展为目标，以推广先进农业科学技术为动力，以加强农村教育特别是职业技术教育和适用技术培训为基础，实现农业和农村经济的全面振兴。"[5] 1995 年，国家教委印发《国家教育委员会关于深入推进农村教育综合改革的意见》，要求"农村教育转到主要为当地经济建设和社会发展服务的轨道上来"[6]。2001 年，国务院出台了《国务院关于基础

---

① 李明生：《试论江泽民同志新时期发展农业的思想》，《财经理论与实践》2001 年第 4 期，第 2～4 页。
② 《赵紫阳在中国共产党第十三次全国代表大会上的报告》，http：//www.gov.cn/test/2008 - 07/01/content_ 1032279. htm，最后检索时间：2021 年 9 月 30 日。
③ 田启波、严一：《系统地分析中国社会主义社会发展动力——学习邓小平的社会主义社会发展动力观》，《北京大学学报》（哲学社会科学版）2001 年第 3 期，第 29～35 页。
④ 《中共中央　国务院关于加强和改革农村学校教育若干问题的通知》，《中国教育报》1983 年 5 月 19 日。
⑤ 黄敬前、郑庆昌：《建国以来我国农业科技政策及其特征分析》，《技术经济与管理研究》2014 年第 9 期，第 124～128 页。
⑥ 《国家教委关于深入推进农村教育综合改革的意见》，《北京成人教育》1995 年第 9 期，第 19～21 页。

教育改革与发展的决定》，提出大力推进"以县为主"的教育管理体制改革，实现由"农村教育农民办"到"农村教育政府办"的根本性转变。2003年，国务院颁布《国务院关于进一步加强农村教育工作的决定》，指出农村教育在全面建设小康社会中具有基础性、先导性、全局性的重要作用，要求从实践"三个代表"重要思想和全面建设小康社会的战略高度，优先发展农村教育。2017年，党的十九大报告指出："推动城乡义务教育一体化发展，高度重视农村义务教育，办好学前教育、特殊教育和网络教育，普及高中阶段教育，努力让每个孩子都能享有公平而有质量的教育。"[①] 2018年，中共中央、国务院印发《乡村振兴战略规划（2018—2022年）》，提出要"优先发展农村教育"。2019年2月，中共中央、国务院颁布《中国教育现代化2035》，明确指出："提升义务教育均等化水平，建立学校标准化建设长效机制，推进城乡义务教育均衡发展。"[②] 2004年2月，四川省人民政府印发了《四川省人民政府关于进一步加强农村教育工作的决定》，认为农村教育在全面建设小康社会中具有基础性、先导性、全局性的重要作用，在构建具有中国特色的现代国民教育体系和建设学习型社会中具有十分重要的地位，要求全社会提高认识，统一思想，切实落实农村教育的战略地位。由此可见，农村教育的战略定位不断强化，国家将农村教育作为教育工作的重中之重，我国从上到下形成了社会主义现代化建设需要依靠农村教育、农村教育要为社会主义现代化建设服务、优先发展农村教育、科教兴国与科教兴农有机结合、城乡教育一体化和均衡发展等良好的意识氛围。

二　"两基"目标全面实现

为推动地区教育发展，全面提高劳动者素质，促进区域之间、城乡之间和经济社会协调发展，推动社会进步，我国在20世纪末就提出了基本普及

---

① 《习近平在中国共产党第十九次全国代表大会上的报告》，《人民日报》2017年10月28日。
② 《中共中央、国务院印发〈中国教育现代化2035〉》，《人民教育》2019年第5期，第7～10页。

九年义务教育、基本扫除青壮年文盲这一伟大目标。2004 年 2 月，国务院办公厅转发教育部等部门《国家西部地区"两基"攻坚计划（2004—2007 年）》，计划到 2007 年，西部地区整体实现"两基"目标，"两基"人口覆盖率达到 85% 以上，初中毛入学率达到 90% 以上，扫除 600 万名文盲，青壮年文盲率下降到 5%，以实现西部地区普及义务教育，扶持西部地区普及九年义务教育、基本扫除青壮年文盲，提高国民素质，缩小东西部差距，促进地方经济社会发展。

为推动"两基"目标如期实现，国家领导者多次就攻坚工作做出重要指示，教育部负责人直接指导"两基"攻坚工作，在一线指导、检查工作。教育部、国家发改委、财政部分别与西部各省（区、市）政府和新疆生产建设兵团签署了"两基"攻坚责任书，明确了各省攻坚目标和任务，并组织召开现场汇报会，检查各省责任书落实情况，及时总结交流经验，加大推进力度。通过实施农村寄宿制学校建设工程和农村中小学现代远程教育工程，实行"两免一补"和农村义务教育经费保障新机制，强化西部农村教师队伍建设。2007 年底，410 个攻坚县中，368 个实现了"两基"目标，其余 42 个达到了"普六"标准，西部地区"两基"人口覆盖率达到 98%，比 2003 年初的 77% 提高了 21 个百分点，超出计划目标（85%）13 个百分点，各省初中毛入学率超过规划提出的 90%，累计扫除 600 多万名文盲，青壮年文盲率降到 5% 以下。完成"两基"攻坚任务的 368 个县，都经过了省级政府的检查验收，并经国家教育督导团的审查认定，由教育部发布实现"两基"公告。①

2011 年底，经过各级政府和社会各界的不懈努力，通过实施西部地区"两基"攻坚计划、积极改善农村办学条件、全面实施真正免费义务教育、建立健全国家助学制度、保证学生不会因经济原因而中断学业等措施，全国所有县级行政单位"两基"目标全面实现，"两基"人口覆盖率达到

---

① 王爱云：《改革开放 40 年中国共产党推进教育公平的实践和经验》，《党的文献》2018 年第 6 期，第 70 ~ 79 页。

100%，青壮年文盲率下降到 1.08%，在 9 个发展中人口大国中率先实现全民教育目标，这是中国教育发展史上的重要里程碑。四川省自 1986 年开始全力推进"两基"工作以来，历经基本普及初等教育、基本普及九年义务教育和基本扫除青壮年文盲、实现"两基"人口全覆盖三个历史阶段，至 2010 年底，全省 181 个县（市、区）全部通过"两基"验收，"普九"人口覆盖率达到 100%，全面实现"两基"目标；2011 年，四川全面实现"基本普及九年义务教育和基本扫除青壮年文盲"目标；2018 年，四川省共有 165 个县（市、区）通过了国家督导评估认定，按规划实现了全省县域义务教育均衡发展目标；2019 年，四川在全面实现九年义务教育的基础上，创新实施民族地区 15 年免费教育，小学、初中、高中毛入学（园）率分别达 99.92%、99.64%、92.71%，基础教育规模居西部第一。①

三　基础教育、职业教育和成人教育协同发展

新中国成立之初，我国在农村基本实行单一的普通教育模式，教育结构较为单一，农村职业教育和成人教育未能得到应有的重视和发展。改革开放以来，国家不断完善教育结构改革，在农村大力发展职业教育和成人教育。2002 年 11 月，教育部下发的《教育部关于进一步加强农村成人教育的若干意见》指出：作为我国教育的重要组成部分，农村成人教育是构建终身教育体系、建设学习化社会的重要内容，承担着提高农村成人思想政治和科学文化素质，促进农村经济社会发展的重要任务，要求进一步加强农村成人文化技术学校建设，改进教学方法和教学手段，加强师资队伍建设，紧紧围绕农业和农村产业结构战略性调整，继续开展初、中等文化教育；以实用技术培训为重点，增强农村劳动力掌握和运用先进实用技术的能力；积极开展乡镇企业职工岗位培训和农村富余劳动力转移培训，提高他们的知识水平、专业技能和安全生产知识；积极开展"绿色证书"教育，农村基层干部、后

---

① 《70 年来四川教育发生历史性变革　成名副其实教育大省》，http://sc.people.com.cn/n2/2019/0905/c345509-33326795.html，最后检索时间：2020 年 12 月 1 日。

备干部和农业技术人员的培训；积极开展多种形式的时事政治、民主法制、人口环境、科学普及以及社会文化生活等多方面的教育活动；等等。2011年，教育部、国家发改委等九部门联合印发《教育部等九部门关于加快发展面向农村的职业教育的意见》，认为加快发展面向农村的职业教育对推进农业现代化和社会主义新农村建设具有重要价值，要求各级政府和学校既要加强学校教育，又要强化技能培训，既要重视全日制教育，又要重视非全日制教育，构建符合终身教育理念的现代农村职业教育体系，为农村发展培养一批优秀人才，更好地促进县域经济社会发展。

经过一系列改革，教育结构单一现象得到大大改观，农村职业教育和成人教育得到大力发展，并取得了显著成效：构建了以服务"三农"和县域经济社会发展为目标，学历教育和非学历教育体系两翼并举，初、中、高等层级明晰，县、乡、村三级整体布局，形式丰富、结构合理、机制灵活、系统完善的中国特色农村职业教育和培训体系；创造了多样灵活的办学形式，涌现出了"市县合作、三段培养"的海南模式、"以城带乡、城乡联合"的河南模式、四川藏区"州内打基础、内地学技能"的办学模式，走出一条"政策指导—实践探索—经验总结—全国推广"的自下而上和自上而下相结合的创新办学路径；推行"工学结合、校企合作"的人才培养模式，在实践领域强化校企合作，农村职业学校以产教融合为基础改革人才培养模式，校企合作制度框架基本形成。农村成人教育网络也基本建成，绝大多数县拥有成人教育中心或职成教中心，乡镇有成人文化技术学校，甚至有的村拥有成人文化技术学校或中小学兼有成人教育与职业教育功能，有的地区还办有以成人教育功能为主的社区教育中心。如四川省南部县始终坚持成人教育必须为农村经济发展服务的原则，采取灵活多样的办学方式，既有企业、部门"自立门户"单独办学，又有多个单位、社会力量联合办学，既有大、中专层次的学历教育，又有各种各样的文化补习班和短期技能培训班，既有全日制脱产学习，又有函授、自考等半脱产或者业余学习，以提高职工实际工作技能，提高职工文化素质，为经济建设培养各种急需人才。至此，我国农村初步实现了普通教育、职业教育、成人教育或继续教育三教并存、共同发展的局面。

四　教师队伍建设成效显著

教师是立教之本、兴教之源。新中国成立以来，党和国家高度重视教师工作，把教师队伍建设作为加快农村教育发展最重要的基础工作来抓。历经70多年的发展，我国农村教师队伍建设取得了举世瞩目的成就，建成了一支数量基本充足、结构日趋合理、素质不断提高的农村教师队伍，有力地支撑起了世界上最大规模的教育体系，成为新时代加快乡村振兴、建设人力资源强国的重要依靠力量。根据《中国农村教育发展报告 2017》：我国乡村师生比不断提升，小学由 2012 年的 1∶15.88 上升到 2015 年的 1∶14.57，初中由 2012 年的 1∶12.46 上升到 2016 年的 1∶10.98，均高于城镇学校；乡村学校班师比不断下降，小学由 2012 年的 1∶1.86 下降到 2015 年的 1∶1.90，初中由 2012 年的 1∶3.85 下降到 2016 年的 1∶4.03。农村学校教师学历继续提升，城乡差距进一步缩小，2016 年，全国小学专科及以上学历教师比例为 93.70%，农村为 91.80%，城乡差距为 7.2 个百分点，比上年缩小 1.4 个百分点；全国初中本科及以上学历教师比例为 82.50%，农村为 78.60%，城乡差距为 11.7 个百分点，比上年缩小 1.3 个百分点。2017 年，全国小学专科及以上学历教师比例为 95.26%，其中农村为 93.80%；全国初中本科及以上学历教师比例为 84.63%，其中农村为 81.10%（见图 5-1），城乡差距较 2016 年进一步缩小。[1] 许多地区开始扩大乡村教师职称评聘机会，不少省份通过统一岗位结构比例、单独评审、指标单列、特设岗位、取消名额和比例限制等形式将优秀教师评聘机会向乡村倾斜。调查还显示，《乡村教师支持计划（2015—2020 年）》实施后，对支持计划持满意态度的乡村教师占比达 84.85%，83.46% 的乡村教师愿意继续留在乡村学校任教。[2] 调查发现，地处革命老区的四川省巴中市积极推行教师"县管校

---

[1] 《〈中国农村教育发展报告 2017〉发布》，http://www.jyb.cn/zcg/xwy/wzxw/201712/t20171223_900288.html，最后检索时间：2020 年 12 月 1 日。

[2] 《〈中国农村教育发展报告 2019〉：乡村教师队伍建设成效明显》，http://www.gov.cn/xinwen/2019-01/13/content_5357587.htm，最后检索时间：2021 年 7 月 20 日。

用"制度，完善县域内教师编制动态管理，合理解决农村中小学教师结构性缺编问题；加大"省属免费师范生定向培养计划""特岗计划"申报力度和实施规模，鼓励本籍学生学成后回巴中执教，"十二五"期间安排 9600 余名新进教师赴乡村学校任教；以"国培""省培"及远程非学历培训为主，通过集中培训、网络研修、专家指导、校本研修等方式，对教师开展全员培训，2015 年以来集中培训乡村教师 3000 余人次，从而使教师队伍素质整体提高。①

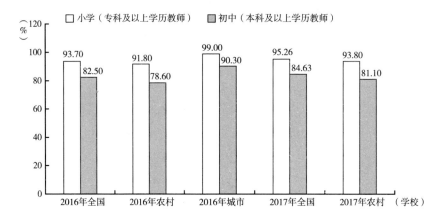

图 5 - 1　2016～2017 年我国城乡学校教师学历比较

五　办学条件大大改善

一般而言，学校办学条件是指学校为推进教育活动顺利开展所需要的人、财、物等各种资源的总称。办学条件既包括师资等方面的"软件"，也包括校舍、设备等方面的"硬件"，这里仅从"硬件"方面对农村学校办学条件进行分析。良好的办学条件既是学校办学的基础，也是保障学校教学活动正常开展、提高教育教学质量的前提。新中国成立尤其是改革开放以来，我国出台了一系列政策措施来改善农村学校办学条件。1982 年，教育部出台了《中等师范学校及城市一般中、小学校舍规划面积定额（试行）》，对中等师范学校及城市一般中小学校舍规划面积定额提出了相应标准，并要求县和农村中小学的校舍规划面积定额，由各省市、自治区教育厅（局）会同有关部门结合本地区的实际情况制定。这是新中国成立以来第一个用以指导学校建设规划的专门文件。1987 年，国家计划委员会颁布了《中小学校建筑设计规范》，对学校的选址、布局、建筑构造、室内环境等都进行明确规定。与此同时，国家还先后出台了《学校课桌椅功能尺寸》（1983）、《学校课桌椅卫生标准》（1987）、《中小学体育器材设施配备目录》（1989）、《全日制小学音乐教学器材配备目录》（1995）等文件，对中小学的设施设备标准也进行相应规定。1993 年，中共中央、国务院印发《中国教育改革和发展纲要》，提出增加用于中小学购置仪器设备和图书资料的资金，解决中小学校仪器设备、教科书和图书资料短缺的问题。1997 年，国家教育委员会编制了《农村普通中小学校建设标准》，并于 2008 年进行修订，对农村学校布局、选址与校园规划、建设用地指标、校舍建筑面积指标、校舍主要建筑标准等方面做出了明确规定，将农村学校建设标准纳入中小学建设标准中。此后，国家多个部门先后出台了《关于在中小学实施"校校通"工程的通知》（2001），《学校课桌椅功能尺寸标准》（2002）、《中小学体育器材设施设备目录》（2002）、《中小学图书馆（室）规程（修订）》（2003）、《中小学理科实验室装备规范》（2006）、《教育信息化十年发展规划（2011—2020 年）》（2011），对学校的课桌、实验及信息技术装备、器材、图书等制定了配套政策与标准，十分关注学校的功能装备设施，这对农村学校的办学条件规范与改善起到了很好的促进作用。2008 年，教育部办公厅、国家发展改革委办公厅下发《教育部办公厅、国家发展改革委办公厅关于进一步加强中西部农村初中校舍改造工程质量管理的通知》，要求各级教育行政部门应对"初中工程"科学选址，合理设计，确保施工质量。2009年，国务院办公厅印发《国务院办公厅关于印发全国中小学校舍安全工程实施方案的通知》，要求地方政府对中小学校舍进行全面排查鉴定，科学制定校舍安全工程实施规划和方案，分类、分步实施校舍安全工程，全面改善中小学校舍安全状况。2012 年，住房和城乡建设部制定了《中小学校设计规范》，对城乡学校建设提出了一体化的标准。同年出台了《中小学校设计规范》，更新并细化了中小学校办学条件要求。此后，国家又相继出台了《教育部　国家发展改革委　财政部关于全面改善贫困地区义务教育薄弱学校基本办学条件的意见》（2013）、《教育部办公厅　国家发展改革委办公厅　财政部办公厅关于制定全面改善贫困地区义务教育薄弱学校基本办学条件实施方案的通知》（2014）、《全面改善贫困地区义务教育薄弱学校基本办学条件工作专项督导办法》（2015），重点加强实施农村薄弱学校改造工程，以推进农村学校标准化建设，全面改善农村学校办学条件，整体提升农村学校办学水平。2018 年，教育部印发《教育信息化 2.0 行动计划》，提出通过数字资源服务普及行动、网络学习空间覆盖行动、网络扶智工程攻坚行动、数字校园规范建设行动、智慧教育创新发展行动等，到 2022 年无线校园和智能设备应用全面普及，数字校园建设覆盖全体学校。

　　根据《中国农村教育发展报告 2019》，2017 年，全国普通小学（含教学点）设施设备配备达标的学校比例情况分别为：体育运动场（馆）面积达标学校比例为 84.77%，体育器械配备达标学校比例为 89.99%，音乐器材配备达标学校比例为 89.60%，美术器材配备达标学校比例为 89.41%，数学自然实验仪器达标学校比例为 89.57%，其中乡村小学体育运动场馆、体育器械、音乐器械、美术器械、教学自然实验仪器达标率均在 83% ~88%，在 2016 年的基础上提高了 12 ~13 个百分点。全国普通初中设施设备配备达标的学校比例情况分别为：体育运动场（馆）面积达标学校比例为 90.35%，体育器械配备达标学校比例为 93.97%，音乐器材配备达标学校比例为 93.44%，美术器材配备达标学校比例为 93.17%，理科实验仪器达标学校比例为 94.11%（见图 5 –2），其中乡村普通初中办学条件达标率在 89% ~93%，在 2016 年的基础上提高了 5 ~8 个百分点。乡村小学校园建网率为 56.81%，在 2016 年的基础上提高了 10.16 个百分点；乡村初中校园建网率为 68.37%，在 2016 年的基础上提高了 2.78 个百分点。① 调查发现，广元市在 2014～2018 年投入财政资金72242 万元，新建改扩建校舍 394034 平方米，新改建运动场 576751 平方米，购置学生生活设备设施 18242 件，购置图书 106396 册，购置数字教育资源181713GB，购置课桌凳 18624 套，购置计算机、教学仪器设备等 3106198 台（件），极大地改善了全市义务教育学校办学条件。②

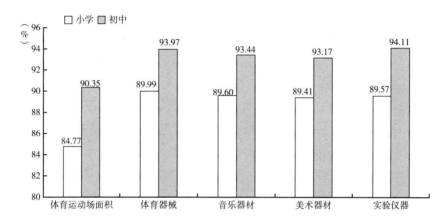

图 5 - 2　2017 年全国义务教育学校设施设备达标情况

第三节　我国农村教育发展的主要经验

新中国成立以来，我国农村教育历经改造重建、初步探索、破坏停滞、恢复发展、全面发展几个阶段，取得了举世瞩目的成就，不仅教育经费持续增长，办学条件大大改善，教师队伍不断优化，而且管理水平进一步提高，创造了 14 亿人口大国教育跨越式发展的奇迹，为我国农村教育的进一步发展积累了宝贵经验，为世界教育发展提供了有益启示。

① 《中国农村教育发展报告 2019》，http：//www.360doc.com/content/19/0113/12/61492514_808554255.shtml，最后检索时间：2020 年 12 月 1 日。
② 《广元市继续加大财政投入力度　积极改善义教办学条件》，http：//www.sc.gov.cn/10462/10464/10465/10595/2019/11/12/5d03ad84ac524a299121e06fe9e27d0c.shtml，最后检索时间：2020 年 12 月 1 日。

一 强化政府责任是发展农村教育的根本保障

教育具有公益性，同时也是一项巨大的系统工程，需要党和政府给予高度重视和大力支持才能得到有效发展。农村作为一个国家和社会教育的重要组成部分，其发展也理应需要政府的重视与支持。新中国成立以来，正是在党的坚强领导和各级政府的关心支持下，我国农村教育才得以持续健康发展。

1949 年，我国第一届中国人民政治协商会议全体会议在北京召开，会议通过了具有临时宪法性质的《中国人民政治协商会议共同纲领》，其中规定"中华人民共和国的教育为新民主主义的，即民族的、科学的、大众的文化教育"，这对我国教育性质进行了明确规定，这一规定表达了国家发展农村教育的愿望与意志。因为当时经济以发展农业为主，农村人口是社会人口的主要构成部分，发展民族的、科学的、大众的文化教育就必须注重农村人口的教育。之后，国家确立了"教育为工农服务"的教育方针，扩大农民及其子女的受教育机会，从而进一步促进了农村教育的发展。改革开放后，国家突出农村和农业的发展问题，并突出了农村教育在农村和农业发展中的核心地位。1985 年，中共中央颁布了《中共中央关于教育体制改革的决定》，决定把发展基础教育的责任交给地方，实行分级办学、分级管理，突出基层地方政府的责任。由于这种管理体制的责任下放过低，地方政府常常无力负担庞大的基础教育经费，农村教育举步维艰。2001 年，国务院颁布《国务院关于基础教育改革与发展的决定》，决定农村义务教育实行在国务院领导下，由地方政府负责、分级管理、以县为主的体制，从而将农村义务教育的管理责任上收到县，从而大大缓解了农村教育办学经费紧张问题，保障了农村教育的健康发展。2002 年，国务院办公厅下发《国务院办公厅关于完善农村义务教育管理体制的通知》，提出农村义务教育实行"在国务院领导下，由地方政府负责、分级管理、以县为主"的体制，县级人民政府对农村义务教育负有主要责任，省、地（市）、乡等地方各级人民政府承担相应责任，中央政府给予必要的支持。2003 年，国务院印发《国务院关于进一步加强农村教育工作的决定》，明确农村教育在全面建设小康社会中的重要地位，强调农村教育是教育工作的重中之重，要求地方各级人民政府建立健全农村教育工作领导责任制，按照农村义务教育"以县为主"管理体制的要求，省级政府要切实均衡本行政区域内各县财力，县级政府要切实担负起对本地教育发展规划、经费安排使用、校长和教师人事等方面进行统筹管理的责任。2006年，新修订的《中华人民共和国义务教育法》从法律高度再次规定义务教育实行国务院领导，省、自治区、直辖市人民政府统筹规划实施，县级人民政府为主管理的体制。在中央统一领导下，由省级政府统筹、县级政府为主进行管理，能有效调动中央和地方政府改革发展农村义务教育的积极性，尤其是强化财力和管理能力较强的省级政府的责任，对农村教育的健康发展起到了重要作用。2010年，中央颁布的《国家中长期教育改革和发展规划纲要（2010—2020年）》强调教育的公益性和普惠性，决定进一步加大省级政府对区域内各级各类教育的统筹，依法落实发展义务教育的财政责任，建成覆盖城乡的基本公共教育服务体系，逐步实现基本公共教育服务均等化。由此可见，正是在党的坚强领导下，通过各级政府的统筹协调，强化各级政府相应责任，加大对农村教育的投入与管理，我国农村教育才得以健康发展并取得今天的成就。

二　优先发展是发展农村教育的有力举措

百年大计，教育为本。教育不仅关乎个体发展、家庭幸福，而且关乎国家强盛、民族复兴。改革开放以后，党和国家始终将"优先发展"作为发展教育的主题一以贯之。1987年，党的十三大报告提出我们必须把发展教育事业放在突出的战略位置，加快和深化教育改革；1992年，党的十四大报告首次提出把教育摆在优先发展的战略地位，努力提高全民族的思想道德和科学文化水平；1997年，党的十五大报告提出实施科教兴国战略，切实把教育摆在优先发展的战略地位；2002年，党的十六大报告提出大力发展教育和科学事业，必须把教育摆在优先发展的战略地位；2007年，党的十七大报告提出优先发展教育，建设人力资源强国；2012年，党的十八大报告提出要坚持教育优先发展，努力办好人民满意的教育；2017年，党的十九大报告提出建设教育强国，优先发展教育事业。由此可见，在国家的发展战略中，党一直坚持教育优先发展战略。

农村教育作为教育的重要组成部分，在建设人力资源强国、实现中华民族伟大复兴中具有基础性、先导性、全局性作用。农村教育质量的高低直接关系到农村各类人才培养，关系到农村经济社会的整体进步，关系到小康社会的全面实现。党和国家在坚持教育优先发展的同时，也一直将农村教育置于整个教育体系中的优先发展位置加以发展。2000 年，我国实现了基本普及九年义务教育和基本扫除青壮年文盲，党中央、国务院根据我国经济和社会发展的实际逐渐将教育工作的重点转移到农村教育上来。2003 年，国务院在北京召开了新中国成立以来第一次全国农村教育工作会议，颁布了《国务院关于进一步加强农村教育工作的决定》，认为农村教育在全面建设小康社会中具有基础性、先导性、全局性的重要作用，要把农村教育作为教育工作的重中之重。2017 年，党的十九大报告提出推动城乡义务教育一体化发展，高度重视农村义务教育，让每个孩子都能享有公平而有质量的教育。2018 年，中共中央、国务院印发《中共中央　国务院关于实施乡村振兴战略的意见》，提出优先发展农村教育事业，提高农村教育保障水平。之后，中共中央、国务院出台的《乡村振兴战略规划（2018—2022 年）》再次强调优先发展农村教育事业，提升乡村教育质量，满足乡村产业发展和振兴需要。2019 年，中共中央、国务院印发了《中国教育现代化 2035》，提出以农村为重点，推动各级教育高水平高质量普及，推进城乡义务教育均衡发展，实现基本公共教育服务均等化。正是优先发展农村教育事业，才有效解决了农村教育经费短缺、办学条件差、教育质量不高、城乡教育发展不平衡等问题，为我国城乡教育的整体协调发展、从教育大国到教育强国转变提供了有力支持；正是优先发展农村教育事业，才极大地提高了农村人口文化素质，培育出一支新型职业农民队伍和专业人才队伍，为乡村振兴提供了人才支撑，为全面小康社会的建成和中华民族的伟大复兴提供有力保障。

三　从国情出发是农村教育发展的前提

农村教育发展既要顺其规律，也要合乎国情，世界上不存在一成不变的农村教育发展模式，也没有放之四海而皆准的农村教育发展举措，任何国家在任何时期发展农村教育都必须符合当时社会政治、经济、文化等方面的实际情况。新中国成立初期，由于不少农村学校办学思想、办学模式还更多保留了半殖民地半封建社会的影子，这与新中国的社会性质和社会要求不符，于是国家将农村教育的重心放在教育社会属性的改造上，逐渐建立起了社会主义性质的农村教育。随着农村教育社会性质改造的完成，人们逐渐将重心转移到农村教育的发展，因为当时的农村人口众多、受教育程度低，严重影响了农村经济社会的发展。要发展农村经济，就需要提高人口素质；要提高农村人口素质，就需要大力发展农村教育。于是各地大力发展初等教育乃至中等教育，举办各种成人培训班等，从而在短期内大大提高了农村人口的文化素质。

改革开放之后，农村人口受教育程度整体依然较低，文盲半文盲现象较为严重，与国民经济和社会发展不相适应。基于此，国家针对农村教育的首要任务就是实施义务教育，扫除农村大量存在的文盲和半文盲人口。1986年，国家颁布了《中华人民共和国义务教育法》，这是我国教育史上的一件大事，对发展我国农村教育，提高农村人口文化素质，具有十分重要的意义。但由于受当时经济发展水平的影响，国家尚无力为学龄人口提供免费的九年义务教育，许多学龄人口，尤其是农村孩子由于家庭经济条件较差，受教育意识淡薄，常常辍学在家或外出务工。1989年，团中央和中国青少年发展基金会联合发起"希望工程"，并于同年发起"春蕾计划"，希望通过在广大农村建设希望小学，资助农村失学儿童重返校园，尤其是资助贫困地区失辍学女童继续学业。截止到2019年，希望工程已累计接受捐款152.29亿元，资助家庭经济困难学生599.42万名，援建希望小学20195所，相当程度上弥补了我国基础教育投入不足的问题；① "春蕾计划"累计筹集社会爱心捐款21亿元，捐赠人数达2784万人次，在全国范围内资助春蕾女童超

----

① 《希望工程累计受捐152.29亿元》，http：//paper. ce. cn/jjrb/html/2019 – 11/22/content_406458. htm，最后检索时间：2020年12月1日。

369 万人次，捐建春蕾学校 1811 所。① 为加快中小学危房改造步伐，国务院
自 2001 年开始在全国实施中小学危房改造工程。2003 年，针对农村学校办
学条件差、学校危房现象严重这一问题，教育部、国家发展改革委、财政部
印发《国家发展改革委、教育部、财政部关于农村中小学危房改造工程的
实施意见》，决定实施农村中小学危房改造工程，进一步加强农村教育工
作。此后，中央及地方针对农村教育的办学条件、教师素质等实际情况，相
继启动了"农村中小学现代远程教育工程""农村教师素质提高工程""东
部地区学校对口支援西部贫困地区学校工程"，有力地改善了农村学校办学
条件，提高了农村教师队伍素质，大大提升了农村学校的教育质量和办学
水平。

与此同时，随着改革开放的不断深入和城镇一体化建设的持续推进，农
村留守儿童和农民工随迁子女的教育问题日益凸显。根据《中国儿童福利
与保护政策报告 2019》，截至 2018 年 8 月底，全国共有农村留守儿童 697
万名，全国义务教育阶段在校生中共有进城务工人员随迁子女 1424.04 万
人。② 2016 年，国务院印发《国务院关于加强农村留守儿童关爱保护工作的
意见》，提出从家庭监护、政府责任、教育任务、群团组织、财政投入五个
维度建立完善农村留守儿童关爱服务体系，强化农村留守儿童关爱保护工作
保障措施。同年，国务院印发《国务院关于加强困境儿童保障工作的意
见》，提出坚持问题导向，优化顶层设计，加快形成家庭尽责、政府主导、
社会参与的困境儿童保障工作格局，建立健全与我国经济社会发展水平相适
应的分类保障制度和服务体系。2019 年，民政部、教育部、公安部等十部
门下发《关于进一步健全农村留守儿童和困境儿童服务体系的意见》，明确
了未成年人救助保护机构和儿童福利机构的职能定位和发展方向，要求各地
将农村留守儿童关爱保护和困境儿童保障纳入政府购买服务指导性目录。同

---

① 《"春蕾计划"30 年筹款 21 亿元　资助女童超 369 万人次》，https：//politics. gmw. cn/2019
　－09/06/content_ 33142401. htm，最后检索时间：2020 年 12 月 1 日。
② 《2019 年〈中国儿童发展纲要（2011—2020 年）〉统计监测报告》，http：//www. gov. cn/
　xinwen/2020－12/19/content_ 5571132. htm，最后检索时间：2021 年 7 月 20 日。

时，国务院也出台了《国务院关于进一步推进户籍制度改革的意见》，提出建立城乡统一的户口登记制度，保障随迁子女平等享有受教育权利。国务院办公厅转发了教育部等部门《教育部、发展改革委、公安部、人力资源社会保障部关于做好进城务工人员随迁子女接受义务教育后在当地参加升学考试工作意见的通知》，要求各地区、各有关部门加强对随迁子女升学考试工作的组织领导，密切协作配合，统筹做好随迁子女和流入地学生升学考试工作。此后，教育部相继提出加快建立以居住证为主要依据的义务教育随迁子女入学政策，落实和完善进城务工人员随迁子女在当地升学考试措施。

由此可见，新中国成立 70 多年来，正是我们坚持党的领导，坚持社会主义方向，走中国特色社会主义教育道路，基于社会不同发展阶段的客观实际，注重农村教育每一时期所处内外环境的实际情况，针对不同时期中的突出问题与矛盾，适时制定专项政策，启动专项工程，采取专项行动，不断破解农村教育发展中的问题与矛盾，使农村教育在不断的改革发展中前进。

四　重视教师队伍建设是促进农村教育发展的关键

教育大计，教师为本。教师既是人类文化科学知识的继承者和传播者，也是人类文化科学知识的创造者，为国家和社会培养各级各类人才，其工作质量的高低关系到我国年青一代的身心发展和民族素质提高，更关系到我国经济社会的发展水平和民族复兴。新中国成立以来，国家十分重视教师的培养和培训，充分发挥教师在农村教育发展中的作用。1949 年，教育部在北京召开了新中国第一次全国教育会议，强调要扭转当时师范教育办学混乱、中小学教师培养不足的局面。1951 年，教育部在北京召开第一次全国师范教育会议，会议提出要对旧中国遗留下来的师范院校进行改造和调整，培养适合中国社会和经济建设的中小学教师。1957 年，由于"反右"运动的开展，不少中小学校教师被错划为"右派分子"而遭到批判，农村教师队伍严重短缺。1958 年，席卷全国的"大跃进"运动开始，为满足各级各类教育师资需求，实现普及小学教育及初中教育目标，我国师范教育脱离自身发展规律和社会客观条件盲目扩张，各级师范院校学校数和学生数急剧增加，农村教师短缺问题在短期内得到一定程度解决。1966 年，历时十年的"文化大革命"爆发，这不仅对社会主义各项事业造成了极大的破坏性，农村教师队伍建设也在这一过程中未能幸免。

改革开放初期，国家召开了全国教育工作会议，提出"重视教育，发展教育，就必须建立一支具有较高政治和业务水平的教师队伍"，并出台了《教育部关于加强中小学教师队伍管理工作的意见》，要求加强农村教师的在职培训。1987 年，国家教委、财政部下发了《国家教育委员会 财政部关于农村基础教育管理体制改革若干问题的意见》，明确提出要切实提高农村教师的待遇。此后相继印发《国家教育委员会关于加强在职中、小学教师培训工作的意见》《国家教委关于开展小学教师继续教育的意见》，要求对在职中小学教师进行专业培训，提高中小学教师的专业素质，建设一支合格化的农村教师队伍。1995 年，国家教委印发《国家教委关于深入推进农村教育综合改革的意见》，要求提高对农村教育综合改革的认识，加强农科教结合的力度，调整农村教育结构，重视农村职业学校专业课教师的培养培训，努力培养热爱农村、一专多能的合格中小学教师。2003 年，国务院颁布《国务院关于进一步加强农村教育工作的决定》，强调把农村教育作为教育工作的重中之重，加快推进"两基"攻坚，深化农村教育改革，落实农村义务教育"以县为主"管理体制的要求，依法执行教师资格制度，全面推行教师聘任制，大力提高教师队伍素质。2004 年，国务院制订《2003—2007 年教育振兴行动计划》，明确提出要坚持以教师为本的理念，坚持教师专业化的导向，坚持为基础教育服务的方向，加快推进农村中小学教师队伍建设。同年，教育部启动实施"农村学校教育硕士培养计划"，为县镇及以下农村学校培养具有教育硕士专业学位的骨干教师，提高农村教师学历水平和整体素质。2005 年，教育部下发《教育部关于进一步推进义务教育均衡发展的若干意见》，决定统筹教师资源，加强农村学校、城镇薄弱学校骨干教师培训工作，切实解决农村学校教师不足及整体水平不高的问题。此后，党和国家先后颁布和实施了城镇教师支援农村教育政策、大学生志愿服务西部计划、特岗教师计划、免费教育师范生政策以及"国培"计划，有力地稳定了农村教师的数量，提高了农村教师的质量。2006年，教育部、财政部、人事部、中央编办联合启动实施"农村义务教育阶段学校教师特设岗位计划"，公开招聘高校毕业生到农村义务教育阶段学校任教，以解决农村地区师资力量薄弱和结构不合理等问题，提高农村教师队伍的整体素质，促进农村义务教育均衡发展。之后，《国家中长期教育改革和发展规划纲要（2010—2020年）》《国务院关于加强教师队伍建设的意见》均提出对长期在农村基层和边远地区工作的教师在工资待遇、职务评聘等方面适当倾斜，以此激励更多优秀人才到农村从教。2012年，教育部、财政部等五部委联合下发《教育部　中央编办　国家发展改革委　财政部　人力资源社会保障部关于大力推进农村义务教育教师队伍建设的意见》，提出建立农村义务教育教师补充新机制，多渠道扩充农村优质师资来源，建立健全城乡教师校长轮岗交流制度，大力促进农村教师专业发展，切实保证农村学校师资需求，培养一支师德高尚、数量充足、结构合理的高素质农村教师队伍。2015年，国务院办公厅印发《乡村教师支持计划（2015—2020年）》，要求加强对乡村教师队伍建设的重视，拓宽乡村教师补充渠道，提高乡村教师生活待遇，统一城乡教职工编制标准，推动城镇优秀教师向乡村学校流动，职称（职务）评聘向乡村学校倾斜，全面提升乡村教师能力素质，明显缩小城乡师资水平差距。2018年，中共中央、国务院出台《中共中央　国务院关于全面深化新时代教师队伍建设改革的意见》，明确要求推动城镇优秀教师向乡村学校流动，教师编制向乡村小规模学校倾斜。之后教育部、国家发展改革委等五个部门联合发布《教育部　国家发展改革委　财政部　人力资源社会保障部　中央编办教师教育振兴行动计划（2018—2022年）》，要求培养"下得去、留得住、教得好、有发展"的合格乡村教师。这些政策文件的出台对加强农村教师队伍建设、提高农村教师队伍专业素质、推进农村教育的良性发展具有重要的促进作用。在开放性教师教育政策安排下，在支持性教师教育政策保障下，我国农村教师得以持续供给，教师队伍规模不断扩大，教师队伍素质不断提高，为我国农村教育的健康发展起到了积极作用。

第六章　我国农村教育发展现状
及存在的问题

第一节　我国农村教育发展现状

一　学前教育得到快速发展

据第七次全国人口普查统计数据，我国现有人口 14.12 亿人，其中农村人口 5 亿多；我国国土面积约为 963 万平方公里，其中农村国土面积占国土面积 94% 以上。由此可见，农村发展关系到我国经济发展、社会稳定、国家富强，也关系国家的整体人口素质状况和人力资源开发与利用状况。为了发展农村经济，提高农村人口素质，把沉重的人口负担转化为人力资源优势，国家出台了一系列政策，采取了一系列措施，积极发展农村教育，取得了辉煌成就。

学前教育作为我国教育的重要组成部分，受到党中央、国务院的高度重视。改革开放以来，教育部门办幼儿园数、民办幼儿园数及在园幼儿数，城市幼儿园数、县镇幼儿园数及在园幼儿数以及农村在园幼儿数均显著增长，学前教育规模显著扩大，普惠程度不断提高，区域差距逐步缩小，幼儿受教育机会得到大幅度提升。截至 2018 年，全国共有幼儿园 26.7 万所，在园幼儿 4656 万人，教职工 453 万人，幼儿园数量在 2010 年的基础上增加了 77.3%，在园规模在 2010 年的基础上增加了 56.4%，教职工数量在 2010 年的基础上增加了 145%；全国学前三年毛入园率为 81.7%，比 2010 年提高

25.1 个百分点，年均增长超过 3 个百分点；全国共有公办园（含企事业单位办园、军队办园、街道办园和村集体办园）10 万所，占 37.5%，公办园在园幼儿 2016.6 万人，占 43.3%；共有普惠性民办园 8.2 万所，占民办园总数的 49.5%，普惠性民办园在园幼儿 1386 万人，占民办园在园幼儿总数的 52.5%（见表 6 - 1）；全国普惠性幼儿园覆盖率为 73.1%，比 2016 年增长了 5.8 个百分点，有效缓解了"入园难"问题。①

表 6 - 1 2018 年全国公办与民办幼儿园情况

项目	数量	占总数比例（%）
全国公办园	10 万所	37.50
普惠性民办园	8.2 万所	49.50
公办园在园人数	2016.6 万人	43.30
普惠性民办园在园人数	1386 万人	52.50

在全国学前教育大力发展的同时，农村学前教育也得到了大力发展。截至 2017 年，全国在园幼儿数为 4600.14 万人，其中农村在园幼儿数为 2893.29 万人，占全国在园幼儿数的 62.90%；全国共有幼儿园 254950 所，其中镇区 85807 所，乡村 90182 所，农村幼儿园占全国幼儿园数的 69.03%。教育部门办普惠性幼儿园数量为 75553 所，其中镇区 23613 所，乡村 41230 所，农村教育部门办普惠性幼儿园占比为 85.82%（见图 6 - 1），且当年新增的 90.02% 普惠性幼儿园投放在农村。全国幼儿专任教师数量为 243.21 万人，比 2016 年新增 20.01 万人，其中镇区新增 6.40 万人，乡村新增 3.40 万人，农村增幅为 8.53%；镇区幼儿专任教师为大专及以上学历者由 2016 年的 74.83% 提高到 76.79%，乡村由 62.46% 提高到 65.89%（见图 6 -2），农村幼儿专任教师学历快速提升。②

---

① 《全国普惠性幼儿园覆盖率超过七成》，http：//edu. china. com. cn/2019 ~ 08/25/content_ 75135409. htm，最后检索时间：2020 年 12 月 1 日。

② 《中国农村教育发展报告 2019》，http：//www. 360doc. com/content/19/0113/12/61492514_ 808554255. shtml，最后检索时间：2020 年 12 月 1 日。

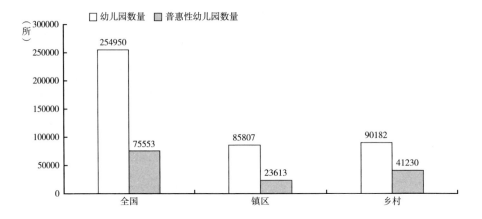

图 6 - 1 　2017 年全国农村幼儿园数量情况

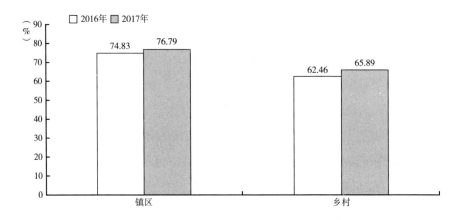

图 6 - 2 　2016 ~ 2017 年全国农村幼儿教师大专及以上学历占比情况

二　义务教育发展成效明显

　　作为国家、社会、家庭必须予以保证的国民教育，义务教育历来作为中国教育发展的重中之重，其发展事关亿万名少年儿童健康成长，事关国家发展和民族未来。自 1986 年《中华人民共和国义务教育法》颁布实施以来，我国出台了一系列政策措施，积极发展义务教育，推进义务教育均衡发展，取得了举世瞩目的成就。

（一）义务教育普及与巩固水平进一步提高

2017 年，我国义务教育在校生数为 1.45 亿人，在 2016 年的基础上增加了 293.38 万人，增幅为 2.06%；义务教育学校数为 321901 所，比 2016 年减少 6287 所，减幅为 1.92%；义务教育城镇化率为 76.48%，增幅为 1.47%。2018 年，全国小学学龄儿童净入学率为 99.95%，相较于 2010 年提高了 0.61 个百分点；初中阶段毛入学率 100.9%，在 2010 年的基础上提高了 0.8 个百分点；义务教育巩固率为 94.2%，相较于 2010 年提高了 4.5 个百分点。[1]

（二）师资队伍建设进一步加强

2018 年，全国小学专任教师中具有本科及以上学历的比例为 59.1%，相较于 2010 年增长了 35.4%；初中专任教师中具有本科及以上学历的比例为 86.23%，在 2010 年的基础上增长了 22.1%（见图 6-3）。[2] 2018 年，小学生师比为 16.97∶1，相较于 2010 年降低 0.73 个百分点；初中生师比为 12.79∶1，相较于 2010 年降低 2.19 个百分点。[3] 2017 年，全国共招聘特岗教师 7.7 万人，分布在 1 万所农村学校，乡村小学在 2016 年 15.81∶1 的基础上进一步下降到 15.66∶1，乡村初中在 2016 年上升到 11.19∶1，均低于城镇生师比例，农村学校的教师队伍质量得到提高，师生比进一步优化。[4]

（三）随迁子女公办学校就读率持续提升

2017 年，全国农村留守儿童为 1550.56 万人，在 2016 年的基础上减少 175.73 万人，减幅为 10.18%；进城务工人员随迁子女为 1406.63 万人（见

---

[1] 《中国农村教育发展报告 2019》，http：//www.360doc.com/content/19/0113/12/61492514_808554255.shtml，最后检索时间：2020 年 12 月 1 日。

[2] 《中小学教师数据画像：本科及以上学历比例逐年上升》，http：//edu.people.com.cn/n1/2019/0910/c1053-31345763.html，最后检索时间：2020 年 12 月 1 日。

[3] 《2018 年全国教育事业发展统计公报》，http：//www.moe.gov.cn/jyb_sjzl/sjzl_fztjgb/201907/t20190724_392041.html，最后检索时间：2020 年 12 月 1 日。

[4] 《中国农村教育发展报告 2019》，http：//www.360doc.com/content/19/0113/12/61492514_808554255.shtml，最后检索时间：2020 年 12 月 1 日。

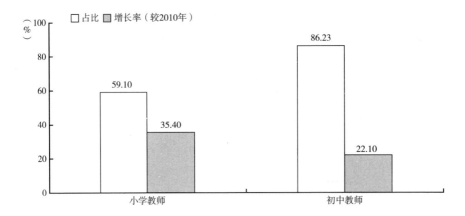

图 6 - 3 2018 年全国义务教育学校教师本科及以上学历占比及增长率

图 6 - 4），相较于 2016 年增加 0.85%，占在校生总数的 9.68%；随迁子女进入公办学校就读比例为 79.67%，其中小学为 79%，初中为 81.6%。①

图 6 - 4 2016～2017 年全国农村留守儿童与进城务工人员随迁子女数量

（四）教育经费不断增长

2017 年，全国普通小学生均公共财政预算教育事业费支出为 10199.12 元，在 2016 年的基础上提高了 6.71 个百分点，其中农村为 9768.57 元，在

---

① 《中国农村教育发展报告 2019》，http：//www.360doc.com/content/19/0113/12/61492514_808554255.shtml，最后检索时间：2020 年 12 月 1 日。

2016 年的基础上提高了 5. 65 个百分点；生均公共财政预算公用经费支出为 2732. 07 元，在 2016 年的基础上提高了 4. 64 个百分点，其中农村为 2495. 84 元，在 2016 年的基础上提高了 3. 9 个百分点。2017 年，全国普通初中生均公共财政预算教育事业费支出为 14641. 15 元，在 2016 年的基础上提高了 9. 13 个百分点，其中农村为 13447. 08 元，在 2016 年的基础上提高了 7. 77 个百分点；生均公共财政预算公用经费支出为 3792. 53 元，在 2016 年的基础上提高了 6. 47 个百分点，其中农村为 3406. 72 元，在 2016 年的基础上提高了 4. 59 个百分点（见图 6 – 5）。[①]

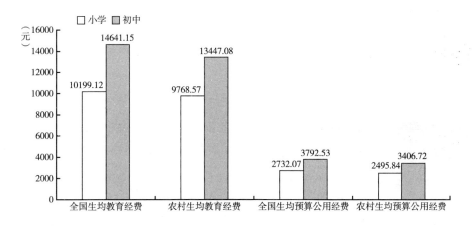

图 6 – 5　2017 年全国小学、初中教育经费支出情况

（五）义务教育均衡发展水平达到历史高度

针对校际、城乡间、区域间教育质量和办学水平存在较大差距的问题，我国在 21 世纪初开始实施义务教育均衡发展战略，大力推进义务教育均衡发展。推进义务教育均衡发展是我国攻坚"两基"目标之后的又一重大教育战略举措，事关我国能否从教育大国迈向教育强国。国家推行义务教育均衡发展政策以来，我国地方各级政府积极采取各项措施，持续增加义务教育

---

① 《中国农村教育发展报告 2019》，http：//www. 360doc. com/content/19/0113/12/61492514_
　808554255. shtml，最后检索时间：2020 年 12 月 1 日。

经费投入，大力改善义务教育学校办学条件，强化师资队伍建设，优化配置城乡教育资源，城乡基本教育公共服务供给趋于均衡。2019 年，全国共有23 个省份整体通过了国家认定，占比为 71.9%；2767 个县（市、区）通过国家认定，占比为 95.3%。根据教育部监测复查结果，绝大多数县义务教育基本均衡发展态势向好，99.2% 的县小学和初中校际综合差异系数保持在标准值之内。①

三　高中阶段教育稳步发展

作为国民教育体系的一个重要组成部分，高中阶段教育在整个教育体系中具有十分重要的地位，关系着一个孩子的未来，历来都是人们非常重视的一个教育阶段。它一方面要完成对义务教育阶段学生的普职分流，另一方面要为高等教育发展输送合格生源。近年来，随着我国教育综合改革的持续推进和《高中阶段教育普及攻坚计划（2017—2020 年）》的出台，高中阶段教育规模急剧扩大，学校办学条件持续改善，教师素质不断提高，普及水平大幅提升。

（一）普及水平进一步提高

2017 年，全国共有高中阶段学校 2.46 万所，比上年减少 93 所，下降0.4%；招生 1382.5 万人，比上年减少 13.8 万人，下降 1.0%；在校学生3971.0 万人，比上年增加 0.9 万人（见表 6 – 2）。每 10 万人口中高中阶段教育在校生人数为 2861 人，比上年减少 26 人。高中阶段毛入学率为88.3%，比上年提高 0.8 个百分点。其中，全国有普通高中 1.36 万所，比上年增加 172 所；招生 800.1 万人，比上年减少 2.9 万人，下降 0.4%；在校生 2374.5 万人，比上年增加 7.9 万人，增长 0.3%。全国共有中等职业教育学校 1.07 万所，比上年减少 222 所；招生 582.4 万人，比上年减少 10.9万人，下降 1.8%，占高中阶段教育招生总数的比例为 42.1%，比上年下降

---

① 《全国超 95% 的县（市、区）通过国家义务教育基本均衡发展督导评估认定》，http://www.gov.cn/xinwen/2020 – 05/19/content_ 5512970. htm，最后检索时间：2020 年 12 月1 日。

0.4 个百分点；中等职业教育在校生 1592.5 万人，比上年减少 6.5 万人，下降 0.4%，占高中阶段教育在校生总数的比例为 40.1%，比上年下降 0.2 个百分点（见表 6-3）。[①]

表 6-2　2017 年全国高中阶段学校及学生情况

类别	数量	增量	增幅（%）（较 2016 年）
高中学校	2.46 万所	-93 所	-0.4
招生人数	1382.5 万人	-13.8 万人	-1.0
在校学生	3971.0 万人	0.9 万人	0.0002

表 6-3　2017 年全国普通高中和中等职业学校招生及在校生情况

类别	数量（人）	增量（人）	增幅（%）
全国普通高中招生	800.1 万	-2.9 万	-0.4
全国普通高中在校生	2374.5 万	7.9 万	0.30
中等职业学校招生	582.4 万	-10.9 万	-1.8
中等职业教育在校生	1592.5 万	-6.5 万	-0.4

（二）教师队伍素质不断提升

2017 年，全国高中阶段学校共有专任教师 261.3 万人，其中普通高中专任教师 177.4 万人，比上年增加 4.0 万人，增长 2.3%，师生比从上年的 1∶13.7 上升到 1∶13.4，教师数量充足程度有所提高；普通高中专任教师学历合格率（本科及以上学历教师比例）为 98.2%，比上年提高 0.2 个百分点。全国中等职业学校专任教师为 83.9 万人，比上年减少 393 人，下降 0.05%；师生比由上年的 1∶19.8 上升到 1∶19.6；本科及以上学历教师比例为 91.6%，比上年提高 0.8 个百分点；"双师型"教师比例为 30.0%，比上年提高 0.5 个百分点（见表 6-4、表 6-5）。[②]

① 《2017 年全国教育事业发展统计公报》，http：//www.moe.gov.cn/jyb_sjzl/sjzl_fztjgb/201807/t20180719_343508.html，最后检索时间：2020 年 12 月 1 日。
② 《中国教育概况——2017 年全国教育事业发展情况》，http：//www.moe.gov.cn/jyb_sjzl/s5990/201810/t20181018_352057.html，最后检索时间：2020 年 12 月 1 日。

表 6 - 4　2017 年全国高中阶段教师队伍数量

类别	普通高中教师	中等职业学校教师
专任教师数量(人)	177.4 万	83.9 万
教师增长数量(较 2016 年)(人)	40000	-393
教师增长率(较 2016 年)(%)	2.30	-0.05
师生比例	1 : 13.4	1 : 19.6

表 6 - 5　2017 年全国高中阶段教师具有本科及以上学历情况

单位：%

教师类型	本科及以上学历合格率	增长率(较 2016 年)
普通高中	98.2	0.2
中等职业学校	91.6	0.8
"双师型"教师	30.0	0.5

（三）学校办学条件进一步改善

2017 年，全国普通高中校均规模为 1752 人，比上年减少 17 人；普通高中平均班额为 52 人，比上年减少 1 人，大班额比例为 30.3%，比上年下降 3.5 个百分点；普通高中生均校舍建筑面积为 21.7 平方米，比上年增加 0.9 平方米；生均仪器设备值达到 3729 元，比上年增加 404 元，增长 12.1%；每百名学生拥有教学用计算机台数为 18.1 台，比上年增加 1.0 台；建网学校比例为 88.4%，与上年基本持平。2017 年，全国中等职业学校校均规模为 1533 人，比上年增加 8 人；中等职业学校生均校舍建筑面积 18.7 平方米，比上年增加 0.4 平方米；生均仪器设备值为 6362 元，比上年增加 667 元，增幅为 11.7%；每百名学生拥有教学用计算机 21.8 台，比上年增加 0.6 台（见表 6 -6）。①

---

① 《中国教育概况——2017 年全国教育事业发展情况》，http：//www.moe.gov.cn/jyb_ sjzl/ s5990/201810/t20181018_ 352057.html，最后检索时间：2020 年 12 月 1 日。

表 6 - 6　2017 年全国普通高中和中等职业学校办学条件

类别	普通高中	中等职业学校
校均规模(人)	1752	1533
增长人数(较 2016 年)(人)	- 17	8
生均校舍建筑面积(平方米)	21.7	18.7
比 2016 年增加面积(平方米)	0.9	0.4
生均仪器设备值(元)	3729	6362
设备值比 2016 年增长(元)	404	667
设备值增幅(%)	12.10	11.70
每百名学生拥有教学用计算机台数(台)	18.1	21.8
比 2016 年增长台数(台)	1.0	0.6

(四)弱势群体受教育状况不断改善

弱势群体受教育状况是衡量教育公平的一个重要指标。2015 年，国家对普通高中学生资助的资金总额为 139.28 亿元，有 790.12 万人次的普通高中学生受到资助。与此同时，国家还推出农村贫困地区定向招生专项计划，要求重点高校招收一定比例的农村学生，并在普通高校招生计划中专门面向贫困地区实行定向招生安排本科一批为主的招生计划。2012 年在 680 个连片特困地区贫困县招生 1 万人，2016 年扩大到 832 个贫困县，招生人数增加到 6 万人。专项计划招生高校覆盖所有"211 工程"学校和中央部属高校。到 2015 年，国家农村贫困地区定向招生专项计划累计招生 18.3 万人，近两年贫困地区农村学生上重点高校的人数每年增长 10% 以上。2007 年国家实施中等职业学校国家助学金政策，规定国家助学金补助标准为每年生均 1500 元，2015 年春季学期提高到 2000 元。在免学费政策方面：2009 年秋季学期起，中等职业学校农村家庭经济困难学生和涉农专业学生开始享受免学费政策；2010 年免学费政策范围扩大至城市家庭经济困难学生；从 2012 年秋季学期起，范围再次扩大到所有农村（含县镇）学生、城市涉农专业学生和家庭经济困难学生。2015 年，享受国家助学金政策的学生有 264.90 万名，资助金额达 52.98 亿元。享受免学费政策的学生有 1050.30 万名，资助金额达 210. 05 亿元；全国中职助学金政策惠及约 40% 的学生，免学费政策覆盖约 90% 的学生。[①]

第二节 我国农村教育存在的问题

新中国成立 70 多年来，尽管在各级政府和社会各界的共同努力下，国家出台了一系列政策措施积极发展农村教育，在教育经费投入、教师队伍建设、办学条件改善等方面取得了显著成绩，但随着从"有学上"到"上好学"的转变，我国农村教育在发展过程中还面临一系列问题。

一 城乡教育均衡发展任重道远

义务教育是国民教育的基础，也是整个教育体系的重要组成部分。自改革开放特别是 1986 年《中华人民共和国义务教育法》颁布实施以来，我国政府始终坚持将普及九年义务教育作为教育工作的重中之重，并制定了一系列重大方针、政策，以推动义务教育又快又好发展。为解决地区间、城乡间和学校间的办学水平存在较大差距，我国自 20 世纪 80 年代以来就相继颁布了一系列法律、规章及制度，从法规和政策层面加以规范、引导和保障城乡义务教育均衡发展。1996 年，国务院办公厅转发了国家教委等部门《国家教委、国家计委、财政部、国务院纠正行业不正之风办公室关于 1996 年在全国开展治理中小学乱收费工作的实施意见》，指出要逐步缩小城乡和校际差距，全面提高教育质量，办好义务教育阶段所有学校。2005 年，教育部颁布了《教育部关于进一步推进义务教育均衡发展的若干意见》，要求各级教育行政部门要从实践"三个代表"重要思想和落实科学发展观的高度，把推进义务教育均衡发展纳入当地教育改革与发展的总体规划，研究制定出本地区推进义务教育均衡发展的目标任务、政策措施和实施步骤。2006 年，

---

① 《2015 年中国学生资助发展报告》，http://www.moe.gov.cn/s78/A05/moe_ 702/201609/t2016090 1_ 277355.html，最后检索时间：2020 年 12 月 1 日。

新修订的《中华人民共和国义务教育法》首次从法律的高度强调，国务院和县级以上地方人民政府应当合理配置教育资源，改善薄弱学校的办学条件，保障农村地区、民族地区实施义务教育，促进义务教育均衡发展。《国家中长期教育改革和发展规划纲要（2010—2020年）》（以下简称《规划纲要》）则将推进义务教育均衡发展提升到战略高度，要求建立健全义务教育均衡发展保障机制，均衡配置各项资源，切实缩小学校差距、城乡差距和区域差距，到2020年基本实现县域内义务教育均衡发展。2012年，国务院下发《国务院关于深入推进义务教育均衡发展的意见》，要求加强省级政府统筹，强化以县为主管理，建立健全义务教育均衡发展责任制，力争到2015年，全国义务教育巩固率达到93%，实现基本均衡的县（市、区）比例达到65%；到2020年，全国义务教育巩固率达到95%，实现基本均衡的县（市、区）比例达到95%。2015年，为推进县域内义务教育均衡发展水平不断提高，促进教育公平、提高教育质量，国务院下发《国务院关于进一步完善城乡义务教育经费保障机制的通知》，提出在整合农村义务教育经费保障机制和城市义务教育奖补政策的基础上，建立城乡统一、重在农村的义务教育经费保障机制。2016年，国务院印发《国务院关于统筹推进县域内城乡义务教育一体化改革发展的若干意见》，要求通过同步建设城镇学校、努力办好乡村教育、科学推进学校标准化建设、统筹城乡师资配置、改革乡村教师待遇保障机制等措施，统筹推进县域内城乡义务教育一体化改革发展。2017年，为贯彻落实《规划纲要》《国务院关于深入推进义务教育均衡发展的意见》《国务院关于统筹推进县域内城乡义务教育一体化改革发展的若干意见》等文件精神，巩固义务教育基本均衡发展成果，引导各地将义务教育均衡发展向着更高水平推进，教育部出台《县域义务教育优质均衡发展督导评估办法》，决定建立县域义务教育优质均衡发展督导评估制度，开展县域义务教育优质均衡发展督导评估认定工作。通过一系列政策措施和县域义务教育优质均衡发展的督导评估认定，我国义务教育均衡发展水平已达到历史的新高度，取得了令人较为满意的成绩。

当前，尽管截止到2019年，全国累计2767个县通过国家基本均衡认定，占比达 95.32%，23 个省份整体实现县域义务教育基本均衡发展，但还有将近 5% 的县尚未通过县域义务教育基本均衡发展验收。而这 136 个尚未通过国家认定的县，主要分布在内蒙古、河南、湖南、广西、四川、西藏、甘肃、青海、新疆 9 省（区），其中有 44 个为三区三州县，24 个尚未脱贫摘帽。[①] 因此，这些县要完全达到基本均衡认定标准，乃至能够进入下一阶段的优质均衡发展，还有着相当大的难度。根据国家教育督导检查组 2017 年对四川省 31 个县（市、区）义务教育均衡发展督导检查的情况来看，在已通过的县域义务教育基本均衡发展验收、国家认定的县中，仍然存在一些薄弱环节和问题。一是办学条件仍然存在薄弱环节，中江县、黑水县等部分县校园占地面积不足，蓬安县、巴中市恩阳区等部分县生均体育场馆面积不足，大竹县、泸州市纳溪区等部分县功能教室不足，荣县部分学校厕所蹲位不足、部分有寄宿生的学校缺少淋浴设备，个别学校功能教室管理和使用不够规范；二是教师队伍建设需要进一步加强，如会理县、南充市嘉陵区等县缺少音、体、美、英语、科学和信息技术等专业教师，色达县教师交流不足，交流期限过短，自贡市贡井区教师培训经费占中小学预算内公用经费比例未达规定要求，还有一些县部分教师运用现代化信息技术手段的教学能力不强；三是大班额问题仍然突出，如南充市嘉陵区、大英县等部分县小学 55 人以上班额的班数占比较大，大竹县、会东县初中 60 人以上班额的班数占比较大，有的大班额比例甚至超过一半，广安市前锋区、会东县的个别学校还存在超大班额现象。[②]

二 农村教育质量有待进一步提升

当前，我国农村教育发展还不充分，教育质量还有较大的提升空间，尤

① 《教育部：136 个县未通过义务教育均衡发展认定，将全力攻坚》，https://www.thepaper.cn/newsDetail_ forward_ 7458378，最后检索时间：2020 年 12 月 1 日。
② 《国家教育督导检查组对四川省 31 个县（市、区）义务教育均衡发展督导检查反馈意见》，http://www.moe.gov.cn/s78/A11/s8393/s7657/201710/t20171030_ 317857.html，最后检索时间：2020 年 12 月 1 日。

其是与城镇教育质量相比还需花大力气进一步提高。当前，在城镇化建设背景下，农村学校生源持续流失和减少，小规模学校急剧增加。根据教育部的统计数据：2017年全国农村小规模学校共计10.7万所，其中小学2.7万所（镇区54821所，乡村186345所），教学点8万个，占农村小学和教学点总数的44.4%；在校生384.7万人，占农村小学生总数的5.8%。① 根据对南充、巴中、乐山等地学校的调查，学校规模在100人以下的普遍存在，有的教学点甚至只有几人。如广元市农村中小学校占全市的85%，其中学生人数不足100名的小规模学校有295所。小规模学校虽然更易推进小班教学、多科（全科）教学和复式教学，更能够增加教师与学生接触的机会，促进学生的个性发展，但受限于国家的学校教师配备政策和标准，小规模学校难以按照应开设课程配备专业教师，不少教师同时担任多门课程教学，教师专业发展不足，教学质量难以保障。同时，由于农村学校常常存在办学条件不完善、教师队伍素质整体不高、体现农村教育教学特点的实践经验严重不足等问题，农村学校学生的学业成绩往往低于城镇学校的学生，有些学生甚至难以达到国家规定的标准。据调查，城镇小学各科平均成绩一般至少都在80分以上，但是农村小学的各科平均成绩很难达到70分。农村学生学业成绩令人担忧，继而影响到农村学生进入重点大学的可能性。据调查，每年农村考生数量占整个高考考生总数的60%左右，但是农村考生能进入重点大学的比例基本都在30%以下。2017年，北京大学的农村学生占在校生比例为10%左右，清华大学的农村学生占在校生比例不到17%。② 越是好的大学，农村学生所占的比例越小。这都反映出农村学校办学水平不高，农村教育质量有待进一步提升。

---

① 《底部攻坚：我国城乡义务教育一体化改革取得新进展》，http://www.xinhuanet.com/2018 -08/16/c_ 1123281922. htm，最后检索时间：2020年12月1日。
② 《北大等名校农村娃所占比例缘何越来越少》，http://edu.china.com.cn/henan/2013 - 10/16/content_ 30308642. htm，最后检索时间：2020年12月1日。

三 留守儿童、随迁子女问题依然突出

留守儿童是指父母双方外出务工或一方外出务工另一方无监护能力、托留在户籍所在地家乡、由父母单方或其他亲属监护接受教育的不满十六周岁的未成年人。随迁子女是指户籍登记在外省（区、市）、本省外县（区）的农村，跟随在当地有稳定的工作、住所及收入，并缴纳各种保险的务工父母到输入地的城区、镇区（同住）并接受教育的适龄儿童少年。近年来，随着我国经济社会的发展，工业化、城镇化进程的加快，不少农村人口为改善家庭经济状况，寻求更好的发展，离开农村进入城市务工、创业，导致大批农村学龄儿童少年要么留在家乡由父母一方或他人监护照管，要么跟随父母进入城镇接受教育，从而出现了大量的留守儿童和随迁子女。如何保障留守儿童和随迁子女的受教育权利，让他们更为公平、便捷地接受高质量教育，社会各界高度关注，各级政府也积极出台各项政策以解决留守儿童和随迁子女的教育问题。1996 年，国家教委印发《城镇流动人口中适龄儿童、少年就学办法（试行）》，首次以部门法规的形式对流动人口子女就学问题作出明确的规定，认为解决城镇流动人口中适龄儿童少年就学是政府、学校和家庭义不容辞的责任，要求流入地政府应为这些儿童少年入学创造条件，提供接受教育的机会。1998 年，国家教委、公安部颁布《流动儿童少年就学暂行办法》，就流动儿童少年常住户籍所在地人民政府和流入地人民政府的责任与义务、就读程序与形式等做出了明确规定，为解决流动儿童受教育问题提出了相应措施。2001 年，国务院颁布《国务院关于基础教育改革与发展的决定》，提出流动人口子女接受义务教育"以流入地政府管理为主，以全日制公办中小学为主"的"两为主"政策，确保流动人口子女公平接受教育。2003 年，国务院办公厅转发教育部、财政部等六部门制定的《教育部 中央编办 公安部 发展改革委 财政部 劳动保障部关于进一步做好进城务工就业农民子女义务教育工作的意见》，要求进城务工就业农民流入地政府负责进城务工就业农民子女接受义务教育，流出地政府积极配合，充分发挥全日制公办中小学的接收主渠道作用，建立进城务工就业农民子女接

受教育的经费筹措保障机制，切实做好进城务工就业农民子女接受义务教育工作。2006 年，国务院下发《国务院关于解决农民工问题的若干意见》，再次强调输入地政府要承担起农民工同住子女义务教育的责任，输出地政府要解决好农民工托留在农村子女的教育问题，将农民工子女义务教育纳入当地教育发展规划，列入教育经费预算，以全日制公办中小学为主接收农民工子女入学。同年 5 月，教育部出台《关于教育系统贯彻落实〈国务院关于解决农民工问题的若干意见〉的实施意见》，要求农民工输入地教育行政部门要将农民工子女义务教育纳入当地教育规划之中，按就近免试入学的原则，安排农民工子女就读公办学校；农民工输出地政府要把做好农村"留守儿童"教育工作与农村寄宿制学校建设结合起来，建立农村"留守儿童"教育和监护体系，开设生存教育、安全与法制教育、心理健康教育等方面的地方和校本课程，帮助他们学会自我管理、自我保护和自我调节。2007 年，中组部、教育部等七部门联合发布《中共中央组织部　全国妇联　教育部　公安部　民政部　卫生部　共青团中央关于贯彻落实中央指示精神　积极开展关爱农村留守流动儿童工作的通知》，要求充分认识做好农村留守流动儿童工作的重要性，认真做好农村留守流动儿童的教育管理工作，着力加强农村留守流动儿童的户籍管理与权益保护，积极完善农村留守流动儿童救助保障机制，逐步推进农村留守流动儿童医疗保健服务，不断加大对农村留守流动儿童的关爱支持力度，努力形成推进农村留守流动儿童工作的整体合力。2010 年，《规划纲要》颁布，要求研究制定进城务工人员随迁子女接受义务教育后在当地参加升学考试的办法，建立健全政府主导、社会共同参与的农村留守儿童关爱和服务体系，着力保证留守儿童入园、入校。随后国务院办公厅下发《国务院办公厅关于开展国家教育体制改革试点的通知》，要求完善农民工子女接受义务教育体制机制，探索制定非本地户籍常住人口随迁子女非义务教育阶段教育保障制度和流动人口子女在流入地平等接受义务教育和参加升学考试的办法，建立健全农村留守儿童关爱服务体系。2013 年，教育部等五部门出台《教育部　中华全国妇女联合会　中央社会管理综合治理委员会办公室　共青团中央　中国关心下一代工作委员会关于加强义务教育阶段农村留守儿童关爱和教育工作的意见》，要求政府主导，家校联动，社会参与，切实改善留守儿童教育条件，不断提高留守儿童教育水平，逐步构建起社会关爱服务机制。2014 年，国务院印发《国务院关于进一步做好为农民工服务工作的意见》，要求输入地公办义务教育学校要普遍对农民工随迁子女开放，保障农民工随迁子女平等接受教育的权利；实施"共享蓝天"关爱农村留守儿童行动，保障留守儿童的入园、寄宿、安全等问题。2016 年，国务院印发《国务院关于加强农村留守儿童关爱保护工作的意见》，要求明确家庭、政府、学校和社会责任，构建家庭、政府、学校、社会齐抓共管的关爱服务体系，健全农村留守儿童救助保护机制，做好农村留守儿童的关爱保护工作。2018 年，教育部办公厅印发《教育部办公厅关于做好 2018 年普通中小学招生入学工作的通知》，提出加快建立以居住证为主要依据的义务教育随迁子女入学政策，落实和完善随迁子女接受义务教育后在当地参加升学考试的政策措施。

在国家政策指引下，在社会各界的共同努力下，农村留守儿童和农民工随迁子女教育取得了积极成效。各地方政府十分重视农村留守儿童的关爱服务工作，党政主要领导亲自担任农村留守儿童关爱服务领导小组组长，教育部门、卫生部门、体育部门、妇联、团委、志愿组织等部门各司其职，共同推进留守儿童工作深入开展。学校作为关爱留守儿童活动主阵地，挑选年富力强、富有爱心的在职教师组成关爱服务队伍，合理利用当地的资源和条件，形成独具地方特色的关爱活动，做好留守儿童在校期间的课外活动、生活服务和教育管理和课余文化生活。近年来，四川省投入大量专项资金，启动"留守儿童寄宿制学校建设工程"，建设和改造农村留守儿童寄宿制学校的教学用房和学生宿舍，消除大班额、大通铺问题；各地教育系统建"留守学生"档案，改进教育管理方式，强化监护人培训与信息沟通；建立"留守儿童家长学校""留守儿童之家"，开办"留守儿童爷爷奶奶家教培训班""留守儿童托管亲属培训班"等，村（镇）委会、妇代会干部，村（镇）党员、老干部、老教师与留守儿童牵手结对，成为孩子们的"编外家长"，为留守学生营造良好的学习和生活环境；留守儿童学校基本建立了较为完善的管理体系，采取由学校行政、值周老师、生活老师、班主任等管理住校学生，对留守孩子进行思想品德教育、心理疏导及安全教育，每个寝室指派一名老师担任护理员，负责学生的生活起居和当天的课堂、课外学习，实行"全时空"管理、寄宿教育，让他们感到学校和老师无微不至的关怀。根据四川省统计局民调中心的四川农村留守儿童专项调查结果，60.4%的留守儿童表示每天能吃到营养品，96.2%的留守儿童表示如果生病了能够得到及时医治，95.6%的留守儿童表示学校的教学质量"非常好"或"比较好"，99.5%的留守儿童表示老师非常关心爱护或比较关心爱护或基本上关心爱护自己，仅有0.6%的留守儿童表示老师不太关心爱护自己，91.6%的留守儿童表示所在村（乡镇）干部关心爱护自己，这都表明留守儿童得到了政府、学校和社会各界的关心、呵护和教育，他们也能够得以基本健康、快乐地成长。[①] 但在调查中也发现，父母外出务工后家里的监护人主要是爷爷奶奶或外公外婆等亲戚，他们虽然对留守儿童起到了照顾日常生活的作用，但对于留守儿童的学习、思想、能力培养和生理卫生指导方面比较欠缺，在外务工父母对留守儿童的关心也不够；学校负责人和老师对学生的关心爱护虽然得到了学生的肯定，但老师与监护人的沟通交流偏少，还有待进一步加强；约半数受访儿童认为自己学习成绩一般，当被问及自己学习成绩不好的原因时，他们表示主要原因是没有养成良好的学习习惯。这也说明留守儿童的关心、教育方面还存在问题，需要社会各界继续协同加强对留守儿童的关爱和教育。

　　同时，我国随迁子女教育也取得了巨大成就。改革开放以来，我国逐渐突破体制和制度障碍，出台了一系列政策和措施，为随迁子女接受教育提供经费保障，随迁子女流入地政府及学校为随迁子女打开方便之门，从而为数以千万的随迁子女提供免费义务教育。根据2018年国家教育事业统计数据，全国义务教育阶段进城务工人员随迁子女1424.04万人，比上年略增

---

① 《四川农村留守儿童状况调查报告之一（生活学习篇）》，http：//www.sc.gov.cn/10462/10771/10795/12401/2016/7/12/10387846.shtml，最后检索时间：2020年12月1日。

1.2%，占在校生总人数的比例为 9.5%，其中在公办学校就读的比例为
79.4%，另有 7% 左右享受政府购买民办学校学位服务并全部纳入生均公用
经费和"两免一补"补助范围，两者之和接近义务教育阶段学生在公办学
校就读比例。但与此同时，尽管 80% 左右的义务教育阶段随迁子女进入了
公办学校，另有 7% 左右的义务教育阶段随迁子女享受政府购买民办学校学
位服务，但还有 12% 左右的随迁子女的教育是需要靠自己解决，这是一个
不小的数目。[①] 随迁子女入学也存在程序偏多、手续烦琐的问题，入学前需
要准备诸如户口簿、适龄儿童出生证、父母在本地务工就业证以及现居住地
街道办事处计划生育等材料，不少家长为了备齐相关材料，需要去多个部
门，有时甚至等待较长时间才能审核通过，从而大大影响了随迁子女的入学
效率，甚至因材料不齐或错失上学时间点而使随迁子女上不了学。即使当地
教育主管部门接纳随迁子女进入当地学校就读，他们也常常将随迁子女编入
当地办学水平不高的学校，使得随迁子女不能平等享有优质的教育资源。当
随迁子女进入当地学校就读时，学校也往往会把这些农民工子女单独编班，
在师资配备、教学计划安排等方面都会或多或少存在一些差异，在教育过程
中对随迁子女往往带有一定的歧视。另外，农民工子女往往出生农村，前期
在农村成长、生活，当他们跟随父母来到城市学习时，在家庭背景、生活环
境、生活习惯、思想观念等方面往往与城市家庭子女存在较大差异，居住条
件、父母照顾、周围环境都比不上城市儿童，心理健康水平也要相对低于城
市儿童，存在社会适应困难、人际关系紧张等问题，往往自我身份认同模
糊，性格孤僻自卑，情绪控制较差，常常难以真正融入城市学校，从而导致
教育融入难问题。

四　农村学校发展面临困难

作为对受教育者进行有目的、有计划、有组织、系统性教育活动的组织

---

① 《2018 年全国教育事业发展统计公报》，http：//www. moe. gov. cn/jyb _ sjzl/sjzl _ fztjgb/
201907/t20190724_ 392041. html，最后检索时间：2020 年 12 月 1 日。

机构，学校发展一直受到国家和社会的重视。新中国成立以来，尤其是改革开放初期，我国大力发展各级各类教育，学校数量不断增长，办学水平也不断提高，农村学校也在这一进程中不断壮大发展。但进入 20 世纪 90 年代中后期，随着我国绝大多数地区义务教育普及任务的完成，以及城镇化建设的推进，农村学龄人口数量逐渐减少，城市受教育人口数量不断增长，国家开始将中小学布局调整列入教育政策的议事日程。1995 年，国家教委下发《国家教委关于印发加强薄弱普通高级中学建设的十项措施（试行）的通知》，措施之一就是要求各级政府和教育行政部门根据当地地理环境、经济状况、人口分布、人口预测和教育发展规划，对普通高中布局进行合理调整，撤并布局过于分散、规模过小、班额不足的学校。1998 年，教育部印发《教育部关于认真做好"两基"验收后巩固提高工作的若干意见》，提出在遵循方便学生就近入学、充分利用教育资源、提高办学规模效益原则的前提下，合理调整中小学校布局。2001 年，国务院颁布《国务院关于基础教育改革与发展的决定》，要求县级人民政府担负本地农村义务教育发展的主要责任，做好中小学校的规划、布局调整、建设和管理。针对农村学校"规模小、布局分散"的问题，我国自此开启了一场轰轰烈烈的学校布局调整。2004 年，教育部、财政部下发《教育部　财政部关于进一步加强农村地区"两基"巩固提高工作的意见》，要求各地遵循"小学就近入学，初中相对集中"的原则，稳步推动农村学校布局结构调整工作，提高办学规模与效益。2005 年，教育部出台《教育部关于进一步推进义务教育均衡发展的若干意见》，提出在新建、扩建和改建学校时，适当调整和撤销一些生源不足、办学条件差、教育质量低的薄弱学校。2006 年，针对中小学布局调整工作中的简单化、"一刀切"、盲目追求调整速度、造成原有教育资源浪费和流失等问题，教育部印发《教育部关于实事求是地做好农村中小学布局调整工作的通知》，要求立足本地实际，充分考虑教育发展状况、人口变动状况和人民群众的承受能力，按照实事求是、稳步推进、方便就学的原则实施农村中小学布局调整。2010 年，国家出台《规划纲要》，提出合理规划学校布局，办好必要的教学点，方便学生就近入学。2012 年，国务院办公厅下发《国务院办公厅关于规范农村义务教育学校布局调整的意见》，针对学校撤并过程中规划方案不完善、操作程序不规范、保障措施不到位等问题，要求科学制定农村义务教育学校布局规划，规范学校撤并程序和行为，办好村小和教学点，处理好提高教育质量和方便学生就近上学的关系，进一步规范农村义务教育学校布局调整。2016 年，教育部办公厅出台《教育部办公厅关于农村义务教育学校布局调整有关问题的通报》，针对一些地方存在的认识不到位、撤并程序不规范、保障措施不完善、政策宣传不深入、少数教师群众不理解等问题，提出统筹考虑当地农村地理环境及交通状况、学生家庭经济负担等因素，充分考虑学生年龄特点、成长规律和家长意见，进一步完善农村义务教育学校布局规划，严格撤并条件，坚决制止盲目撤并和强行撤并，避免引发群众不满和学生辍学。同年，国务院出台《国务院关于统筹推进县域内城乡义务教育一体化改革发展的若干意见》，要求办好必要的乡村小规模学校。2017 年，国务院下发《国务院关于印发国家教育事业发展"十三五"规划的通知》，再次强调合理布局义务教育学校，办好寄宿制学校和必要的小规模学校及教学点，保障学生就近入学、接受有质量的教育。2018 年，国务院办公厅印发《国务院办公厅关于全面加强乡村小规模学校和乡镇寄宿制学校建设的指导意见》，要求统筹规划、合理布局，科学合理设置乡村小规模学校和乡镇寄宿制学校，改善办学条件，强化师资建设和经费保障，提升乡村教育质量，基本实现县域内城乡义务教育一体化发展，为乡村学生提供公平而有质量的教育。

在国家学校布局调整的大背景下，四川省也于 20 世纪末开始在全省范围内大规模开展学校布局调整工作，撤点并校，总体上顺应了四川农村人口变化和经济社会发展的客观趋势，整合了农村教育资源，优化了学校布局，改善了农村义务教育学校的办学条件，提高了农村学校的办学效益和教育教学质量，但也存在一些地方规划方案不完善、操作程序不规范、保障措施不到位、不顾客观条件盲目撤点并校等问题，导致部分学生上学路途变远，交通安全隐患增加，学生家庭经济负担加重，并带来农村寄宿制学校不足、一些城镇学校班额过大，给农村适龄儿童、少年就近入学造成了一定困难，影响了农村教育的健康发展。如：南充市在"十五"期间共撤并小学 1829 所，撤并单设初中 82 所，撤并职中 3 所；① 简阳市在 2002～2012 年的 10 年间，乡村小学从 617 所（个）减少到 393 所（个），共有 224 所学校或教学点消失了；② 这大大影响了学生上学问题。2013 年，四川省人民政府办公厅印发《四川省人民政府办公厅关于规范农村义务教育学校布局调整的实施意见》，要求根据《国务院办公厅关于规范农村义务教育学校布局调整的意见》，结合四川省实际，根据全省各地不同年龄段学生的体力特征、道路条件、自然环境等因素合理确定学校服务半径，科学制定农村义务教育学校布局规划，严格执行农村义务教育学校撤并程序，从而进一步规范了全省农村义务教育学校布局调整。于是，全国各地开始陆续"纠偏"，严格规范学校撤并行为，力图解决农村学校撤并带来的路途变远、交通隐患、班额过大等突出问题。一些地方原则上要求每个乡（镇）保留一所中心小学或九年一贯制学校，大村保留一所村小学（教学点），小村联合举办村小（教学点），甚至将过去一些撤并的乡村小学（教学点）恢复重建，以解决部分农村学生就近入学的问题。但由于农村人口的持续减少，加之不少学龄儿童跟随外出务工父母求学，或就近流入所在城镇学校学习，农村学龄儿童年年减少，学校生源严重不足，不少乡村小学（教学点）成为几十人的校园，有的甚至成为"空校"，导致教育资源严重浪费。事实上，相关部门很难把控城乡人口流动、学龄人口变化的趋势，在制定农村义务教育学校布局规划时常常陷入"左右为难"。

当前，小规模学校已成为农村教育学校组织的主要形式，并将在今后一直存在下去。截至 2017 年底，全国有农村小规模学校 10.7 万所，其中小学 2.7 万所，教学点 8 万个，占农村小学和教学点总数的 44.4%；在校生有 384.7 万人，占农村小学生总数的 5.8%。农村小学寄宿生有 934.6 万人，

① 《南充市教育事业发展第十一个五年计划》，https：//max.book118.com/html/2016/0915/54550114.shtm，最后检索时间：2021 年 9 月 30 日。
② 《农村学校布局调整为何左右为难?》，《四川日报》2014 年 5 月 28 日。

占农村小学生总数的 14.1% 。① 如何认识和定位小规模学校，如何建设和发展小规模小学，已成为当前乃至今后很长一段时期我国农村教育振兴发展的重要任务。近年来，四川省紧紧围绕小规模学校的建设发展问题，出台了一系列政策措施。2018 年，四川省人民政府办公厅印发了《四川省人民政府办公厅关于全面加强乡村小规模学校和乡镇寄宿制学校建设的通知》，要求各级政府要坚持以习近平新时代中国特色社会主义思想为指导，高度重视乡村小规模学校和乡镇寄宿制学校布局规划和建设工作，修订完善包含两类学校的农村义务教育学校布局专项规划（2018～2020 年），按照《四川省义务教育学校办学条件基本标准（试行）》落实两类学校办学的底线标准，按照《中共四川省委 四川省人民政府关于全面深化新时代教师队伍建设改革的实施意见》和《四川省人民政府办公厅关于印发乡村教师支持计划实施办法（2015—2020 年）的通知》要求，加强师资建设，加强乡村小规模学校横向交流，加强民族地区寄宿制学校管理，推动"一校一品""一校一特"创建工作，提高学校办学水平，切实推动办好农村义务教育。广元市从2017 年就开始通过创新保障机制、创设校际联盟、创建"小而优"品牌等多种措施，大力支持农村小规模学校发展，补齐乡村教育短板，让众多农村学校焕发新生。但在以城市为导向的教育环境下，农村小规模学校在课程设置及教学内容方面未能很好观照自身农村的具体情境和特殊需求，常常将提高升学率作为自己的教学目标，将把孩子送出大山作为自己的办学使命。农村小规模学校身处农村，农村学生辍学现象时有发生，它们既要"保学控辍"，又要在"乡村振兴"背景下做好"精准扶贫"工作，完成"扶贫攻坚"的艰巨任务。况且，多数小规模学校为寄宿制学校，它们常常肩负着学校教育和家庭教育的重任。因此，在农村学校发展政策尚不完善的情况下，人们对农村学校的目标定位和价值认识存在分歧，对农村小规模学校的特征、优势尚未充分挖掘，其日常管理也不堪重负。同时，农村学校在城镇

---

① 《振兴乡村教育从办好"两类学校"做起》，http://www.gov.cn/zhengce/2018 - 05/13/content_ 5290625. htm，最后检索时间：2020 年 12 月 1 日。

化浪潮中处于劣势，它们常常处于无望和矛盾之中，自信心不足，自我效能感偏低，不少学校领导和普通教师充满苦闷与困顿，职业倦怠感明显。

五　农村职业教育和成人教育发展不足

普通教育、职业教育和成人教育作为教育活动的三种类型，共同组成了一国和一社会的教育整体，在国民教育体系中具有同等重要的地位。要发展农村教育，不仅需要大力发展农村普通教育，也要积极发展农村职业教育和成人教育。改革开放以来，我国出台了一系列政策措施发展农村职业教育和成人教育。1985 年，中共中央出台《中共中央关于教育体制改革的决定》，提出对包括农村职业教育在内的整个教育体制进行改革，以适应城市提高企业的技术、管理水平和发展第三产业和农村产业结构调整、农民劳动致富的需要。1991 年，国务院颁布《国务院关于大力发展职业技术教育的决定》，提出在广大农村地区统筹规划基础教育、职业技术教育和成人教育，实行农科教结合，加强成人教育与职前职业技术教育的密切合作，采取多种形式发展初中阶段的职业技术教育，积极推进农村教育综合改革。1993 年，国务院出台《中国教育改革和发展纲要》，要求大力开展多种形式的职业教育和职业培训，使农村每年都应有一定比例的从业人员接受多种形式的岗位培训。2002 年，国务院印发《国务院关于大力推进职业教育改革和发展的决定》，针对农村职业教育改革与发展面临的一些问题，要求根据现代农业发展和经济结构调整的需要，推进农科教结合和"三教统筹"，建立县、乡、村三级实用型、开放型的农民文化科技教育培训体系，把职业学校和成人学校办成人力资源开发、技术培训与推广、劳动力转移培训和扶贫开发服务的基地。2003 年，国务院出台《国务院关于加强农村教育工作的决定》，提出：坚持为"三农"服务的方向，紧密联系农村实际，加强"三教统筹"，大力开展农村学历职业教育和职业培训；充分发挥乡镇成人文化技术学校、农业广播电视学校和各种农业技术推广、培训机构的作用，以农民培训为重点，开展农村实用技术培训。2004 年，教育部、财政部等 7 部门下发《教育部等七部门关于进一步加强职业教育工作的若干意见》，要求地方政府推进农科教结合和"三教统筹",大力开展农民实用技术培训和农村劳动力转移培训,积极为农业和农村经济社会发展服务。2005年,国务院印发《国务院关于大力发展职业教育的决定》,提出职业教育要为农村劳动力转移和建设社会主义新农村服务,强化农村"三教"统筹,促进"农科教"结合,实施国家农村劳动力转移培训工程和农村实用人才培训工程,提高进城农民工的职业技能,培养农村实用型人才和技能型人才。2014年,国务院出台《国务院关于加快发展现代职业教育的决定》,强调提高农村基础教育、职业教育和成人继续教育统筹水平,积极发展现代农业职业教育,促进农科教结合,实施学历教育、技术推广、扶贫开发、农村实用技术和劳动力转移培训、社会生活教育。2019年,国务院印发《国家职业教育改革实施方案》,提出职业教育应服务乡村振兴战略,积极招收农村初高中毕业未升学学生、返乡农民工等接受中等职业教育,为广大农村培养以新型职业农民为主体的农村实用人才。

与此同时,四川省也出台了一系列政策措施加强农村职业教育和成人教育发展。2003年,四川省人民政府出台的《四川省人民政府关于大力推进职业教育改革与发展的决定》明确指出,根据本省农业产业化和支柱产业发展需要,切实开展农村教育综合改革,搞好三教统筹,重点建设一批示范专业和示范专业点,积极培训农村劳动力,大力推广农村科技示范致富项,健全以骨干示范性农村职业学校或县级职业教育中心为龙头、乡镇成人学校为骨干、向村组延伸辐射的县、乡、村三级农村职业教育培训体系,重点做好人力资源开发、技术培训与推广、劳动力转移培训和智力扶贫开发等工作,促进农科教更加紧密的结合。2014年,四川省人民政府下发《四川省人民政府关于加快发展现代职业教育的实施意见》,提出建设一批农村职业教育和成人教育改革发展示范县(市、区),推进农民继续教育工程,创新农学结合模式,实施新型职业农民培养计划、农民工职业技能提升计划,对农民、农民工等开展职业教育与培训。同年,四川省教育厅、财政厅等6部门印发《四川省现代职业教育体系建设规划(2014—2020年)》,再次强调要加强"三教"统筹,促进农科教结合,建立公益性农民教育培训制度,构建覆盖全省、服务完善的现代职业农民教育网络，培养新型职业农民，增强农村职业教育服务"三农"能力。2020 年，四川省教育厅出台《四川省职业教育改革实施方案（征求意见稿）》，决定开展面向适合农民工和高素质农民等的职业教育和培训，以服务脱贫攻坚、乡村振兴战略。在发展职业教育的过程中，四川省将 60% 以上职教建设资金投向农村学校，改善了 200多所农村学校办学条件；对农民开展劳动力转移和实用技术培训，近几年的农民工培训率均在 80% 左右；每年投入 20 亿元，资助 100 万名符合家庭困难条件的中职学生，为约 80 万名中职学生提供国家助学金，并从 2012 年起中职学生全免学费。① 在国家及省市政策的指引下，在地方政府和学校的共同努力下，四川省职业教育和成人教育取得了一些成绩。如：巴中市近年来在发展农村职业教育过程中，以市场需求为导向，围绕当地农村的产业开发，注重用技术培训造就新型农民，实现农村劳动力由体力型向技能型、知识型转变；双流区始终把发展现代农村职业教育作为推动农村经济发展、促进农民就业、改善农民生活的重要途径，狠抓政府统筹，强化政策保障和经费保障，确保农村职业教育优先发展、创新发展和可持续发展。2014 年，成都市的温江区、双流区和宜宾市的宜宾县进入第一批国家级农村职业教育和成人教育示范县创建入围名单。此后，成都市的蒲江县、新都区、彭州市，广安市的邻水县，泸州市的泸县、合江县，巴中市的南江县，宜宾市南溪区，也相继入围国家级农村职业教育和成人教育示范县创建名单。2016年，成都市的温江区、双流区和宜宾市的宜宾县成为首批国家级农村职业教育和成人教育示范县。

　　但总体来看，四川省农村职业教育和成人教育发展状况还不容乐观。当前，一些地方政府部门和社会各界对农村职业教育和成人教育缺乏全面的科学认知，对二者的地位和价值未能给予足够的重视，社会认可度低，认为农村职业教育和成人教育仅是农村普通教育的补充，有无并不十分重要。调查

① 《四川省大力发展中等职业教育》，http：//www. moe. gov. cn/jyb_ xwfb/s6192/s222/moe_ 1755/201607/t20160701_ 270359. html，最后检索时间：2020 年 12 月 1 日。

中，有超过 2/3 的调查对象对农村职业教育和成人教育的社会功能认识不到位，目标定位不准确，有超过 1/3 的调查对象认为开展农村成人教育没有什么必要，没有将农村职业教育和成人教育与乡村振兴战略紧密联系在一起。由于对农村职业教育和成人教育认知不全面，国家相关文件关于职教和成教经费投入的规定未得到真正落实，资源保障缺位，投入过少，学校的生均用地面积、校舍建筑面积基本未达到国家设置标准，实训基地数量不足、实习实训设备落后，使农村职业教育和成人教育的发展受到限制，办学质量不高。这也导致了很多农村学生家长及学生不愿意接受职业教育，农村职业教育招生十分困难，生源数量不足、质量不高的问题较为突出，在招生过程中恶性竞争，"有偿"招生等招生乱象频频发生。同时，不少农村职业学校发展理念滞后，没能树立现代职业教育发展的理念，他们常常不顾自身办学条件及办学定位，忽视本地区农村经济发展的客观需求，专业设置与当地"三农"发展需要结合不紧，盲目跟风，争相开设热门专业，难以体现地方优势和地方特色，与地方经济发展不协调，教育内容和方式严重脱离农村生活和生产实际，现代农业发展需要的专业人才学校培养不出来，学校培养的学生在乡村振兴和现代农业发展中用不上，造成大量教育资源的浪费，使农村职业教育和成人教育脱离健康轨道发展。

第七章　国外农村教育发展的经验借鉴

尽管世界各国的社会制度和经济结构存在差异，但大多数国家都非常重视发展农村教育，并在农村教育的改革和发展过程积累了宝贵经验。我国是一个教育大国，而农村教育在整个国民教育体系中占有较大比例和重要位置，如何改革和发展农村教育是我国教育工作的重中之重。梳理和借鉴其他国家或地区的农村教育发展经验，对于推动我国农村教育改革与发展、提升农村教育质量具有十分重要借鉴价值。

第一节　美国农村教育的发展及其启示

美国是世界经济大国和教育强国，其城镇化水平较高，农村教育在整个国民教育体系中占比较低。但由于美国注重社会公平、重视教育平等，因此在经济社会发展中十分关注农村教育，积极采取各种措施推进农村教育改革与发展，并在农村教育改革发展中积累了较为丰富的经验。

一　美国农村教育存在的问题

（一）农村学校规模偏小

美国国土面积为937.3万平方公里，与我国相当，但人口共计3.3亿人左右，仅为我国1/4左右。与我国相比，美国是一个人口较少、幅员辽阔的国家。同时，美国又是一个城镇化水平较高的国家，农村人口只占全国总人口的1%。农村人口稀少，分布较为分散，这都导致了农村学校规模偏小。根据美国联邦统计局的统计，美国有21%的公立学校学生在农村，31%以上的公立小学分布在农村。根据学校分布情况和学生的分布情况，相对城市而言，美国农村学校的规模偏小，农村小学平均规模仅为城市小学的70%左右。根据《纽约时报》报道，在位于美国西部落基山区的怀俄明州的拉勒米山区的一所小学里，只有一位教师和一名七年级学生，教师名叫罗杰斯，学生名叫乔伊。罗杰斯与她丈夫生活在一间拖车式活动屋子里，乔伊则在另外一间相连的拖车式活动房子里接受罗杰斯的授课。据统计，怀俄明州至少有3所这样的学校，其他许多州的公立学校中也不同程度地存在小规模学校。

（二）农村教师短缺

教师问题也是美国农村教育改革发展中面临的一个核心问题。在美国，由于高校培养的中小学师资满足不了学校的数量需求，加之农村学校办学条件相对较差，经济待遇相对偏低，吸引力不足，农村教师短缺问题较为明显。根据美国学校管理协会对农村校长的调查，由于农村学校工资低、地理位置偏僻、与外部社会相对隔离和教学任务重等因素，他们很难招聘到数量充足的教师，而且现有教师的流失也较为突出。在美国的50个州中，有44个州的农村教师的平均工资低于非农村教师的平均工资，农村教师的平均工资比非农村教师的平均工资低13%。在农村，不少小规模学校难以招到充足的教师，学校课程不能按照学科配备专业的教师，很多时候一位教师要讲授两个或两个以上的学科或年级。这方面使农村学校教师的负担加重，另一方面也使农村教师很难有更多的时间和精力提高自己，从而加剧了农村教师提高学科教学水平和专业的困难。根据《不让一个孩子掉队》法案的设想，到2006学年底，美国公立学校的每一位教师都必须具有高度的专业化水平，但这显然对于农村小规模学校是一个难以达到的目标。

（三）农村教育质量偏低

教育质量是教育水平高低和优劣程度的反映，每个国家都非常重视教育质量的提高。美国一直以来都积极采取措施，大力提高农村教育质量，取得了不错的效果。但就整体而言，美国农村学校的办学水平不高，教育质量偏低，明显落后于非农村学校的教育质量。从美国国家教育进步评价委员会的测评结果来看，尽管农村 4 年级和 8 年级学生的语言阅读、数学测试成绩与城郊学校的学生测试成绩基本一致，乃至还稍高于城区学生的测试成绩，但农村学校学生测试成绩仍不理想，不同学校学生的测试成绩存在较大差异。另外，从城乡学生升入大学的情况看，城区学校的学生都明显优于农村学校学生，无论是公立学校还是私立学校。据统计：农村公立、市郊/大城镇、中心城市学校学生升入四年制大学的比例分别是 37.4%、43.7%、42.8%；农村公立、市郊/大城镇、中心城市学校则分别是 67.9%、77.5%、78.0%，由此可见，美国不少地区的农村教育质量偏低，与城镇学校的教育质量存在一定差距。[①]

二　美国发展农村教育的举措

（一）加大农村教育扶持力度

在第二次世界大战之后，美国联邦政府出台各项政策和措施，加大对农村教育的扶持力度。1958 年，美国颁布的《国防教育法》提出，联邦政府将拨付一定数额的农村教育发展专项经费，对农村教育提供经济援助，用于资助乡村教师的在职培训与专业发展，提高农村学校教师队伍水平。1965年，美国颁布第一部关于基础教育的法令——《初等和中等教育法》，提出了国家今后对农村地区教育长期和系统的发展计划。其中指出，联邦政府将加大对农村低收入学区学校的经费投入力度，以帮助它们改善基础设施、加强教师培训、为贫困学生提供勤工俭学机会，以及建设地区性教育研究实验室等。通过这些举措，极大提高农村教育质量，为城乡教育平等发展、学生平等接受教育创造良好条件。2000 年，时任美国总统克林顿签发"农村教育成就项目"（REAP），此法案是一项专门为发展农村教育而进行经费保障

---

① 傅松涛、刘亮亮：《美国私立学校与公立学校的比较研究》，《外国中小学教育》2006 年第10 期，第 6～10 页。

的法案，借助教育经费专项补助为美国一些发展困难的乡村学校，尤其是身处困境的乡村小规模学校提供资金保障，使这些学校的教师得到专业发展，课程得到有效开发，现代教育技术得到更好建设，从而使这些学校不断改进和发展。

（二）积极引导大学和社区参与

农村小规模学校的改进发展离不开社会各方力量的支持和援助，大学、社区和家长在乡村小规模学校发展中均有着非常重要的作用。他们通过优化配置社会资源、改造教育外在环境等措施，积极为农村小规模学校的发展创造条件。其中：大学主要通过提供先进的教育理念、协助优化课程设置、培养学校所需的优秀教师等途径，从而为农村小规模学校提供智力和人力的支持；社区履行协助教育本社区孩子的职责，参与学校管理，主动承担起维护校舍的责任。美国教育发展基金会提供经费支持的农村学校促进项目，就是由位于肯塔基州东部的伯利亚学院发起的。该项目主要为环绕大烟山的阿巴拉契亚山中部地区的农村学校提供经费支持和专业指导，以帮助该地区学校改善办学条件，提高办学水平。在项目实施过程中，项目负责方首先掌握小规模学校发展需要和伯利亚学院支持意向，选择伯利亚学院意向支持的部分小规模学校作为扶持和改造的对象。伯利亚学院组成援助团队，这些团队成员包括管理经费和教学经费丰富的管理者及教师，他们与小规模学校的师生及所在社区的教育督导一起对学校进行改造。

（三）实行教师补偿

相对城区学校而言，农村小规模学校无论在工作环境还是薪金待遇方面都处于劣势，难以吸引到优秀的乃至充足的教师到学校任教。为了使农村小规模学校具有一定的吸引力，使其聘用到合格乃至优秀的教师，联邦政府及各州纷纷出台相关政策，采取一些补偿措施，以优化农村学校教学环境，改善农村教师生活条件。如在内华达州北部，不少农村小规模学校可以为教师提供免费住宿，甚至可以为教师因工作需要而需自驾上班提供免费篷车和油费补助；又如在南达科他州奥尔巴尼县，地方政府为乡村小规模学校教师每周举办一次集体聚会，积极支持和鼓励他们在聚餐过程中进行广泛交流，以解决在班级管理和学科教学中存在的问题。同时，南部大学与学校联合会还创办了一种典型的乡村学校教师在职培训项目，培训过程中教授他们如何使用现代录像影音等媒体设备对学生进行观察，如何在教学过程中采用科学的理念和方法反思教学行为，总结教学的得失，这对教师的专业发展都具有积极作用。

（四）引导学校自身发展

乡村小规模学校的发展既要靠政府和社会的大力支持，更要靠自身的积极改进，需要小规模学校建设和践行自己的教育改革理想。在对乡村小规模学校改造中最为有名的是美国农村实验学校项目，该项目是由联邦政府资助、国家教育研究院执行的，主要针对农村教育存在的问题而提出的一项系统改造方案。该项目提出在联邦教育制度的约束下，农村小规模学校自主确定发展需要和改革目标。联邦政府要求一些对该项目感兴趣的学校提出申请，然后根据遴选条件从这些学校中选择资助对象。根据项目计划，联邦政府为接受资助的乡村小规模学校提供经费资助，帮助它们培训师资，改善办学条件，提高管理能力等。该项目并非寻找或执行所谓"唯一的最佳学校系统"，而是遵从每个乡村小规模学校的特殊情况，认为每一学校都必须满足本社区的特殊需要。因此，在改革过程中，项目负责方十分重视乡村小规模学校改革的自主性、主动性和创新性，更多从农村社区和小型乡校的实际发展需要出发确定改革目标和行动策略，使得项目更能代表和满足小型乡校最现实的问题和发展需要。

（五）建立小规模学校联盟

为解决小规模学校组织结构薄弱、教育资源匮乏、学校管理松散等问题，自 20 世纪 90 年代初期，美国许多地方陆续建立了农村小规模学校联盟。农村小规模学校联盟首先建立了一个高于每一学校之上的管理机构，负责协调各学校之间共享协作的关系。学校间制定有合作协定，他们共享校舍、教学设备、师资、课程等学校教育资源。小规模学校联盟实现了教育资源的共享安排，但同时又保留各自学校的相对独立，得到了联邦政府、部分州和民间教育基金组织的大力支持。目前，美国已有一半以上的州建立了

"校中校"的小规模学校联盟,并不断吸引着全美各州建立小规模学校联盟。小规模学校联盟为乡村学校发展提供较好的支持,联盟下的各个学校不仅在学校管理和学科教学方面具有较高的独立性,而且它们能够根据自身的实际情况优化资源配置,进行教育改革和创新,还在一定程度上有效解决因学校规模过大、学生活动参与度不高、教育资源配置不充足以及教育公平难以保障等问题,增加了师生交流的机会,丰富了学生的校园文化生活,保障了学生的个性潜能得到最大发展。

三 美国发展农村教育的经验借鉴

(一)实施专项财政支持

为了更好地发展农村教育,美国联邦政府拨付专项资金以资助农村教育发展。这种专项的财政资助不仅总量适度、程序规范,而且目的也十分明确,具有较强的针对性。这既为农村教育的发展提供了稳定的财力支撑,也为农村教育专项经费的合理使用提供了规范性和科学性依据,从而提高了经费的使用效率。就我国农村教育的财政补助而言,常常为政策性一揽子投入,缺乏稳定性和长期性,也缺乏对补助经费的分项化和结构化,也未能与工作绩效有效挂钩,公开性、竞争性不够,常常使政府的财政资助被挪用、浪费乃至流失,因而我们应从美国农村教育发展中借鉴经验,为农村学校发展提供专项财政支持,保持支持的长期性和稳定性,并做好专项经费的使用,使经费分项化和结构化,提高经费的使用效益。

(二)合理配置城乡教育资源

为了发展农村教育、提高基础教育整体质量、促进教育机会均等,美国在发展基础教育过程中非常注重合理配置城乡教育资源,促进城乡教育均衡发展。为了促进城乡教育均衡发展,美国联邦政府出台的一系列相关政策,尤其是农村教育成就项目(REAP)对于城乡教育均衡发展的推动具有极为重要的意义。在这一政策的推动下,各级政府教育机构和学校被赋予了更多的教育资源自主使用权,使城乡教育资源使用更为规范、科学。我们可借鉴其中的一些做法,有条件允许农村学校按照各自具体的办学需求和文化背景,灵活能动地支配其所获得的各类政府拨款，对其所获拨款的去向与用途做出较为翔实的过程记录，并完善政府对拨款资金具体使用的监督机制，健全相关的账目审计制度，强化农村义务教育财政转移支付路径的可行性分析和成本效益分析，确保城乡教育资源配置更为科学、合理，拨付的专项费用能切实用于改善农村地区办学条件，提高教育质量，促进城乡教育均衡发展。

（三）秉承教育公平理念

在美国，联邦、州及地方政府非常重视教育在实现社会公平中的作用，常常将教育公平作为社会公平的重要组成部分和主要体现者。它们在设计农村教育发展政策、出台各项发展措施时都十分注重教育公平理念的引领，始终将实现教育公平作为发展农村教育的一大主旋律。长期以来，由于经济发展水平、地理差异以及历史因素，我国存在明显的城乡二元经济结构，农村地区的经济发展水平往往落后于城镇，在贫困民族地区这一现象更为明显。在此背景下，农村的教育投入不足，学校硬件设施建设相对滞后，教育信息化水平相对较低，教师队伍素质不高，教育质量与城镇学校存在较大差异。因此，我们可以借鉴美国联邦、州和地方政府的做法，在政策制定和具体实施过程中一定要重视教育公平理念的贯彻落实，针对不同农村地区的文化特色和教育实际情况，采取具有一定差异性的学校发展规划、教师发展规划和教育资源配置模式，并制定出一个具体、翔实、可行的实施细则，以优化农村学校办学环境，改善农村学校办学条件，提升农村教育质量，帮助农村地区的学生摆脱不利处境，使他们获得更为优质的教育资源，获得更为公平的教育机会，从而为农村教育改革和发展提供有力支撑。

第二节　日本农村教育的发展及其启示

一　日本农村教育存在的问题

（一）小规模学校大量存在

"二战"期间，大量日本士兵被远派海外作战，损失了将近 800 万名青年劳动力人口，这让日本"元气大伤"。战后，日本人口虽然在短期内得到了一定程度的恢复，但随着出生率的下降，日本的全国人口总量还是偏少的。由于全国人口出生率下降和人口总量不大，农村受教育人口数量偏少，农村小规模学校问题越来越突出。从 20 世纪 60 年代开始，日本由于偏远地区农村人口数量急剧下降，农村学校生源不足，产生了大量的小规模学校。据统计，在日本农村，1000 人以上的大规模学校在持续减少，而 500 人以下的小规模学校却在持续增加。据 1991 年的统计资料，500 人以下的小学占 68%，500～749 人的占 22.5%，这表明日本农村中小学在校人数总体上在快速下降，小规模学校越来越多。①

（二）教师短缺问题突出

在日本农村，尤其是偏远的农村地区，由于生活条件较差、交通不便、教育条件也相对落后等问题，很多教师不愿意到这些地区任教，农村教师长期短缺。为了满足农村教学活动的正常开展，使农村孩子有正常接受教育的机会，日本农村学校常常不得已聘用刚毕业不久的大学生，或者难以应聘到城区任教的教师，或者未能达到任职某项标准的教师。由于这些教师往往到农村学校任教是迫不得已，一旦他们有了机会和条件能够离开农村学校，他们就会想方设法离开农村学校到城市学校任教，以寻求更好的工作生活环境和更大的自我发展空间。不少农村学校为了吸引到教师到农村任教，有时不得不降低教师任职标准，降低聘用门槛，农村地区的教师准入标准低于城市，导致农村高素质教师更加缺乏。

（三）农村教育质量低下

日本作为世界发达国家，其教育质量是排在世界前列的，在各种国际性学力测验中，日本都取得了很好的成绩。但由于城乡教育质量差别较大，日本的农村教育质量和办学水平相较城市还是较低的。1963 年，日本文部省对国家学力进行调查，结果显示偏远地区学校学生的测试成绩低于全国的平

---

① 秦玉友：《美国、印度、日本农村教育发展中的主要问题及启示》，《外国教育研究》2007 年第 12 期，第 6～10 页。

均水平。以小学 5 年级和初中 2 年级为例：偏远地区小学 5 年级社会科的平均成绩是 49.2 分，比全国平均分数 58.8 分低近 10 分；偏远地区初中 2 年级数学平均成绩是 31.3 分，比全国平均成绩 41.3 分低 10 分。这表明日本的农村教育质量与城市教育质量相比存在一定差距。[①]

二　日本发展农村教育的举措

（一）制定农村教育发展倾斜政策

日本作为一个发达国家，政府十分重视社会的公平程度，注重缩小城乡之间的教育差距，加强对偏远地区农村教育的扶持力度，不少社会力量也积极参与对农村教育的发展。近年来，日本先后颁布了《偏僻地方教育振兴法》《偏僻地方教育振兴法施行令》《偏僻地方教育振兴法施行规则》《孤岛振兴法》《大雪地带对策特别措施法》等一系列法律法规，明确规定了各级政府在发展农村教育中各自的职责，提出了在发展农村教育方面的诸多优惠政策，给偏远农村地区学校、教师和学生以经费补助和优惠待遇，从而对发展偏远地区农村教育起到了积极的促进作用。

（二）加强农村教师队伍建设

日本在发展农村教育的过程中，十分重视教师队伍的建设，将稳定教师队伍、提高教师素质作为发展农村教育的重点。首先，日本非常重视提高教师工资和待遇在招聘和稳定教师队伍中的作用。如根据 1954 年制定、之后多次修改的《偏远地区教育振兴法》的规定，中央要求都道府县必须对偏远地区学校教职工增发特殊津贴，月津贴额不低于本人月工资和月抚养津贴的 25%。其次，日本还非常重视行政手段的干预作用，通过制定教师交流政策来缓解农村教师短缺、提高农村教师队伍素质的作用。根据教师交流政策规定，凡是在一所学校连续任教 10 年以上以及新任教师连续 6 年以上的教师都必须参与轮岗。符合轮岗资格并有轮岗意愿的教师向学校提交意向调

[①] 秦玉友：《美国、印度、日本农村教育发展中的主要问题及启示》，《外国教育研究》2007 年第 12 期，第 6～10 页。

查表，校长在综合收集到的意见后确定参与轮岗的教师并上报教育主管部门。同时，一些学校生源不足需要解决教师超编问题，或者学校教师队伍在专业、年龄、资格、男女比例等方面存在不合理现象，这都要求教师在城乡学校之间或者区、市、街道、村范围内的学校之间加以流动。

（三）全力提高农村教育质量

第二次世界大战以来，日本的基础教育发展十分迅速，一直以来其教育质量排在世界前列。为了提高农村教育质量，日本采取和实施了一系列的措施与方法，为农村教育质量的稳步提升打下了坚实的基础。首先是建立统一的教育质量标准。日本中央教育行政部门几乎每隔 10 年就要修订一次教学大纲，调整基础教育课程的标准，对包括农村中小学在内的教育内容的深度和广度进行统一规定，农村中小学生必须达到这一教育课程的最低标准。其次是加强对农村学校的督导评估。为提升农村学校整体水平，教育行政部门设计了包括学校教育目标评价、课程计划评价、学生生活指导评价、学校人事管理评价、学生日常管理评价、教职员及其进修情况评价等在内的一整套较为完善的评价体系，并对学生的阅读、数学、科学、国语等核心科目进行质量监测，动态把握农村教育质量状况，为日本教育质量的稳步提升提供了可靠的保证。

三　日本发展农村教育的经验借鉴

（一）加强财政转移支付

日本财政体制与其政权结构相适应，实行财政联邦主义，各级财政只对本级政府负责。与此相应，日本农村教育经费是由中央、都道府县、町村三级财政共同负担，中央政府只负责确立全国标准。都道府县政府负担义务教育的教职人员经费，市町村负担中小学的校舍、室内运动场、食堂设施、教材、图书、对学生奖励与补助经费，以及教职员以外的图书管理员、伙食调理员、警务员等人员工资。由于中央政府集中了全国大部分财力，而农村地区财力薄弱，因此，日本中央政府承担农村教育经费转移支付的主要责任，都道府县对其所辖的市町村负担农村教育经费转移支付的部分责任，保障农村教育所需经费的充足和稳定。基于此，我们应继续推进农村义务教育阶段的经费保障机制改革，充分发挥中央政府农村教育经费转移支付的作用，省级人民政府负责统筹落实省以下各级人民政府应承担的经费，制定本省各级政府的具体分担办法，完善财政转移支付制度，确保中央和地方各级农村教育经费落实到位。

（二）提高农村教师待遇

待遇问题是教师最关心的问题，日本政府为了稳定农村教师队伍，提高农村教师队伍素质，将提高教师待遇作为一项重要工作。除了不断改善农村的居住环境和工作环境外，日本政府出台了专项政策，使在农村工作的教师不仅能够得到一些专项补助和各种特殊津贴，而且还能分配到住房。并且，不少农村学校还配备有游泳池，以及其他各种健身及娱乐设施，以供农村教师使用。借鉴日本的做法，针对当前我国农村教师生活、工作环境较差，经济待遇不高的情况，我们应进一步提高农村教师的工资标准，发放各种专项补助和特殊津贴，积极创造条件解决教师居住问题，以此防止农村教师流失，稳定农村教师队伍。

（三）开展教师交流

日本将中小学教师的职业性质确定为公务员，要求公立学校教师在同一所学校连续工作不得超过 6 年，各都（道、府、县）都实行了公立学校教师流动政策，强调都市和乡村之间、偏僻地和非偏僻地区间教师的交流，以满足各地各校，特别是偏僻地学校教师在质和量上的动态平衡。当前，尽管我国农村教师队伍的稳定性得到提高，教师的素质也得到了大幅提升，但城乡教育的师资仍然存在差距，乡村教师队伍较为薄弱。我们需要借鉴日本的做法，实行教师轮岗制度，规定在县域内的城乡教师在 3 ~ 5 年内定期交流，以保证城乡间、校际师资力量和教学水平的均衡。

（四）积极推行素质教育

早在 20 世纪 80 年代，日本就开始积极推行素质教育，加强对学生的个性和技能培养。为了更好地发展农村教育，日本也大力进行教育体制和培养模式改革，在农村各学校积极推进素质教育。在农村各学校的日常教学中，学校将环保教育、礼仪教育、防震教育、感恩教育、独立生存教育、集体精神教育、磨砺教育等融为一体，突出教育的个体性和实践性。我们可借鉴日本素质教育的做法，在教育教学过程中突出地方特色，挖掘区域文化和校园文化，重视教学方法、授课重点、考试方式等方面的改革，注重学生动手能力和生活实践技能的培养，以使学生全面发展，农村教育质量得到大幅提高。

第三节　印度农村教育的发展及其启示

一　印度农村教育存在的问题

（一）教育经费紧张

作为四大文明古国和南亚次大陆的最大国家，印度自 1947 年独立后积极发展国民经济。尤其是近年来，印度开始实行经济自由化改革，经济规模获得了较快速度的增长，成为世界上发展最快的国家之一。但由于人口众多，基础设施较为落后，生产发展又以耕种、现代农业、手工业、现代工业以及其支撑产业为主，印度的经济总量并不大，平均国民生产总值很低，国家的财政收入不高。在此背景下，印度的教育投入是不高的，农村的教育经费是十分紧张的。尤其是自独立后印度政府便承诺普及免费的义务教育，并在以后的连续几个五年计划中增加教育经费来大力发展基础教育，但由于印度人口规模太庞大，农村人口占比较高，很多人受教育程度较低，文盲半文盲人口较多，政府投入的经费远远满足不了免费普及农村义务教育的需求。因此，印度要普及免费的义务教育，改善农村教育的基础设施和办学条件，提高教育质量，就需要加大教育投入，尤其是需要实施倾斜政策，对农村地区的学校给予更多的财政投入，这样才能根本改变农村地区办学水平低、教育质量不高的局面。

（二）教师数量不足

印度幅员广阔，学龄人口规模较大，政府采取了在每个居民区附近建造学校的战略，导致学校生源稀少和资源不足，小规模学校大量存在。在人口与中国相当的情况下，印度学校数量达到 150 万所左右，中国将近 50 万所，印度学校数几乎是中国的 3 倍。但印度的经济发展水平较低，财政收入有限，在教育投入方面较为紧张，很难保障聘用更多教师来担任教学工作，因而印度基础教育教师是较为缺乏的，尤其是农村地区。据统计，印度教师缺口达到 100 多万名，一些邦的教师短缺程度超过 40%。1986 年，印度政府就规定每所初等学校中至少需有两位教师，其中一人应为妇女。据调查，在印度，仅有一名教师的农村学校占 12%，仅有两名教师的农村学校占 21%。在只有一名教师的学校里，教师要教 50 名左右的小学生，有些学校教师甚至要同时教 150 个学生。[①] 因此，在一名教师的学校里，教师的休息时间难以得到保障，他们必须不得缺席任何工作时间，否则学生就不能有效接受学校教育。但事实上，教师们经常缺席，尤其是农村地区的教师，他们在农忙季节往往停课忙于农活，使得学生的上课时间得不到有效保证。另外，教师由于专业发展常常需要进修，但在印度的农村地区，常常因教师进修而不得不终止正常的教学活动。为了保障教学活动的正常开展，大多数农村教师几乎没有机会离开工作岗位进修培训，农村教师素质也难以得到提高。

（三）教育质量不高

2009 年，印度议会通过了实施适龄儿童免费义务教育的法案——《儿童免费义务教育权利法》。在该法通过后的十年里，印度的小学入学率达到 100%，基础教育得到了长足发展。但如前所述，由于政府投入不足，农村地区环境恶劣，教育基础设施和社会服务设施落后，办学条件较差，农村教育质量整体不高。在 1990 年举办的世界教育大会上，与会代表们对印度农村教育质量表示担忧，他们主张印度政府与世界银行组织合作，提高其农村教育质量。尽管多年来印度政府一直积极采取各种措施，包括调整教学大纲、加强教师培训、强化学生考评等，努力提高农村教育质

---

① 秦玉友：《美国、印度、日本农村教育发展中的主要问题及启示》，《外国教育研究》2007 年第 12 期，第 6 ~ 10 页。

量；但由于农村办学条件差，教学设施落后，教师数量不足，优秀教师更为缺乏，教育质量难以得到有效改观。据调查，印度农村的不少中小学教师并未严格按照国家教育政策的规定进行考核和选拔，他们既没有获得教师任职资格，也未在教学过程中得到专业培训。他们自身素质不高，既不能很好地完成科学、数学和外语等课程的教学任务，也不能很好地利用政府发放的一些诸如地球仪、多媒体等辅助教学设备，更多使用的是小棒等传统辅助教具。在教学过程中，学校对教师的管理极不严格，教学秩序较为紊乱，不少教师不按教学安排随意停课和上下课。根据印度发布的《教育状况年度报告》，印度 1 年级入学新生中只有约 30% 能从 12 年级毕业，5 年级的学生中有近一半的孩子阅读不懂 2 年级的课文，接受基础教育后大多数人并不具备必要的技能，无法胜任工作。如一个叫莫罕柏的印度农村女孩，她在升入 5 年级前连读和写都无法独立完成，这种情况在印度并不少见。①

二 印度发展农村教育的举措

（一）实施倾斜政策

20 世纪 80 年代以来，印度中小学教育取得了较大发展，受教育人口数量大大增加，办学条件得到较大改善，教育质量也得到了一定程度提高。但由于城乡基础设施、经济发展水平差距较大，中小学的发展状况不平衡，且有进一步加大的趋势。为了缩小城乡差距，扭转农村教育发展不足的局面，印度中央政府和地方各联邦政府出台了一系列倾斜政策，积极采取各种支持和专项措施，以发展农村教育。措施之一就是"黑板行动"计划。这一计划于 20 世纪 80 年代开始实施，旨在改善农村小学教室、黑板等教学设施及办学条件。项目实施以来，印度中央政府累计拨款为 62 亿卢比，地方各联邦政府承担的校舍修缮专项拨款累计为 98 亿卢比，有效地改善了教学设施及办学条件。

---

① 成博：《印度基础教育面临的困境》，《光明日报》2017 年 6 月 24 日，第 7 版。

（二）加强农村教师队伍建设

如前所述，早在 20 世纪 80 年代，印度就出台了加强农村教师队伍建设的政策，提出逐渐杜绝一所学校仅有一名教师的情况，要求每所初等学校至少要有两名教师。后来，在瑞典国际开发署的资助下，印度实施了旨在加强农村教师队伍建设的"ShikshaKarmis 工程"（简称 SKP）。该工程主要运用革新方法，培训地方农村教师，让诸如拉贾斯坦邦这样的贫穷落后地方的初等教育得到普及，教育质量得到提高。2010 年 8 月，印度颁布了《教师任职最低资格标准》，计划用五年的时间使全体在职教师符合任职资格规定。在这一计划之下，地方各联邦政府加强了在职教师的培训，培训所有未接受过任何培训的初等教育教师，以提升他们的专业水平。同时，一些地方联邦政府从当地选拔知识青年，或返聘退休教师，以充实教师队伍，补充学科教师岗位的空缺，并努力提高合同教师薪酬，建立优秀合同教师转正制度，以充实和稳定教师队伍。

（三）努力提高教育质量

由于印度农村的教育质量普遍偏低，因此 2000 年以来，印度在"全民教育"的推动下，积极普及义务教育，并将提高质量作为教育发展的战略目标之一。为了提高农村教育质量，印度首先对基础教育课程进行改革。2000 年，印度在原有《国家教育政策》的基础上提出进一步加大教育改革力度，尤其是为提高教育质量、优化课程设置而颁布了《2000 年全国课程框架》。该课程框架将本土知识整合进课程，将教育与生活技能相联系，试图通过课程的改革和更新，促进教育平等，提高教育普及率和巩固率，切实提高农村教育质量。当然，时至今日，印度的农村教育质量还是比较低的，从印度政府屡次制定义务教育普及时间目标又屡次推迟普及义务教育时间的状况看，印度要想在短期内提高农村教育质量是很难的。

（四）合理调整学校布局

自 1947 年独立后，印度政府就有计划地发展现代教育，尽力为所有儿童提供免费且优质的教育。为了为每一位农村儿童提供接受教育的机会，早在 1960 年的《第一次全印教育调查报告》中，印度政府就对农村学校布局做出了原则性规定，要求在 500 人及以上的每个居民点都须建立一所小学。在 1967 年提交的《第二次全印教育调查报告》中，印度政府再次强调，每一个居民点必须确保有一所初小为所在区域学龄儿童提供教育服务。1992 年，印度开始实行教育分权改革的"县初等教育计划"，规定了各地农村学校布局或调整时所必须遵循的基本方针。2001 年，印度政府宣布实施旨在普及初等教育的 Sarva Shiksha Abhiyan（SSA）计划，设定教育设施标准和规定学校布局原则便是该计划的主要内容之一。[①] 当前，尽管印度农村人口向城市迁移，农村学龄人口不断减少，农村存在大量的小规模学校，但印度政府并不积极主张合并学校，印度每一自然村庄基本就有一所小学，小学生能在方圆 3 公里范围内就近入学，这对普及印度义务教育起到了较好的促进作用。[②]

三 印度发展农村教育的经验借鉴

（一）理性看待农村学校布局调整

21 世纪初以来，在规模经济理论和效率理论的影响下，我国掀起了学校布局调整的热潮，农村的自然村小基本被撤掉，很多的乡村小学乃至乡镇初中被撤并，学校的教育资源利用率得到大大提高。但由于在学校布局调整过程中缺乏对政策的科学理解，很多地方采用简单的一刀切，从而导致了学生上学安全、富余教师安置、校产处置等一系列问题，尤其是导致偏远农村地区儿童上学难问题。从对印度发展农村小规模学校的政策梳理看，印度对追求学校规模经济持消极态度，并不积极主张撤点并校发展大规模学校，不简单地追求规模效率，在设置方面更多考虑受教育者的求学方便，将教育公平作为发展农村教育的一项重要目标，反而取得了不错的成就。由此可见，我们在制定学校布局调整政策时，不能一味地考虑学校规模经济，而应将公

---

① 方彤：《使每一个孩子就近入学——印度独立后农村地区义务教育学校布局的政策、实施与效果》，《教育学术月刊》2013 年第 2 期，第 93～98 页。
② 秦玉友：《美国、印度、日本农村教育发展中的主要问题及启示》，《外国教育研究》2007 年第 12 期，第 6～10 页。

平与效率结合起来，从多个维度加以考虑。

（二）增加农村教师职业吸引力

导致农村教师短缺的原因是多方面的，其中最为重要一点是农村教师职业缺乏吸引力。通过对印度农村教育的研究发现，为了增强农村教师职业的吸引力，印度政府一方面加大对农村学校基础设施的投入，改善农村教师的工作生活环境，依据《普及基础教育计划》，从 2010 年起，政府每年将下拨一定数额的专项资金，以加强农村学校设施建设，添置现代教学设备，购买教师教学和学习所需资料；另一方面，印度政府还为偏远农村地区教师提供生活补贴、地区补贴和交通补贴，甚至提供住房供教师免费居住，从而吸引更多教师到农村任教，尤其是偏远农村地区。近年来，我国为解决农村教师短缺问题，为提高农村教师职业的吸引力，也出台了一系列政策，采取了一系列措施，取得了较好的效果。但要稳定农村教师队伍，增强农村教师职业的吸引力，我们还需完善相关措施，并在政策落实方面进一步加强。

（三）努力提高农村教育质量

2005 年，联合国教科文组织出台了《全民教育全球检测报告 2005：提高教育质量迫在眉睫》，将教育质量的提升作为在 2015 年实现全民教育目标的关键因素，并以学习者特征、背景、扶持投入、教与学和教育结果五个相互作用的因素建构了旨在监控和提高教育质量的分析框架。在此背景下，印度也积极采取措施，在教育机会逐渐普及之后便努力提高农村教育质量。

从各国教育发展轨迹和国际教育发展趋势来看，一个国家在教育机会普及之后必然会转向对教育质量的关注。当前，尽管我国已实施义务教育均衡发展政策将近二十年，县域内教育基本均衡，但城乡教育发展水平仍存在一定差距，教育质量公平是当前乃至今后很长一段时期我们在发展农村教育时必须努力实现的目标。在制定农村教育发展政策、出台农村教育发展具体举措时，都应将重点放在农村教育质量的提升方面，通过提高农村教育质量来促进农村教育的全面发展。

第八章　我国农村教育发展的路径选择

第一节　深化人们关于农村教育地位和作用的认识

一　深化农村教育优先发展地位的认识

2002 年 10 月，党的十四大首次提出把教育摆在优先发展的战略地位，后来党中央、国务院一再强调这一指导方针。2018 年 1 月，中共中央、国务院发布《中共中央　国务院关于实施乡村振兴战略的意见》，首次提出要优先发展农村教育事业，提高农村民生保障水平。教育是一个民族、一个国家最根本的事业，建设教育强国，实现中华民族伟大复兴，都必须将教育事业放在优先发展的位置。农村教育作为我国教育的重要组成部分，在全面建设小康社会和中华民族伟大复兴中具有基础性、先导性、全局性作用，其发展质量的高低关系着我国教育的整体水平和教育强国的建设，关系着农村各类人才的培养和乡村振兴目标的实现。

发展农村教育，提高农村教育办学水平和社会服务能力，并非一朝一夕的事情，首先需要我们确立农村教育优先发展的战略地位。要落实农村教育优先发展的战略地位，需要国家制定农村教育优先发展政策，加大对农村教育的长期持续投入；需要大力发展农村学前教育，把发展学前教育纳入城镇、社会主义新农村建设规划，采取多种形式扩大农村学前教育资源，着力保证留守儿童入园，努力提高农村学前教育普及程度；需要高度重视和优先发展农村义务教育，改善学校办学条件，加强寄宿制学校建设，实施学生营养改善计划，推动建立以城带乡、整体推进、城乡一体、均衡发展的义务教育发展机制；需要优化农村高中阶段的教育结构，统筹发展农村普通高中教育和中等职业教育，促进农村普通高中和职业教育的协调发展，全面普及农村高中阶段教育，提高农村新增劳动力的文化素质。

二　深化农村教育对于乡村振兴重要作用的认识

乡村振兴战略是党的十九大报告提出的七大战略之一，也是我国当前和今后一段时期内最为重要的战略。实施乡村振兴战略，是解决新时代我国社会主要矛盾、实现"两个一百年"奋斗目标和中华民族伟大复兴中国梦的必然要求。要在 2020 年使乡村振兴取得重要进展，制度框架和政策体系基本形成，2035 年乡村振兴取得决定性进展，农业农村现代化基本实现，2050 年乡村全面振兴，最终实现产业兴旺、生态宜居、乡风文明、治理有效、生活富裕社会主义新农村的建设目标，需要我们认识到教育是乡村振兴和可持续发展的关键，只有推进教育公平，保障学有所教，提升教育质量，办好人民满意教育，才能实现乡村振兴目标；认识到农村教育在培养高素质、有思想的农村劳动力，为社会主义新农村建设提供良好的人力资源方面的重要作用；认识到发展农村教育是解决产业结构调整的有效途径，是改造传统农业、拉动现代农业发展的杠杆，是农民及其子女改善农业生产经营、提高经济效益的有力手段；认识到只有通过农村教育，才能提高农村劳动者受教育水平，推动他们向城镇转移，为农民及其子女离开农业，在非农业部门就业创造条件，使他们更能有效适应城镇化和工业化的发展过程，促进工业化和城镇化的协调发展。

三　深化农村教育对于全面实现教育现代化重要作用的认识

现代化常被用来描述现代发生的社会和文化变迁的现象，一般包括学术知识上的科学化、政治上的民主化、经济上的工业化、社会生活上的城市化和民主化、文化上的人性化等。1964 年，时任国务院总理周恩来在第二届全国人民代表大会第一次会议上提出要在不太长的历史时期内把我国建设成为一个具有现代农业、现代工业、现代国防和现代科学技术和社会主义强国。2012 年，党的十八大报告中提出"坚持走中国特色新型工业化、信息化、城镇化、农业现代化道路，推动信息化和工业化深度融合、工业化和城镇化良性互动、城镇化和农业现代化相互协调，促进工业化、信息化、城镇化、农业现代化同步发展"，从而发展为"新四化"。① 2013 年，习近平在十八届三中全会上指出，"完善和发展中国特色社会主义制度，推进国家治理体系和治理能力现代化"，在原有"四化"的基础上提出了第五个现代化。②

　　教育现代化作为社会现代化的一部分，早在 1983 年，邓小平在为北京景山学校题词时就提出："教育要面向现代化，面向世界，面向未来。"1993 年，《中国教育改革和发展纲要》首次将"实现教育现代化"作为我国教育改革发展目标。2004 年，《2003—2007 年教育振兴行动计划》中提出"构建中国特色社会主义现代化教育体系"这一发展目标，并将其作为建立全民学习、终身学习的学习型社会的基础性工程。2007 年，党的十七大报告提出，"要全面贯彻党的教育方针，提高教育现代化水平"。2010 年，《国家中长期教育改革和发展规划纲要（2010—2020 年）》提出："到 2020年，基本实现教育现代化，基本形成学习型社会。"2018 年，习近平总书记在全国教育大会上强调指出，"加快推进教育现代化、建设教育强国、办好人民满意的教育"。2019 年，中共中央、国务院印发《中国教育现代化2035》，从战略背景、总体思路、战略任务、实施路径、保障措施五个方面对我国教育现代化做出了重要部署。之后，中共中央办公厅、国务院办公厅下发《加快推进教育现代化实施方案（2018—2022 年）》，对今后我国 5 年加快推进教育现代化的实施原则、十项任务、四项保障措施等方面进行重点强调，以更好发挥教育服务国计民生的作用，确保完成决胜全面建成小康社

---

① 《胡锦涛在中国共产党第十八次全国代表大会上的报告》，《人民日报》2012 年 11 月 8 日。
② 《习近平：完善和发展中国特色社会主义制度　推进国家治理体系和治理能力现代化》，《人民日报》2014 年 2 月 18 日。

会教育目标任务。农村教育现代化是中国教育现代化的重要组成部分，没有农村教育的现代化，就没有中国教育的现代化。当前，我国农村基础教育还比较薄弱，尤其是中西部贫困地区的农村教育经费不足、教育观念落后、师资素养不高、人才培养模式不完善。因此，实现教育现代化的重点和难点在农村。要实现中国教育现代化，首先需要加强对农村教育在全面实现教育现代化中重要作用的认识。需要我们认识到农村教育是我国教育的重要组成部分，只有通过树立科学的发展理念，健全教育管理制度，重构农村教育发展目标，完善农村教育内容，改进教育方法手段，强化师资队伍建设，提高教育治理能力，提高农村教育质量和办学水平，实现农村教育的现代化，才能实现我国教育的现代化。

第二节　完善农村教育法律法规

一　依法保障农村教育发展

法律是由国家制定或认可并以国家强制力保证实施，以确认、保护和发展对统治阶级有利的社会关系和社会秩序为目的的行为规范体系，用以维护社会秩序，保障社会群众的人身安全与利益。中外一些社会法学家就认为，法的作用在于调节、调和与调解各种错杂和冲突的利益关系，以便使各种利益中大部分或最基本、最重要的利益得到满足。任何一个社会的发展与进步，都必须拥有一套完善的法律体系，缺少了相应的法律法规，社会中的每一部门乃至整个社会的发展都会受到影响。加快法治进程，实施依法治国成为新中国成立以来国家治理的一个重要课题。1978 年，党的十一届三中全会总结前期"文化大革命"中民主法治建设的深刻教训，提出必须加强法治，将治国理政纳入法治轨道。1997 年，党的十五大提出依法治国、建设社会主义法治国家的战略任务，将依法治国确立为党领导人民治理国家的基本方略。2014 年，党的第十八届中央委员会第四次全体会议审议通过了《中共中央关于全面推进依法治国若干重大问题的决定》，提出全面推进依法治国,建设中国特色社会主义法治体系,建设社会主义法治国家。此后,党和国家十分重视发挥依法治国在治国理政中的重要作用,决定通过全面依法治国为党和国家事业发展提供根本性、全局性、长期性的制度保障。

农村教育作为党和国家事业的一个重要组成部分,其健康发展必须要有健全的法律法规作为保障。新中国成立后尤其是改革开放以来,我国出台了一系列法律法规,其中不乏涉及农村教育的相关条款。如 2001 年国务院颁布《国务院关于基础教育改革与发展的决定》,提出要完善农村义务教育管理体制,实行在国务院领导下,由地方政府负责、分级管理、以县为主的体制;2003 年,国务院出台《国务院关于进一步加强农村教育工作的决定》,明确了农村教育在全面建设小康社会中的重要地位,要求落实农村义务教育"以县为主"管理体制的要求,加大投入,完善经费保障机制,加快推进"两基"攻坚,巩固提高普及义务教育的成果和质量,坚持为"三农"服务的方向,大力发展职业教育和成人教育;2018 年修正的《中华人民共和国义务教育法》规定,国务院和县级以上地方人民政府应当合理配置教育资源,促进义务教育均衡发展,保障农村地区、民族地区实施义务教育;等等。这些法律法规的出台,有力地保障和促进了我国农村教育的发展。今后,我们应该按照《中共中央 国务院关于实施乡村振兴战略的意见》,优先发展农村教育事业;依据《中华人民共和国义务教育法》《国务院关于深入推进义务教育均衡发展的意见》《国务院关于统筹推进县域内城乡义务教育一体化改革发展的若干意见》等法律法规,依法治教,不断强化和完善农村义务教育在国务院领导和省、自治区、直辖市人民政府统筹规划下,县级人民政府为主这一管理体制,推进城乡义务教育一体化改革发展,统一城乡教师编制标准,统一城乡生均公用经费基准定额标准,统一城乡学校基本装备标准,加强乡村小规模学校和乡镇寄宿制学校建设,保障农村教育的健康发展,全面提升农村教育办学水平。

二 建立健全农村职业教育法和成人教育法

职业教育是对受教育者获得某种职业或生产劳动所需要的职业知识、技能和职业道德所进行的教育，其发展程度关系到一个国家的教育水平、国民素质高低和社会生产力发展水平。农村职业教育作为整个职业教育体系的重要组成部分，其发展水平不仅关系到整个职业教育体系的发展程度，而且也关系到农民的现代农业生产能力以及农村的经济发展水平。大力发展农村职业教育，对提高农村人口文化素质和生产技能，积极转移农村剩余劳动力，有效解决"三农"问题，推进城乡统筹发展，实现乡村振兴战略目标有着十分重要的作用。新中国成立以来，国家十分重视"三农"问题，将农村职业教育发展作为解决"三农"问题的重要抓手之一。为了更好地发展农村职业教育，国家出台了一系列法律法规，以提高农村劳动力素质，促进农村发展。1996年，国家颁布了《中华人民共和国职业教育法》，要求各级人民政府应当将发展职业教育纳入国民经济和社会发展规划，地方人民政府应当根据农村经济、科学技术和教育统筹发展的实际情况，举办灵活多样的职业教育和职业培训，全面提高我国劳动者素质。2005年，国务院印发《国务院关于大力发展职业教育的决定》，决定建立和完善遍布城乡、灵活开放的职业教育和培训网络，深化教育教学改革，大力推行工学结合、校企合作的培养模式，加强职业院校学生实践能力和职业技能培养，加强农村劳动力转移培训、技术培训与推广，提高劳动者素质，为我国新型工业化和新农村建设服务。2011年，教育部、发改委、科学技术部等九部门联合下发《教育部等九部门关于加快发展面向农村的职业教育的意见》，要求进一步明确农村职业教育改革发展的目标任务，坚持三教统筹、农科教结合，紧密结合县域经济社会发展需求，深化农村职业教育改革创新，加强农业职业学校和涉农专业建设，努力培育新型农民，提升农村职业教育支撑现代农业发展能力，推进农业现代化，推进社会主义新农村建设。

综上所述，为发展职业教育，我国制定了一系列关于职业教育的法律法规，并在职业教育的总体法律框架下制定了针对农村职业教育发展的相关法规。但到目前为止，我国尚未出台一部针对农村职业教育发展的专门法律，国家更多是通过印发各种规章、办法和条例来发展农村职业教育，法律保障和战略地位还不够，还不能更好地促进农村职业教育的发展。即使在《中华人民共和国职业教育法》及《教育部等九部门关于加快发展面向农村的职业教育的意见》等法律法规文本中，对农村职业教育发展有所规定和涉及，但规定较为原则和笼统，对于办学主体、经费来源及培训机制等都没有做出十分明确的规定。同时，关于我国职业教育中央统一立法少，部门和地方立法较多，多以办法、条例、意见等形式发布，缺乏统一性，影响了农村职业教育法律法规的确定性、规范性，降低了社会公众对农村职业教育法律法规的重视程度。因此，我们应在《中华人民共和国职业教育法》的基础上，结合我国农村经济社会发展的客观实际与现实需要，结合农村职业教育发展自身规律，颁布规范和保障农村职业教育发展的各种单行法律法规。围绕农村职业教育投入、师资培养、职业培训、实训基地建设等农村职业教育发展的若干问题，构建起层次分明、内容完备、协调、统一的农村职业教育法律体系，使各级政府、企业以及个人明确自身在农村职业教育发展中的权利和义务。上级政府成立专门的督导机构，对地方政府落实农村职业教育法律法规的情况进行督查，对各级各类职业学校、职业培训机构工作进行监督、检查、评估、指导，保证职业教育及职业培训活动有效开展，保证职业教育目标的实现。

我们既要健全农村职业教育法律法规，也要完善农村成人教育法律法规。1987年，国家教委颁布了《国家教育委员会关于改革和发展成人教育的决定》，认为成人教育与基础教育、职业技术教育、普通高等教育同等重要，是我国教育体系的重要组成部分，要求坚持一要改革、二要发展的方针，贯彻学习与工作、生产的实际需要结合，讲求实效的原则，采取多种办学形式和灵活多样的教学方法，不断提高成人教育质量，使成人教育适应社会发展的需要。2002年，教育部下发《教育部关于进一步加强农村成人教育的若干意见》，提出加快农村成人教育的改革、创新和发展步伐，深化管理体制、办学体制和教育教学改革，大力发展农村成人教育，努力提高农村成人教育的质量和效益，以解决农业、农村、农民问题。2010年，中央出台《国家中长期教育改革和发展规划纲要（2010—2020年）》，要求社会各界应更新成人教育观念，加大成人教育投入力度，建立健全成人教育体制机制，构建灵活开放的终身教育体系。此后，在国家的相关教育法律法规条文中，国家对农村成人教育发展都给予了一定强调。但就实际情况而言，国家尚未出台有关农村成人教育的专门法律，国家更多是在国务院及教育部的各种规章、办法和条例规范之中对发展农村成人教育做出规定，相关规定十分笼统，现实的指导性较差。因此，我们应通过国家有关立法机关或其他权力机关按照立法程序，制定一部关于农村成人教育的专门法规，对农村成人教育的方式、教育对象的设定、办学方式、培训制度、管理体制、教育经费来源、学员及学校的权利义务、教师的职责和待遇、学籍管理等方面进行规定，就农村成人教育机构的权利和义务、教师和学生双方的权利和义务、农村成人教育的投入和条件保障、农村成人教育质量的监控和监督机制等方面给予明确，以保障农村成人教育健康发展。

三　加强农村留守儿童的法律保护

20 世纪 80 年代以来，随着我国改革开放的深入推进和城镇化建设步伐不断加快，大批农村劳动力源源不断进城务工。受到城乡二元化和户籍制度、经济条件、教育制度等因素的制约，外出务工农民被迫将子女留在户籍地所在的农村，从而形成了农村留守儿童群体。由于长期与父母一方或双方分离，无法接受来自父辈良好的监督保护和家庭教育，不少留守儿童产生了一系列的生活、学习、价值观方面的问题。作为一个面临突出问题的未成年人特殊群体，农村留守儿童引起了社会各界的广泛关注。如何做好农村留守儿童的监管和教育，保障他们的合法权益，成为各级政府和学界关心和研究的问题。近年来，随着农村留守儿童群体的扩大和所产生的问题越来越突出，政府制定了一系列政策法规以解决农村留守儿童出现的问题。新修订的《中华人民共和国义务教育法》提出把农村地区教育工作作为"重中之重"，对农民工子女接受教育问题做出原则性规定，要求流入地政府应当为跟随进城务工父母一起生活的儿童提供平等接受义务教育的条件。《中华人民共和国未成年人保护法》第 16 条规定，由于外出务工或者其他原因无法履行其监护责任的父母，应当委托其他有监护能力的监护人对未成年人履行监护职责，从而为农村留守儿童的受监护权提供保障。与此同时，中央政府也相继出台了一系列政策法规来解决农村留守儿童存在的问题。2006 年，国务院印发《国务院关于解决农民工问题的若干意见》，要求输入地政府要承担起农民工同住子女义务教育的责任，将农民工子女义务教育纳入当地教育发展规划，列入教育经费预算，全力保障农民工子女平等接受义务教育。2016 年，国务院印发《国务院关于加强农村留守儿童关爱保护工作的意见》，针对完善关爱服务体系和健全救助保护机制这两个重点环节，就强化家庭监护主体责任，救助保护机制，家庭、政府、学校和社会责任等方面进行了针对性政策安排和系统性顶层制度设计，以进一步加强农村留守儿童关爱保护工作，为广大农村留守儿童健康成长创造更好的环境。2013 年，教育部、共青团中央等 5 部门下发《教育部等 5 部门关于加强义务教育阶段农村留守儿童关爱和教育工作的意见》，要求各级组织和部门要高度重视农村留守儿童工作，切实改善农村留守儿童教育条件，不断提高农村留守儿童教育水平，构建起社会关爱服务机制，不断提升留守儿童关爱服务水平。2019 年，教育部、民政部印发《关于进一步健全农村留守儿童和困境儿童关爱服务体系的意见》，要求教育部门强化适龄儿童控辍保学、教育资助、送教上门、心理教育等工作措施，为机构内的困境儿童就近入学提供支持，对有特殊困难的农村留守儿童和困境儿童优先安排在校住宿。这些政策法规的出台有力地保障了农村留守儿童的受教育权及其他权益。但由于留守儿童不能得到父母足够的陪伴和教育，隔代教育流于形式，更多采用简单粗暴或过度溺爱的方式，长辈们更多关心儿童的学习成绩及生活温饱问题，儿童的成长不能得到有效的教育和监护，缺乏情感交流，心理发展容易出现异常。同时，对于留守儿童，农村学校不仅要承担他们文化知识学习的任务，还要对他们进行道德情操培养、心理干预、与外界沟通能力的培养、生活能力培训，这对于本来存在师资短缺、师资素质不高的农村学校来说更是难以完成的任务。基于此，我们应在完善《中华人民共和国宪法》《中华人民共和国教育法》《中华人民共和国义务教育法》等法律规范关于留守儿童、未成年人保护等条款的基础上，中央制定有关农村留守儿童权益保护的法律，地方因地制宜

地提出保护当地农村留守儿童受教育权的政策法规，详细规定农村留守儿童
享有的受教育权的具体内容，明确农村义务教育经费在政府公共财政支出中
的优先地位，明确学校、教师与留守儿童之间的法律关系，健全政府、社
会、学校、老师对留守儿童合法权益的保障机制，强化执法与监督力度，以
保障农村留守儿童接受教育的机会平等权，获得公正评价的权利以及教育救
济的权利。

第三节　全面提高农村教育质量

一　加强师资队伍建设

百年大计，教育为本；教育大计，教师为本。教师是人类文化科学知识
的继承者和传播者，其素质高低和工作质量的好坏关系农村学校的教育质量
和办学水平，关系我国年青一代身心发展的水平和国家综合实力。2015年，
国务院办公厅印发《乡村教师支持计划（2015—2020年）》，提出通过全面
提高乡村教师思想政治素质和师德水平、拓展乡村教师补充渠道、提高乡村
教师生活待遇、推动城镇优秀教师向乡村学校流动等措施，努力造就一支素
质优良、甘于奉献、扎根乡村的教师队伍，为基本实现教育现代化提供坚强
有力的师资保障。2020年，教育部、中央组织部等六部门印发《教育部等
六部门关于加强新时代乡村教师队伍建设的意见》，要求准确把握时代进
程，深刻认识加强新时代乡村教师队伍建设的重要意义和总体要求，创新教
师教育模式，加强师德师风建设，引导优秀人才向乡村学校流动，激发教师
奉献乡村教育的内生动力，培育符合新时代要求的高质量乡村教师。因此，
要提高教育质量，首先需要加强师资队伍建设，加强教师队伍建设是提高农
村教育质量的基础和前提。

一是多渠道引进教师。农村学校由于办学条件、工作和生活环境以及发
展前景等方面的不足，不少教师不愿到农村学校任教，加之农村学校一般规
模偏小，按照教师编制规定难以达到一科一教师的教学状况，常常是一个教

师要兼任几门课程教学乃至学校管理工作任务，使得农村学校教师供给满足不了需求。因此，我们应创新乡村教师编制配备，充分考虑乡村学校的实际情况，落实城乡统一的中小学教职工编制标准，按照班师比与生师比相结合的方式核定，适当向农村小规模学校倾斜；应科学制定招聘计划，贯彻落实教育部、财政部、原人事部、中央编办下发的《关于实施农村义务教育阶段学校教师特设岗位计划的通知》《教育部直属师范大学师范生公费教育实施办法》等文件精神，引导和鼓励高校毕业生到农村学校任教，使乡村教师得到及时有效补充，解决农村师资总量不足和结构不合理等问题。同时，我们还可拓宽乡村教师补充渠道，通过师范院校学生顶岗支教、退休教师返岗等途径，或者吸引有能力有特长的非教师从业人员协助参与教学工作，解决农村教师数量不足问题。

二是加强在职教师培训。要提高教师素质，一方面需要教师注重自我修养，加强自我学习，另一方面需要借助外部条件，集中参加培训。只有加强教师培训，才能提高教师的业务素质和工作能力，也才能更好地提高学校的教育质量和办学水平。我们应按照《教育部关于大力加强中小学教师培训工作的意见》《教育部关于深化中小学教师培训模式改革　全面提升培训质量的指导意见》等文件精神，按照"统筹规划、改革创新、按需施训、注重实效"的原则，加大教师培训经费投入，建立教师培训经费保障的长效机制；地方教育行政部门要强化教师培训工作的组织领导，科学规划和安排，保障教师培训工作有效开展；农村各级各类学校要高度重视中小学教师培训工作，有计划地安排教师参加校内外培训，将培训结果作为评职评奖的一项重要内容；有条件的大学尤其是师范大学要积极参与到农村中小学的教师培训工作之中，针对不同的培训对象，设计不同的培训方案，让高水平专家和一线优秀教师组成教师培训团队；要根据在职培训的特点，结合现代培训手段，采取集中培训、置换脱产研修、远程培训、送教上门、校本研修、组织名师讲学团和海外研修等多种形式进行培训；要改革传统单一的讲授培训方式，采取案例式、探究式、参与式、情景式、讨论式等多种方式开展培训，为教师提供个性化、多样化的选择机会。同时，为提高农村教师培训质量，我们应根据农村新任教师岗前培训、在职教师提高培训和骨干教师高级研修等教师发展不同阶段的实际需求，开展针对性培训，并紧密结合农村教育教学实际，以典型教学案例为载体，创设农村学校真实课堂教学环境，开展具有较强针对性的教师素质培训。

三是加强城乡教师交流。乡村教师队伍建设，既要注重外引和内培，也要加强城乡教师交流，引导和鼓励具有教师资格的教师到农村中小学任教。2014 年，教育部、人力资源社会保障部等部门联合下发《教育部 财政部 人力资源和社会保障部关于推进县（区）域内义务教育学校校长教师交流轮岗的意见》，要求各地加快建立和不断完善义务教育校长教师交流轮岗制度，引导优秀校长和骨干教师向农村学校、薄弱学校流动，用 3～5 年时间实现县（区）域内校长教师交流轮岗的制度化、常态化。2018 年，中共中央、国务院印发《中共中央 国务院关于全面深化新时代教师队伍建设改革的意见》，明确县域内义务教育学校教师、校长交流轮岗，实行教师聘期制、校长任期制管理，将教师作为教育"系统人"实行统一聘任、统一人事管理、统一工资待遇、统一师资配置。因此，我们应在国家政策的指引下，建立"县管校用"的义务教育教师管理制度，强化县域内义务教育学校教师、校长交流轮岗制度，采取学区一体化管理、学校联盟、教育集团、对口支援等形式，推进城乡学校之间、优质学校和薄弱学校之间、乡镇中心小学与村小学之间的校长教师交流，吸引和鼓励更多优秀校长、优秀教师资源流向薄弱学校和农村地区。

四是健全教师激励机制。提高教育质量的关键在于教师，充分调动教师的积极性和潜能，是办好学校的根本。1998 年，教育部出台《教师和教育工作者奖励规定》，为鼓励我国广大教师和教育工作者长期从事教育事业，国务院教育行政部门对长期从事教育教学、科学研究和管理、服务工作并取得显著成绩的教师和教育工作者，授予"全国优秀教师"、"全国优秀教育工作者"、"全国模范教师"和"全国教育系统先进工作者"等荣誉称号，作为考核、聘任、职务和工资晋升的重要依据，享受由国务院教育行政部门会同中国中小学幼儿教师奖励基金会颁发的一次性奖金。2018 年，中共中央、国务院印发《中共中央 国务院关于全面深化新时代教师队伍建设改革的意见》,一再强调要全面落实艰苦边远地区津贴和集中连片特困地区乡村教师生活补助政策,将符合条件的教师纳入当地住房保障范围,在培训、职称评聘、表彰奖励等方面向乡村青年教师倾斜,大力提升乡村教师待遇。2020年,教育部等六部门下发《教育部等六部门关于加强新时代乡村教师队伍建设的意见》,提出要提高农村教师社会地位,提高其生活待遇,确保其平均工资收入水平不低于或高于当地公务员平均工资收入水平,并全面落实集中连片特困地区乡村教师生活补助政策,将符合条件的乡村学校教师纳入当地政府住房保障体系。因此,我们应全面落实关于农村教师的激励措施,增加对农村教师工资待遇的资金投入,对艰苦条件地区的农村教师发放生活补助,设立用于表彰为农村义务教育做出贡献的优秀教师的专项奖励基金,不断改善乡村教师的工作生活条件,以吸引更多优秀教师向条件艰苦的农村流动,保障农村教师队伍建设的稳定性与持续性,充分调动广大农村教师工作的积极性。

二 实施优质资源共享战略

党的十九大报告提出,实施乡村振兴战略,推动城乡义务教育一体化发展,努力让每个孩子都能享有公平而有质量的教育。但农村地区由于经济发展水平不高,地理位置偏远,交通不便,办学条件相对较差,教师素质整体不高,使得农村优质教育资源缺乏,影响农村教育质量的提高。2012年,教育部印发《教育信息化十年发展规划(2011—2020年)》,提出以促进义务教育均衡发展为重点,以建设、应用和共享优质数字教育资源为手段,促进每一所学校享有优质数字教育资源,提高教育教学质量作为重要的发展任务之一,决定通过建立数字教育资源共建共享机制,建设国家数字教育资源公共服务平台和各级各类优质数字教育资源,到2015年基本建成以网络资源为核心的教育资源与公共服务体系,使学习者便捷享有优质数字教育资源。之后,教育部在2013年的工作要点中提出,要提高学校数字校园建设水平,完成教学点数字教育资源全覆盖,推进"优质资源班班通",以教育信息化扩大优质教育资源共享。2016 年，教育部印发《教育信息化"十三五"规划》，决定进一步巩固深化"教学点数字教育资源全覆盖"项目成果，积极推进"优质学校带薄弱学校、优秀教师带普通教师""名校网络课堂""名师课堂"等项目建设，充分发挥名师、名校的示范、辐射和指导作用，使优质教育资源在更广范围内得到共享。2018 年，教育部出台《教育信息化 2.0 行动计划》，决定实施网络扶智工程攻坚计划，要求教育发达地区与薄弱地区、优势学校与薄弱学校结对帮扶，通过开展联校网教、数字学校建设等途径，采用专递课堂、名师课堂、名校网络课堂等方式，实现"互联网＋"条件下的城乡优质教育资源共享，缩小区域、城乡和校际差距，大力提高农村学校和薄弱学校教育质量。2020 年 5 月 14 日，教育部基础教育司司长吕玉刚在总结新冠肺炎疫情期间"停课不停学"线上教学时表示，这次线上教育有力地促进了优质教育资源的共享共用，特别是为薄弱学校、艰苦边远农村地区输送了优质资源，下一步将加快推进线上优质教育资源建设与共享，缩小城乡差距。①

今后，我们应积极落实《教育信息化 2.0 行动计划》等文件精神，各政府职能部门及学校应高度重视区域内教育信息化建设，实施"教育大资源共享计划"，建立城乡间的资源共建共享机制；整合各级各类教育资源公共服务平台和支持系统，建设中小学各类优质教育资源库，建设一批高质量在线课程，培育优质在线教育资源；采用"优质学校带薄弱学校、优秀教师带普通教师"的教育帮扶模式，构建城乡学校联盟，通过远程课堂、城乡同步课堂将城区学校优质教育资源输送到农村学校，使城区示范性学校和农村普通学校之间共享教案、测评、标准和反馈；充分利用"教育教研平台"等网络研修平台，通过"名师"引领与辐射，区域教师线上集体备课和网上研修活动，促进城乡学校间同学科教师相互讨论交流，形成不同学科教师研修学习共同体，全面提升农村教师队伍的专业素养。

---

① 《教育部：推动优质教育资源共享　缩小城乡差距》，http：//news. cnr. cn/native/gd/20200515/t20200515_ 525091124. shtml？ivk_ sa = 1023345p，最后检索时间：2021 年 9 月 30 日。

三 强化学校内部治理

治理原指政府运用国家权力，通过一定的行为方式和途径来管理国家和人民，后来又延伸到公司治理，指公司等组织中的管理方式和制度等。改革和完善组织治理结构和制度是构建现代组织管理的关键环节，对组织绩效的提升起着决定作用。2019 年，中共中央出台《中共中央　关于坚持和完善中国特色社会主义制度　推进国家治理体系和治理能力现代化若干重大问题的决定》，决定通过坚持和完善党的领导制度体系、人民当家做主制度体系、中国特色社会主义法治体系、中国特色社会主义行政体制、社会主义基本经济制度、社会主义先进文化制度、民生保障制度、社会治理制度、生态文明制度体系、党对人民军队的绝对领导制度、"一国两制"制度体系、独立自主的和平外交政策、党和国家监督体系等，推进国家治理体系和治理能力现代化，使中国特色社会主义制度更加巩固、优越性充分展现。这足以表明党和国家对加强国家和社会治理的高度重视，也为我们在教育领域内如何实现治理体系和治理能力现代化指明了方向。

早在 1999 年，教育部就召开了"高等学校内部管理体制改革座谈会"，并在之后相继印发了《教育部关于当前深化高等学校人事分配制度改革的若干意见》和《教育部关于深化高等学校人事制度改革的实施意见》，决定以人事分配制度为重点的新一轮内部管理体制改革。2000 年，教育部成立了"中小学人事制度改革研究小组"，在总结各地改革经验的基础上，于 2003 年印发《教育部关于深化中小学人事制度改革的实施意见》，决定加快中小学人事制度改革的步伐，建立符合中小学特点的人事管理制度。2019 年，中共中央、国务院印发《中国教育现代化 2035》，决定建立健全完备的教育法律法规体系、学校办学法律支持体系和全社会参与学校管理和教育评价监管机制，健全教育法律实施、监管和督导机制，提升政府综合运用法律、标准、信息服务等现代治理手段的能力和水平，提高学校自主管理能力，推进教育治理体系和治理能力现代化。

依据治理主体、内容、方式等的不同，学校治理可分为外部治理和内部治理。对于学校而言，强化学校内部治理对于学校发展尤为重要。内部治理是指法律所确认的、正式的、一定组织治理的制度安排，主要涉及组织内部各部门、个体之间博弈均衡安排及博弈均衡路径，是组织治理的基础。2007年，教育部教育发展研究中心在四川省成都市举办了"全国高校完善内部结构治理、深化管理体制改革交流研讨会"，以积极推进高校管理体制改革创新，完善高校内部结构治理。2013年，中共中央印发《中共中央关于全面深化改革若干重大问题的决定》，指出要深化教育领域综合改革，推进管、办、评分离，扩大省级政府教育统筹权和学校办学自主权，完善学校内部治理结构。2014年，教育部和中共中央办公厅相继颁布《普通高等学校理事会规程（试行）》《中共中央办公厅关于坚持和完善普通高等学校党委领导下的校长负责制的实施意见》，明确理事会在高等学校治理结构中的作用、职能，明确坚持党委的领导核心地位，保证校长依法行使职权，以全面落实依法治校，完善学校内部治理结构。《教育部2019年工作要点》提出，深化教育管理方式改革，落实中小学自主权，完善学校内部治理，激发办学活力。因此，我们在推进农村学校改革发展、提升学校办学水平时，需要针对当前农村学校校长负责制的落实不到位、组织机构设计行政化、学校内部的决策执行和监督系统流于形式等问题，按照《中共中央关于坚持和完善中国特色社会主义制度　推进国家治理体系和治理能力现代化若干重大问题的决定》的相关要求，在习近平新时代中国特色社会主义思想的指引之下，加强党对学校的领导，全体师生要增强"四个意识"，坚定"四个自信"，做到"两个维护"；学校要全面落实党领导下的校长负责制，学校书记、校长要不定期就学校发展事宜进行沟通交流，按照党委与行政的各自职责合理分工，依法办事，坚持重大事项集体研究、民主决策；坚持民主治理，不断完善民主议事机制，坚持和完善党代会制度、教代会制度、团代会制度，建立健全教职工参政议政、民主管理的体制机制，畅通师生参与民主管理的渠道，充分发挥教代会等师生组织的作用；加强制度建设，完善内控机制，深入开展学校规章制度的废、改、立，在科学的学校章程之下，建立健全相关配套制度和实施办法，形成科学合理的现代学校内部治理制度体系；需要按照现代学校内部治理制度体系要求，完善学校内部治理组织和治理结构，提升学校现代治理能力，形成共享共治、多元互动的良好治理格局，实现依法治理、民主治理和高效治理。

四 加强校园文化建设

文化是人类在社会历史发展过程中作用于自然界和社会实践所形成的物质财富和精神财富的总和，它在一个社会和国家的一定范围和不同层面产生较大影响，具有成员协调、行动导向、秩序维持、世代流传的作用。习近平总书记在党的会议和文艺工作座谈会上指出，"文化是一个国家、一个民族的灵魂，文化兴国运兴，文化强民族强""文化越来越成为一个国家综合国力竞争的重要标志，文化软实力成为国家和民族经济发展水平和文明程度的重要标志，是国际综合竞争力的重要体现"。① 校园文化作为一个国家和社会文化的组成部分，是以学生为主体、以校园为主要空间、以课内外文化活动为主要内容、以校园精神为主要特征的一种群体文化。校园文化对于提升学校文化品位、提高师生凝聚力量、实现立德树人目标等具有重要意义。2005年，教育部办公厅印发《教育部办公厅关于积极开展校园文化建设系列活动的通知》，要求各级教育行政部门和广大中小学校要学习借鉴北京市的新鲜经验，创新校园文化建设的好形式、好做法，积极开展校园文化建设系列活动。2006年，教育部下发《教育部关于大力加强中小学校园文化建设的通知》，要求各级政府和中小学校要充分认识校园文化建设在中小学德育工作中的重要作用，全面开展校风、教风、学风建设，组织开展形式多样的校园文化活动，重视校园绿化、美化和人文环境建设，充分发挥校园文化建设在树立和弘扬社会主义荣辱观中的重要作用。2019年，中共中央宣传部等印发《关于广泛开展校园文化活动的工作方案》的通知，要求通过开展校园歌曲创作推广、大中学生文艺汇演、优秀电影进校园、中华优秀传统

---

① 刘波：《习近平新时代文化自信思想的时代意涵与价值意蕴》，《当代世界与社会主义》2018年第1期，第97~104页。

文化传承教育、中华经典诵读、高雅艺术进校园等活动，充分发挥校园文化以文化人、滋养涵育功能，培养德智体美劳全面发展的社会主义建设者和接班人。

在国家政策引导和教育行政部门及学校的努力下，我国农村学校校园文化建设取得了明显成绩。农村绝大多数学校都非常重视校园文化建设，对文化建设加大投入，制定了详细具体、可操作性强的建设方案，校园物质文化环境得到了明显改善，校园制度文化日趋规范且完善。不少学校针对自身实际情况，选择了各有所异的校园文化建设方案和建设路径，打造出特色鲜明的校园精神文化，广大师生员工对其所在学校校园文化的建设情况基本满意。但同时，我国农村学校校园文化建设也存在校园精神文化建设导向作用不够突出、校园物质文化建设形式单一、学校办学理念体现不明显、网络文化监管不够完善、形式大于内容等问题。基于此，我们应明确校园文化的发展战略地位，积极引导农村学校校园文化建设方向，加强农村学校校园文化保障机制建设；应将校园文化建设纳入学校发展长远战略，既要努力完善学校物质文化，又要构建和谐的校园制度文化和精神文化；应借助国学社、书法协会、传统戏剧社团等校园社团，通过读书会、文人诗歌欣赏、经典影视表演等形式，积极开展校园社团活动；应在校训的指导下培育与其校训相适应的良好校园风气，在社会主义核心价值观引领下培育学生良好的学风，通过举办具有特色的主题班团活动和寝室文化活动，形成良好的班风和舍风；应发挥学校领导的校园文化建设带领作用，激发教职员工的校园文化建设支撑作用，重视学生的校园文化建设主体作用，形成校园文化全员共建观念；应牢记习近平总书记提出的"开展网络斗争，加强网络管理，弘扬网上主旋律"① 的要求，探索学生参与校园网络文化建设的新模式新机制，不断推进网络社团的发展以及建设，营造一个充满正能量网络平台和学生喜爱的网络思想政治教育的环境，确保网络资源对学生的积极影响。

---

① 王义军：《深入学习新的发展阶段习近平青年工作思想》，《青年研究》2017 年第 6 期，第 9～12 页。

第四节　增强农村教育服务社会能力

一　大力发展农村职业教育

人力资源是一个国家或地区中具有劳动能力的人口之和，包括数量和质量两个方面。人力资源中具有一定的专业知识或专门技能，在价值创造过程中起关键或重要作用的那部分人称为人才资源，它是国家经济社会发展的第一资源。人才资源是最重要的战略资源，具有物质资源和财力资源不可比拟的优势。一个国家和民族的兴旺发达，关键在人才。《中共中央　国务院关于实施乡村振兴战略的意见》指出，实施乡村振兴战略，必须破解人才瓶颈制约，要把人力资本开发放在首要位置，造就更多乡土人才，聚天下人才而用之。当前，我国农村各类人才严重匮乏，不仅建设规划、环境保护、历史文化、法律法规等方面的中高级专业人员缺乏，而且种植、养殖、技能推广、市场营销等实用型人才也存在不足。因此，要实现乡村振兴的宏伟蓝图，就必须破解农村人才匮乏的难题，构建起适应、支撑和服务乡村振兴的人才体系。一方面，实施城乡统筹发展战略，采取倾斜政策和优惠措施，积极引进外来人才；另一方面，要大力发展面向农村的职业教育和成人教育，加强专业人才培训，做好本地区农村人才培养培训工作。事实上，按照农村经济社会的发展现状和特点，以及乡村振兴战略规划要求，充分发挥农村职业教育自身人才培养培训优势，是农村职业教育改革发展必须承担的重任。早在 2005 年国务院发布的《国务院关于加快发展职业教育的决定》就指出，各县需要办好一所职教中心，各设区市要办好一所职业技术学院，明确了职业院校在服务面向上的"地方性"，强调了面向乡村办学是职业教育发展的重要方向。2019 年出台的《国家职业教育改革实施方案》再次明确指出，职业教育特别是中等职业教育要"服务乡村振兴战略，为广大农村培养以新型职业农民为主体的农村实用人才"[①]。因此，如何有效服务农村经

[①]　《国家职业教育改革实施方案》，《教育科学论坛》2019 年第 6 期，第 3 ~ 9 页。

济社会发展，加强农村产业发展和精神文明建设所需人才的培育培训，培养出更多乡村本土人才，充分发挥出科技人才在乡村建设发展中的骨干和支撑作用，是农村职业教育的重要使命。

《中共中央　国务院关于实施乡村振兴战略的意见》提出，实施新型职业农民培育工程，支持新型职业农民通过弹性学制参加中高等农业职业教育，大力培育新型职业农民，支持职业院校综合利用教育培训资源，灵活设置专业（方向），创新人才培养模式，为乡村振兴培养专业化人才。《乡村振兴战略规划（2018—2022年）》再次强调，加强涉农院校和学科专业建设，大力培育农业科技、科普人才，大力发展农村职业教育，培育新型职业农民，满足乡村产业发展和振兴需要。为此，针对农村职业教育制度建设不健全、专业设置和教学内容不科学、培训供需脱节等问题，我们应加强顶层设计，强化农村职业教育发展立法建设和政策体系建设，为农村职业教育健康发展提供有力的法律保障和政策支撑；应加大对农村职业教育的宣传，使广大农民和学生认识到职业技术教育对于乡村振兴的重要意义及作用，使他们主动进入农村职业学校来提升自身专业知识和专业技能；应明确农村职业教育的目标，将培育大批有文化、懂技术、会经营的新型职业农民（包括农村专业大户、家庭农场主、农民合作社带头人、现代农业产业发展所需要的加工经营管理人才），农村电商业务的复合型、综合型人才，以及有资财、有知识、有道德、有情怀的农村治理人才作为首要任务；应围绕现代农业产业结构体系，打造包括养殖、农业机械化、农业自动化、农产品储藏与加工、农产品网络营销、农村物流管理、智慧农业、休闲旅游、观光农业、餐饮服务、健康养老服务的服务现代农业和农村发展的涉农专业集群；应加强课程体系建设，既要设置职业道德素养、法律基础与涉农政策法规、农村卫生与农民健康等基础性课程，也要包括植物病虫害防治、高效种养殖新技术、农产品储藏与加工、农产品市场营销、"互联网＋"农业、农机农艺农信融合、电商技术与管理等专业性课程，还要将创业知识、创业技能、民歌民谣、民间戏曲、民风民俗、村规民约、地方史志等纳入课程体系；应加强农村人口的非学历培训，既要开展植物病虫害防治、动物疫病防控、信息化管理农田、农产品储藏与加工、农村物流管理、农村电子商务等现代农业种养殖技术等产业链培训，也要进行农业生态系统治理、农村环境问题综合治理、绿色观光农业等方面的培训，还应立足于服务乡村振兴，繁荣兴盛农村文化，开展包括社会公德、职业道德、家庭美德、个人品德、戏曲曲艺、民族文化、乡土意识、乡土情怀等方面的乡土文化人文素养培训。只有通过这一系列的建设和发展，农村职业教育才能提高自身的服务能力，才能更好地为乡村振兴服务。

二 积极推进农村教育精准扶贫

何谓贫困？广义而言，贫困是指在经济或精神上的贫乏窘困，是社会物质生活或精神生活贫乏的现象。狭义而言，贫困是指在经济上的贫乏窘困，是社会物质生活贫乏的现象。由于分配机制不公平、生产力不发达等原因，贫困问题广泛而长期存在。贫困问题是当今世界面临的最严峻的挑战之一。联合国 2020 年发布的有关数据显示，近年来全世界在脱贫方面取得了积极进展，但目前全球仍有近 6.9 亿人处于饥饿状态，占世界总人口的 8.9%①。如何更好地发展经济，提高人们的生产能力，消除人类贫困问题，成为世界各国和各个国际组织最重要的工作目标之一。自 1992 年起，联合国将每年 10 月 17 日确定为"国际消除贫困日"，呼吁世界各国重视贫困问题的解决，促进世界共同发展。

改革开放之初，中国农村贫困人口高达 7.7 亿人，贫困发生率达 97.5%。为消除贫困，中国出台了一系列政策措施。1994 年，国务院颁布《国家八七扶贫攻坚计划》，这是新中国成立后第一部关于扶贫开发的纲领性文件，提出在农村经济、基础设施、教育科技文化卫生等各方面开展扶贫工作，力争在 2000 年基本解决全国农村贫困人口的温饱问题。2001 年，国务院印发《中国农村扶贫开发纲要（2001—2010 年）》，决定将扶贫开发的重点集中在老少边穷地区和集中连片贫困地区，通过积极推进农业产业化经

① 《联合国发布〈世界粮食安全和营养状况〉报告》，《中国食品学报》2020 年第 7 期，第 171 页。

营、加大科技扶贫力度、努力提高贫困地区群众的科技文化素质等措施，逐步改变贫困地区经济、社会、文化的落后状况，为达到小康水平创造条件。2011 年，国务院下发《中国农村扶贫开发纲要（2011—2020 年）》，通过专项扶贫、行业扶贫、社会扶贫和国际合作，力争到 2020 年，稳定实现扶贫对象不愁吃、不愁穿，保障其义务教育、基本医疗和住房，贫困地区农民人均纯收入增长幅度高于全国平均水平，基本公共服务主要领域指标接近全国平均水平。2015 年，中共中央、国务院颁布《中共中央　国务院关于打赢脱贫攻坚战的决定》，要求进一步提高对民政系统承担脱贫攻坚任务的认识，举全党全社会之力，加强组织领导、服务能力建设和资金保障，做好农村"三留守"人员关爱保护工作，推进贫困地区农村社区建设，做好片区扶贫和定点扶贫工作，坚决打赢脱贫攻坚战，确保到 2020 年我国现行标准下农村贫困人口实现脱贫，贫困县全部摘帽，区域性整体贫困问题得到解决。

实施乡村振兴战略，就必须打赢脱贫攻坚战。党的十九大报告提出：乡村要振兴，打赢脱贫攻坚战是关键。《中共中央　国务院关于实施乡村振兴战略的意见》和《乡村振兴战略规划（2018—2022 年）》也一再强调：乡村振兴，摆脱贫困是前提。习近平总书记一再强调，扶贫先扶志，扶贫必扶智。贫穷并不可怕，可怕的是没知识没技术没文化，头脑空空，缺乏摆脱困境的信心、斗志和勇气。2015 年，习近平总书记在减贫与发展高层论坛的主旨演讲中指出，扶贫先扶智，让贫困地区的孩子们接受良好教育，是扶贫开发的重要任务，也是阻断贫困代际传递的重要途径。[①]《中共中央　国务院关于打赢脱贫攻坚战的决定》指出，要着力教育脱贫，健全学前教育资助制度，稳步推进贫困地区农村义务教育阶段学生营养改善计划，加大对乡村教师队伍建设的支持力度，全面落实连片特困地区乡村教师生活补助政策，办好贫困地区特殊教育和远程教育，让贫困家庭子女都能接受公平有质量的教育，阻断贫困代际传递。《中共中央　国务院关于实施乡村振兴战略的意见》指出，要优先发展农村教育事业，把扶贫同扶志、扶智结合起来，

① 袁利平：《论习近平教育扶贫战略思想》，《甘肃社会科学》2018 年第 3 期，第 30~36 页。

把救济纾困和内生脱贫结合起来，提升贫困群众发展生产和务工经商的基本技能，实现可持续稳固脱贫。因此，我们在实施乡村振兴战略、打赢脱贫攻坚战的进程中，必须大力发展教育，将扶贫与扶智结合起来，充分发挥教育在精准扶贫、脱贫攻坚工作中的作用。

教育扶贫作为社会扶贫的一种模式，属于"造血式"扶贫，它能有效提升农村贫困人口的人力资本和社会资本，是最有效、最直接的精准扶贫。改革开放以来，国家先后启动了一系列教育扶贫行动计划，出台了一系列教育扶贫政策措施。1984 年，中共中央、国务院下发《中共中央、国务院关于帮助贫困地区尽快改变面貌的通知》，首次提出"教育扶贫"这一概念，要求重视贫困地区的教育，重点发展农业职业教育。1994 年，《国家八七扶贫攻坚计划》明确将改变贫困地区落后的教育状况作为攻坚目标之一，绘制了从普及初等教育、扫盲识字到技术培训等教育扶贫路线图。1995 年，国家开始实施"国家贫困地区义务教育工程"，决定在中西部地区重点开展基本普及九年义务教育和基本扫除青壮年文盲工作。2001 年，国务院出台《中国农村扶贫开发纲要（2001—2010 年）》，提出要把农民科技文化素质培训作为扶贫开发的重要工作，有针对性地通过各类职业技术学校和各种不同类型的短期培训，增强农民掌握先进实用技术的能力。2004 年，教育部制订《国家西部地区"两基"攻坚计划（2004—2007 年）》，确立了攻坚计划的主要目标、任务、措施，以及组织领导和监督检查的要求，以推动西部地区教育的发展，普遍提高农村劳动者素质。2005 年，教育部、财政部联合下发《关于加快国家扶贫开发工作重点县"两免一补"实施步伐有关工作的意见》，决定免费向国家扶贫开发工作重点县的农村义务教育阶段贫困家庭学生发放教科书、免除杂费，并逐步补助寄宿生生活费。2012 年，教育部、国家发改委等 5 部门联合印发《教育部　国家发展改革委　财政部　人力资源社会保障部　国务院扶贫办关于实施面向贫困地区定向招生专项计划的通知》，提出在普通高校招生计划中安排专项指标，定向招收集中连片贫困地区生源，切实保障连片贫困地区学生的升学机会。2013 年，教育部、财政部等 7 部门联合印发了《教育部　发展改革委　财政部　扶贫

办　人力资源社会保障部　公安部　农业部关于实施教育扶贫工程的意见》，要求充分发挥教育在扶贫开发中的重要作用，把教育扶贫作为扶贫攻坚的优先任务，通过提高基础教育的普及程度和办学质量，提高职业教育促进脱贫致富的能力，提高高等教育服务区域经济社会发展能力，提高继续教育服务劳动者就业创业能力，促进集中连片特困扶贫攻坚地区基本公共教育服务水平接近全国平均水平，从根本上摆脱贫困。2016 年，教育部、民政部等 6 部门出台《教育脱贫攻坚"十三五"规划》，决定以国家扶贫开发工作重点县和集中连片特困地区县及建档立卡等贫困人口为重点，通过发展学前教育、巩固提高九年义务教育水平、加强乡村教师队伍建设、加大特殊群体支持力度、完善就学就业资助服务体系、广泛开展公益性职业技能培训等措施，精确瞄准教育最薄弱领域和最贫困群体，实现"人人有学上、个个有技能、家家有希望、县县有帮扶"，促进教育强民、技能富民、就业安民，坚决打赢教育脱贫攻坚战。2018 年，教育部、国务院扶贫办制定了《深度贫困地区教育脱贫攻坚实施方案（2018—2020 年）》，提出坚持精准扶贫、精准脱贫基本方略，以"三区三州"为重点，精准建立"三区三州"教育扶贫台账，稳步提升"三区三州"教育基本公共服务水平，面向"三区三州"实施推普脱贫攻坚行动，确保深度贫困地区如期完成"发展教育脱贫一批"任务。通过全方位开展基础教育扶贫、职业教育扶贫、高等教育扶贫、贫困地区学生资助体系建设、贫困地区师资队伍建设等教育扶贫项目，教育扶贫取得了显著成效。

今后，我们应继续强化教育扶贫理念，积极推进"教育精准扶贫行动计划"，完善农村教育精准扶贫体系，制定农村教育精准扶贫实施方案；建立精准的农村教育扶贫对象识别机制、完善的农村教育扶贫对象人口档案，以及科学的农村教育扶贫对象识别程序，建立动态的农村教育扶贫对象进退机制，做到农村教育精准扶贫；加大对农村教育扶贫资金的支持力度，积极争取中央财政支持，加大省级教育经费统筹，加强地方财政投入，教育脱贫攻坚新增资金进一步向教育脱贫任务较重的农村地区倾斜，并加强农村教育扶贫资金预算绩效管理和绩效考评，提高农村教育扶贫资金效益；实施教育对口支援"两个工程",建立东部地区、经济发达地区、城区对口支援贫困落后地区农村制度,支援地区与受援农村进行精准对接,摸清农村教育需求,聚焦精准,通过经费支持、定向招生、定向培养等形式,整体推进受援农村地区教育发展。同时,我们应重点解决农村建档立卡贫困家庭子女受教育问题,组织和引导有关社会团体开展经常性的扶贫助学活动,建立健全农村地区学生资助体系建设,采取免、减、奖、贷、助、补等多种方式,保障农村家庭经济困难学生接受义务教育的权利,决不让一名农村贫困孩子失学,不让农村贫困孩子输在起跑线上,从而阻断贫困代际传递。我们还应抓好职业教育和成人教育培训,重点实施高等教育扶贫和职业教育扶贫项目,继续推进"职业教育帮扶农村劳动力转移计划""职业教育帮扶农民工学历与能力提升行动计划""雨露计划"等项目,针对乡村产业建设发展中亟待破解的难题开展培训,并着力培训乡村本土的"土专家"和"技术能手",使他们有效掌握一定的法律法规知识和科学种养技术,让农村贫困群众在产业发展实践中长见识、长本领,提升自身反贫困能力。只有精准施策,靶向发力,用文化和智力阻击贫穷和落后,提高农村人口素质,提升农村人口自身反贫困能力,才能从根本上切断贫困进程,也才能最终实现乡村振兴。

三 充分发挥农村教育在乡村文化建设中的作用

文化作为一种社会现象,它是人类在长期的生产生活过程中创造形成的产物,是人类社会的历史积淀。广义而言,文化是指人类社会历史实践过程中所创造的物质财富和精神财富的总和;狭义而言,文化是相对于经济、政治而言的人类全部精神活动及其产品。文化作为一种精神力量,能够丰富人的精神世界,增强人的精神力量,协调群体成员的行动,为人们的行动提供方向和可供选择的方式,维持正常的社会秩序,对社会发展有着深刻的影响。自古以来,世界各国都非常重视社会文化建设,将社会文化建设作为国家发展进步的活力源泉。改革开放以来,国家出台了一系列文化建设的重大政策,不断进行着理论创新。1986 年,党的十二届六中全会出台了《中共中央关于社会主义精神文明建设指导方针的决议》,提出"社会主义精神文明建设的根本任务，是适应社会主义现代化的需要，培育有理想、有道德、有文化、有纪律的社会主义公民，提高整个中华民族的思想道德素质和科学文化素质"，"把社会效益作为最高标准，努力提高精神产品质量以满足群众的广泛需要"。① 1996 年，党的十四届六中全会通过了《中共中央关于加强社会主义精神文明建设若干重要问题的决议》，要求文化建设"坚持为人民服务、为社会主义服务的方向，贯彻百花齐放、百家争鸣的方针"，"深深植根于人民群众的历史创造活动，继承发扬民族优秀文化和革命传统文化，积极汲取世界文化优秀成果"，从而推动文化事业健康发展。② 2006 年，文化部印发《文化建设"十一五"规划》，提出建立健全公共文化设施网络，加强农村公共文化建设，提高公共文化机构的服务能力，提高公民文化艺术素养。2012 年，党的十八大报告指出，文化是民族的血脉，是人民的精神家园，全面建成小康社会，建设社会主义文化强国，实现中华民族伟大复兴，必须加强社会主义核心价值体系建设，全面提高公民道德素质，丰富人民精神文化生活，发挥文化引领风尚、教育人民、服务社会、推动发展的作用。2017 年，党的十九大胜利召开，大会提出秉承中国的文化价值理念，坚持中国的文化立场，坚持为人民服务、为社会主义服务，坚持百家争鸣、百花齐放，坚持创造性转化、创新性发展，建设社会主义文化强国。同年，中共中央办公厅、国务院办公厅印发《国家"十三五"时期文化发展改革规划纲要》，要求牢牢把握文化发展改革的指导思想，把新发展理念贯穿于文化发展改革全过程，全面实现文化发展改革的目标任务，进一步坚定文化自信，增强文化自觉，奋力开创中国特色社会主义文化建设新局面，为做好党和国家各项工作提供强大的价值引领力、文化凝聚力和精神推动力。2018年，《中共中央　国务院关于实施乡村振兴战略的意见》指出，乡村振兴，乡风文明是保障，必须加强农村思想道德建设，传承发展提升农村优秀传统文

① 《中共中央关于社会主义精神文明建设指导方针的决议》，http://cpc.people.com.cn/GB/64162/64168/64565/65381/4429515.html，最后检索时间：2021 年 10 月 1 日。
② 《中共中央关于加强社会主义精神文明建设若干重要问题的决议》，《求是》1996 年第 21 期，第 5~16 页。

化，加强农村公共文化建设，开展移风易俗行动，以繁荣兴盛农村文化，焕发乡风文明新气象。

教育作为人类一种有意识、有目的的社会性活动，是人类文化承继与延续的纽带。教育不仅能够选择、传递、传播、保存文化，而且能够创造、更新文化。因此，大力发展农村教育，积极发挥农村教育在农村文化建设中的作用，成为推进乡村振兴战略的重要内容。今后，我们加强农村学校校园文化建设，围绕办什么样的学校、培养什么样的人才这一主线，落实立德树人根本任务，着力引导农村青少年学生学会心存善念、理解他人、尊老爱幼、扶残济困、关心社会、尊重自然，培育他们的集体主义精神和生态文明意识，坚决遏制黄、赌、毒的侵害和影响。我们应积极发挥乡村学校的多元化功能，不仅使其成为学科知识学习的场所，而且使其成为乡村文化传播、交流的场所，成为乡村优秀传统文化复兴的文化圣殿与精神堡垒，通过现场教学、网络教育、广播电视等宣传方式，大力宣讲民族精神、时代精神以及社会主义荣辱观，加强爱国主义、集体主义以及社会主义核心价值观教育，推进农村社会公德、职业道德、家庭美德以及个人品德教育，增强农村居民的思想道德认识，提升农村居民的思想道德水平，提高农村社会的文明程度。我们应大力开发农村社会经过世代发展流传下的家族传统手艺、民间特色工艺、民间戏曲曲艺以及丰富的民俗文化等本土文化资源，将乡土文化融入地方课程和校本课程，开展丰富多彩的特色校园文化活动，创作"三农"题材文艺作品，让学生们对自己所生活的环境和乡村文化有着全面和清晰的认识，使他们对乡村文化产生特殊的感情和深厚的情怀。同时，我们还应打破学校与普通乡民之间的关系壁垒，适度向乡民开放学校的文化资源和设施，通过资源共享，丰富村民自身文化生活，提高学校的教化功能，提升学校文化的辐射作用，使乡村学校成为文化交流、思想集散中心。另外，我们应加强老师、学生、家长三方之间的互动关系，强化乡村各文化单位、文化站点、乡村学校等之间的联系，加强乡村学校与当地文化活动中心、文化展览馆的交流，构建起乡村文化服务区域网络，形成活跃繁荣乡村文化的最强力量，形成乡村文化建设的新格局。

参考文献

一 著作

1. 中国大百科全书出版社编辑部编《中国大百科全书（教育）》，中国大百科全书出版社，1985。

2. 国家教育发展与研究中心编《发达国家教育改革的动向和趋势》，人民教育出版社，1987。

3. 南京师范大学教科所、教育系编《农村教育学》，人民教育出版社，1988。

4. 赵家骥、杨东：《农村教育的困境与出路》，四川教育出版社，1994。

5. 张乐天：《中国农村教育与农村现代化》，南京师范大学出版社，1996。

6. 顾明远主编《教育大辞典》，上海教育出版社，1998。

7. 转型期中国重大教育政策案例课题组编《缩小差距——中国教育政策的重大使命》，人民教育出版社，2005。

8. 廖其发主编《中国农村教育问题研究》，四川教育出版社，2006。

9. 雷万鹏：《中国农村教育焦点问题实证研究》，华中科技大学出版社，2007。

10. 樊继达：《统筹城乡发展中的基本公共服务均等化》，中国财政经济出版社，2008。

11. 李尚卫、吴天武主编《普通教育学》，北京师范大学出版社，2010。

12. 徐莹晖、徐志辉编《陶行知论乡村教育》，四川教育出版社，2010。

13. 吴德刚编著《中国农村教育综合改革研究》，教育科学出版社，2011。

14. 李森、崔友兴主编《社会变迁中的乡村教育》，福建教育出版社，2017。

15. 肖正德、卢尚建：《乡村振兴战略中的农村教育变革：文化境遇与文化选择》，华东师范大学出版社，2019。

16. 童岳嵩：《职业教育服务乡村振兴策略研究》，贵州人民出版社，2020。

17. 马建富、陈春霞、吕莉敏：《乡村振兴与农村职业教育变革》，知识产权出版社，2020。

18. 〔法〕弗朗索瓦·佩鲁：《新发展观》，张宁、丰子义译，华夏出版社，1987。

19. 〔美〕阿瑟·奥肯：《平等与效率——重大的权衡》，王忠民、黄清译，四川人民出版社，1988。

20. 〔日〕藤田英典：《走出教育改革的误区》，张琼华、许敏译，人民教育出版社，2001。

21. 〔美〕菲利普·库姆斯：《世界教育危机》，赵宝恒、李环等译，人民教育出版社，2001。

二 期刊论文

1. 马征里：《论黄炎培的教育思想》，《江苏高教》1997年第5期。

2. 张彬、李更生：《中国农村教育改革的先声——对20世纪20年代至30年代乡村教育运动的再认识》，《浙江大学学报》（人文社会科学版）2002年第5期。

3. 冯雪红：《陶行知乡村教育思想的当代启示》，《西北民族大学学报》（哲学社会科学版）2005年第5期。

4. 吴洪成：《20世纪二三十年代中国的乡村教育实验》，《四川师范大学学报》（社会科学版）2002年第5期。

5. 黄友珍：《论陶行知的乡村教育思想及现实意义》，《教师教育研究》2006年第4期。

6. 秦玉友：《美国、印度、日本农村教育发展中的主要问题及启示》，《外国教育研究》2007年第12期。

7. 何飞：《试析晏阳初乡村教育思想的形成》，《经济与社会发展》2008 年第 11 期。

8. 梁淑美、司洪昌：《对陶行知乡村教育思想的评述与反思》，《国家教育行政学院学报》2009 年第 11 期。

9. 李红辉：《晏阳初的农民教育思想及其实验》，《科学社会主义》2010 年第 2 期。

10. 张乐天：《新中国农村教育发展的政策经验》，《南京师大学报》（社会科学版）2012 年第 5 期。

11. 董春华：《陶行知乡村教育思想对当代农村教育的启示》，《教育探索》2012 年第 8 期。

12. 冯龙芝：《陶行知乡村教育思想对解决当今农村教育问题的启示》，《山西财经大学学报》2012 年第 S5 期。

13. 杜育红：《农村教育：内涵界定及其发展趋势》，《华南师范大学学报》（社会科学版）2013 年第 1 期。

14. 杨润勇：《我国十年农村教育政策进展与分析》，《国家教育行政学院学报》2013 年第 12 期。

15. 慈玲玲、曲铁华：《城乡教育一体化视阈下梁漱溟乡村建设理论及本土启示》，《广西社会科学》2014 年第 2 期。

16. 曲铁华、樊涛：《历史视角下"农村教育"含义辨析》，《四川师范大学学报》（社会科学版）2014 年第 3 期。

17. 葛新斌：《关于我国农村教育发展路向的再探讨》，《中国农业大学学报》（社会科学版）2015 年第 1 期。

18. 范先佐：《乡村教育发展的根本问题》，《华中师范大学学报》（人文社会科学版）2015 年第 5 期。

19. 凡勇昆、邬志辉：《农村教育现代化的解释逻辑和价值定位》，《教育科学研究》2015 年第 7 期。

20. 赵磊磊、程钰琳：《美国农村教育成就项目：内容评析及启示》，《外国中小学教育》2016 年第 6 期。

21. 秦玉友、邬志辉：《中国农村教育发展状况与未来发展思路》，《东北师范大学学报》（哲学社会科学版）2017 年第 3 期。

22. 杨海燕、高书国：《农村教育的价值、特征与发展模式》，《教育研究》2017 年第 6 期。

23. 姜超、邬志辉：《论农村教育现代化的理念选择》，《教育研究》2017 年第 6 期。

24. 顾明远：《实现教育现代化必须把农村教育办好》，《中国教育学刊》2017 年第 9 期。

25. 魏峰、张乐天：《中华人民共和国成立以来农村教育政策价值取向的嬗变》，《教育科学研究》2017 年第 11 期。

26. 李学良：《农村教育的“离农”、“向农”之争——兼论农村教育的价值取向》，《教育学术月刊》2018 年第 2 期。

27. 葛新斌：《乡村振兴战略：农村教育究竟能做些什么?》，《华南师范大学学报》（社会科学版）2018 年第 2 期。

28. 杜育红、杨小敏：《乡村振兴：作为战略支撑的乡村教育及其发展路径》，《华南师范大学学报》（社会科学版）2018 年第 2 期。

29. 周兴国：《乡村教育的现代化困境与出路》，《教育研究与实验》2018 年第 4 期。

30. 张国霖：《乡村振兴与乡村教育》，《基础教育》2018 年第 5 期。

31. 王红、邬志辉：《新时代乡村教育扶贫的价值定位与分类治理》，《教育与经济》2018 年第 6 期。

32. 魏峰：《改革开放 40 年我国农村教育发展：成就、动力与政策演进特征》，《基础教育》2018 年第 6 期。

33. 赵垣可、刘善槐：《改革开放以来我国农村教师队伍建设问题研究》，《理论月刊》2019 年第 1 期。

34. 朱成晨、闫广芬、朱德全：《乡村建设与农村教育：职业教育精准扶贫融合模式与乡村振兴战略》，《华东师范大学学报》（教育科学版）2019 年第 2 期。

35. 邬志辉、张培：《农村教育概念之变》，《高等教育研究》2019 年第 5 期。

36. 范先佐、唐斌、郭清扬：《70 年学生资助工作的系统回顾与经验总结》，《华中师范大学学报》（人文社会科学版）2019 年第 5 期。

37. 秦玉友：《新时期农村教育的取向选择》，《教育发展研究》2019 年第 6 期。

38. 郝文武：《农村教育和乡村教育的界定及其数据意义》，《教育研究与实验》2019 年第 3 期。

39. 姚松、曹远航：《70 年来中国教育扶贫政策的历史变迁与未来展望——基于历史制度主义的分析视角》，《教育与经济》2019 年第 4 期。

40. 肖正德、谷亚：《农村教育到底为了谁？——农村教育价值取向研究述评》，《教育研究与实验》2019 年第 6 期。

41. 杜尚荣、刘芳：《乡村振兴战略下的乡村教育：内涵、逻辑与路径》，《现代教育管理》2019 年第 9 期。

42. 孟筱：《乡村振兴视域下乡村教育发展难题与破解之道》，《人民论坛》2019 年第 28 期。

43. 郝文武：《农村教育现代化与教育精准扶贫的精准对接》，《教育与经济》2020 年第 4 期。

44. 戚万学、刘伟：《乡村教育振兴的内涵、价值与路径》，《国家教育行政学院学报》2020 年第 6 期。

三　学位论文

1. 吕莹：《梁漱溟的乡村教育理论与实践及其对当代新农村教育的启示研究》，东北师范大学硕士学位论文，2012。

2. 刘春生：《晏阳初教育思想对新时期农村教育发展的启示》，河北师范大学硕士学位论文，2012。

3. 谷波：《陶行知乡村教育思想对我国农村教育改革的启示》，河北师范大学硕士学位论文，2012。

4. 李珍珍：《乡村振兴战略下我国农村职业教育推进研究》，山西大学硕士学位论文，2020。

5. 吴梦涵：《乡村振兴战略下农村职业教育发展问题与对策研究——以河北省20所农村职业教育试点学校为例》，河北经贸大学硕士学位论文，2020。

6. 张莲：《农村教育精准扶贫的困境与对策研究——以湖北省恩施州为例》，华中师范大学硕士学位论文，2020。

后　记

本书是四川省社会科学规划基地重大项目——"乡村教育振兴发展研究"和西华师范大学英才科研基金资助项目——"教育治理现代化的内涵、体系及推进路径研究"的最终成果。

百年大计，教育为本。教育是立国之本，是民族振兴之基，只有发展好了教育，才能更好地推动社会政治、经济、文化、科技的发展。中国是一个农业大国，农村教育是中国教育的"神经末梢"，也是教育的重要阵地，只有发展好了农村教育，办好服务农村的各级各类教育，才能形成新时代文明乡风，更好地为乡村建设提供人才支撑，实现乡村振兴。如何定位农村教育，如何更好地发展农村教育，这些都是社会各界普遍关心而又莫衷一是的问题。笔者长期从事基础教育研究工作，有更多机会接触到农村教育，对农村教育现状有所把握，对农村教育的发展瓶颈和发展路径有所思考。几年前，笔者有幸主持四川省社会科学规划基地重大项目——"乡村教育振兴发展研究"和西华师范大学英才科研基金资助项目——"教育治理现代化的内涵、体系及推进路径研究"，通过对四川下辖部分区县农村教育发展的现状调查，结合国家教育统计资料及其他权威调研报告，概括出了我国农村教育发展所取得的成绩，全面剖析了我国农村教育发展存在的不足，在学习借鉴陶行知、黄炎培、晏阳初、梁漱溟等学者的农村教育思想和美国、日本、印度等国的农村教育发展经验的基础上，提出了我国农村教育振兴发展的路向，力图进一步丰富和完善农村教育发展的相关理论，为各级政府及教育行政部门发展农村教育提供决策参考。

"路漫漫其修远兮，吾将上下而求索。"发展好农村教育是一项复杂的系统工程，对如何发展好农村教育的研究更是一项永无止境的工作。受制于学术水平、研究视角、时间精力等因素，本书在理论基础、内容体系以及学术观点方面都存在一些不足，恳请各位专家学者提出宝贵意见，笔者将在今后的研究中将各位的宝贵意见转化为学术实践，以期对农村教育的研究更为系统、更为深入、更为全面，为我国农村教育的发展贡献一点微薄力量。

姚永强

2021 年 3 月 8 日于华凤苑

图书在版编目（CIP）数据

乡村振兴背景下中国农村教育发展／姚永强著． --
北京：社会科学文献出版社，2021.11
ISBN 978 - 7 - 5201 - 9062 - 6

Ⅰ.①乡…　Ⅱ.①姚…　Ⅲ.①乡村教育 - 教育事业 -
研究 - 中国　Ⅳ.①G725

中国版本图书馆 CIP 数据核字（2021）第 187418 号

乡村振兴背景下中国农村教育发展

著　　者／姚永强

出　版　人／王利民
组稿编辑／陈　颖
责任编辑／桂　芳
责任印制／王京美

出　　版／社会科学文献出版社·皮书出版分社　（010）59367127
　　　　　地址：北京市北三环中路甲 29 号院华龙大厦　邮编：100029
　　　　　网址：www.ssap.com.cn
发　　行／市场营销中心（010）59367081　59367083
印　　装／三河市龙林印务有限公司

规　　格／开　本：787mm × 1092mm　1/16
　　　　　印　张：16.75　字　数：257 千字
版　　次／2021 年 11 月第 1 版　2021 年 11 月第 1 次印刷
书　　号／ISBN 978 - 7 - 5201 - 9062 - 6
定　　价／98.00 元